校企合作双元开发新形态教材
职业教育技能型人才培养实用教材
职业教育·新能源汽车类专业教材

新能源汽车动力蓄电池管理及维护技术

张入丹　张小兴　郭志勇　主　编
刘丽美　宇正鑫　副主编

人民交通出版社
北　京

内 容 提 要

本书是高等职业教育新能源汽车类专业教材。全书分为7个项目,包括动力蓄电池的认知、动力蓄电池的制造与检验、可充电储能装置装调与测试、动力蓄电池系统的使用、动力蓄电池充电系统的使用与维护、动力蓄电池的维护与故障检测、动力蓄电池的回收处理。

本书可作为职业院校新能源汽车技术、新能源汽车检测与维修技术等专业的教学用书,也可作为从事新能源汽车维修人员的培训用书和相关技术人员的参考书。

图书在版编目(CIP)数据

新能源汽车动力蓄电池管理及维护技术 / 张入丹,张小兴,郭志勇主编. — 北京 :人民交通出版社股份有限公司,2025. 5. — ISBN 978-7-114-20461-6

Ⅰ. U469. 72

中国国家版本馆 CIP 数据核字第 2025851FH8 号

校企合作双元开发新形态教材
职业教育技能型人才培养实用教材
职业教育 · 新能源汽车类专业教材

Xinnengyuan Qiche Dongli Xudianchi Guanli ji Weihu Jishu

书　　名:新能源汽车动力蓄电池管理及维护技术
著 作 者:张入丹　张小兴　郭志勇
责任编辑:李明阳
责任校对:龙　雪
责任印制:刘高彤
出版发行:人民交通出版社
地　　址:(100011)北京市朝阳区安定门外外馆斜街 3 号
网　　址:http://www.ccpcl.com.cn
销售电话:(010)85285911
总 经 销:人民交通出版社发行部
经　　销:各地新华书店
印　　刷:北京市密东印刷有限公司
开　　本:787×1092　1/16
印　　张:17.75
字　　数:432 千
版　　次:2025 年 5 月　第 1 版
印　　次:2025 年 5 月　第 1 次印刷
书　　号:ISBN 978-7-114-20461-6
定　　价:49.00 元(主教材+实训工单)

PREFACE 前言

新能源汽车产业正以前所未有的速度蓬勃发展,作为新能源汽车的核心部件,动力蓄电池的性能和管理技术直接关系到整车的性能、安全性和使用寿命。本教材以动力蓄电池的全生命周期为主线,从新能源汽车动力蓄电池的基础知识入手,围绕动力蓄电池的制造与检验、装配与调试、使用与维护、回收处理等关键岗位核心能力及要求精心编写教学内容。实训部分涵盖了新能源汽车动力蓄电池检验、装配调试、维护、故障诊断与排除等岗位核心知识点、技能点和经验点。为从事新能源汽车相关领域的工程技术人员、管理人员和科研人员提供有益的参考和帮助。

本教材适用于高等职业教育新能源汽车技术、新能源汽车检测与维修技术、新能源汽车工程技术等专业师生教学用书,教材采用理实一体化架构撰写、以工作手册式新形态教材出版,配套省级在线精品课程全套数字化教学资源。

本教程参考学时为72学时,其中建议教师讲授36学时,学生实训36学时,理论和实践教学比例为1:1,学时分配见下表。

课程内容	学时分配	
	讲授	实训
项目一　动力蓄电池的认知	4	2
项目二　动力蓄电池的制造与检验	4	4
项目三　可充电储能装置装调与测试	12	12
项目四　动力蓄电池系统的使用	6	4
项目五　动力蓄电池充电系统的使用与维护	4	4
项目六　动力蓄电池的维护与故障检测	4	6
项目七　动力蓄电池的回收处理	2	4
合计	36	36
	72	

本书前言、项目五、参考文献、全文框架和统稿由张入丹完成，项目一由刘丽美完成，项目二由闻国强完成，项目三由刘应材统稿，项目三模块一和实训一由郭志勇和刘应材完成，项目三模块二和实训二由宇正鑫完成，项目三模块三和实训三由罗传旭完成，项目三模块四和实训四由李润完成，项目四由徐坤完成，项目六由姜峰完成，项目七由张小兴完成。

作者在本书编写过程中查阅了大量书籍、文献和资料，引用了相关网络资源，广泛参考借鉴了国内外新能源汽车动力蓄电池方面的研究成果，在此一并表示感谢。

由于编者水平有限，时间仓促，书中难免存在不妥之处，敬请批评指正。

编　者

2025 年 1 月

本教材配套数字资源列表

序号	资源名称	页码
1	动力蓄电池发展历程及趋势	6
2	动力蓄电池基本组成及类型	7
3	动力蓄电池基本参数	11
4	动力蓄电池的外部检查	实训工单 3
5	动力蓄电池模组组装	实训工单 9
6	锂离子蓄电池工作原理及应用	67
7	磷酸铁锂蓄电池工作原理及特点	69
8	其他类型蓄电池	90
9	单体蓄电池电压测量	实训工单 23
10	蓄电池管理系统功能及原理	106
11	蓄电池管理控制器高压互锁导通性测量及总成安装	108
12	蓄电池管理控制器外观检查	116
13	蓄电池管理控制器总成拆解及 CAN 总线终端电阻测量	123
14	直流充电桩介绍	130
15	交流充电装置介绍	131
16	快速充电装置介绍	实训工单 48
17	慢速充电装置介绍	实训工单 49
18	充电口检查、随车充电器的运用	实训工单 49
19	动力蓄电池组总成拆解及检查	实训工单 56
20	动力蓄电池组总成安装	实训工单 61

资源使用方法：

1. 扫描封面上的二维码(注意此码只可激活一次)；

2. 关注"交通教育出版"微信公众号；

3. 公众号弹出"购买成功"通知，点击"查看详情"，进入后即可查看资源；

4. 也可进入"交通教育出版"微信公众号，点击下方菜单"用户服务-图书增值"，选择已绑定的教材进行观看和学习。

CONTENTS 目录

项目一 动力蓄电池的认知 …… 1

任务一 新能源汽车动力蓄电池的分类及结构 …… 3

任务二 新能源汽车动力蓄电池主要性能指标 …… 11

项目二 动力蓄电池的制造与检验 …… 19

任务一 动力蓄电池的生产制造 …… 21

任务二 动力蓄电池的出厂检验 …… 35

项目三 可充电储能装置装调与测试 …… 45

任务一 镍氢动力蓄电池的测试与故障诊断 …… 47

任务二 锂离子蓄电池的原理及检测 …… 60

任务三 燃料电池的工作原理及应用 …… 78

任务四 太阳能电池的工作原理 …… 90

任务五 超级电容的工作原理 …… 97

项目四 动力蓄电池系统的使用 …… 103

任务一 动力蓄电池管理系统功能认知 …… 105

任务二 动力蓄电池热管理功能测试 …… 111

任务三 动力蓄电池电量管理功能测试 …… 119

项目五 动力蓄电池充电系统的使用与维护 …… 127

任务 充电系统常见故障与排除 …… 129

项目六 动力蓄电池的维护与故障检测 …… 145

任务一 动力蓄电池的检测与维护 …… 147

任务二 动力蓄电池常见故障诊断与排除 …… 158

项目七 动力蓄电池的回收处理 …… 179
任务 动力蓄电池的梯次利用认知 …… 181
参考文献 …… 195

项目一

动力蓄电池的认知

项目概述

在当前环境污染及能源短缺的大背景下，以化石燃料为主要能量来源的汽车工业面临着严峻的挑战，而节能环保成为汽车产业发展的重要课题。新能源汽车是指采用新型动力系统，完全或者主要依靠新型能源驱动的汽车，包括插电式混合动力（含增程式）汽车、纯电动汽车和燃料电池电动汽车等；而仅采用燃油作为单一能源的汽车称为传统燃油汽车。动力蓄电池是新能源汽车核心技术之一，在当下新能源汽车稳定发展的环境下得到了国内外的充分重视。

本项目主要学习新能源汽车动力蓄电池的发展，分为以下内容：

任务一　新能源汽车动力蓄电池的分类及结构

任务二　新能源汽车动力蓄电池主要性能指标

学习目标

知识目标：

（1）能够描述目前新能源汽车的类型；

（2）能够描述新能源汽车动力蓄电池的类型；

（3）能够描述新能源汽车动力蓄电池的主要性能指标。

技能目标：

（1）能够识别动力蓄电池的结构和类型；

（2）能够正确识读动力蓄电池的各项参数。

素质目标：

（1）通过学习本项目，强化安全意识和节能环保意识；

（2）严格执行新能源汽车动力蓄电池相关操作规范，养成严谨科学的工作态度；

（3）通过实操，培养沟通能力和团队协作能力。

任务一　新能源汽车动力蓄电池的分类及结构

任务描述

王女士是一位环保主义者,她一直致力于寻找减少碳排放的生活方式。最近,她决定将家里的传统燃油汽车换成新能源汽车,以响应全球对绿色出行的号召。然而,在选购过程中,王女士发现新能源汽车动力蓄电池的种类繁多,结构各异,这让她感到十分困惑。她不清楚不同类型的动力蓄电池对车辆性能有何影响,也不知道该如何根据自己的需求选择合适的动力蓄电池。如果你是新能源汽车的一名销售人员,你将如何从新能源汽车动力蓄电池的类型、结构上给王女士进行解释。

知识准备

请预习后面的内容,完成下列填空题。

(1)通常新能源汽车分为__________、__________及__________。

(2)新能源汽车动力蓄电池的类型主要有__________、__________、__________及__________。

(3)试着结合自己的认识,简要分析新能源汽车的发展现状及趋势。

____

____

____

____

____

____

一、新能源汽车的类型

与传统燃油汽车相比,新能源汽车最大的变化在于其动力源。按照动力源的不同,通常将新能源汽车分为纯电动汽车、插电式混合动力(含增程式)汽车以及燃料电池电动汽车。

1. 纯电动汽车(Battery Electric Vehicle,BEV)

纯电动汽车是驱动能量完全由电能提供的,由电机驱动的汽车。电机的驱动电能来源于车载可充电储能系统或其他能量储存装置。该类型汽车运行时无尾气排放,环保性能较好,其主要结构如图 1-1-1 所示。

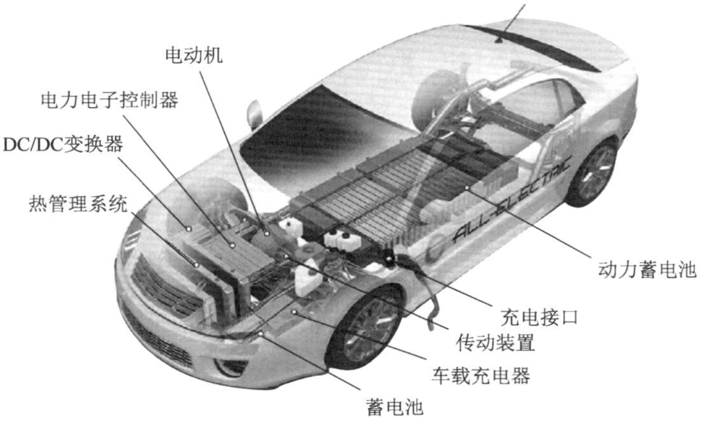

图 1-1-1 纯电动汽车的结构

1)纯电动汽车的优点

(1)零排放:纯电动汽车使用电能,在行驶中无废气排出,不污染环境。

(2)能源效率高:纯电动汽车的能源效率已超过汽油机汽车,特别是在城市中运行,纯电动汽车高效、环保,非常适宜城市交通。

纯电动汽车停止时不消耗电量,在制动过程中,电动机可以自动转换为发电机,实现制动减速时能量的再利用。

(3)结构简单:因使用单一的电能源,省去了发动机、变速器、油箱、冷却和排气系统等。

(4)噪声低:纯电动汽车无内燃机产生的噪声,电动机噪声也比内燃机小。

(5)节约能源:纯电动汽车的应用可有效地减少对石油资源的依赖。

2)纯电动汽车的缺点

(1)续驶里程短、使用成本高:目前,蓄电池单位质量储存的能量太少,又未形成经济规模,蓄电动汽车的蓄电池成本较高。至于使用成本,有些车型比传统燃油汽车高,有些车型则仅为传统燃油汽车的 1/3,这主要取决于蓄电池的寿命及当地的油/电价格。

(2)安全性:锂离子蓄电池的安全性有待进一步提高。

(3)配套不完善:充电配套设施不完善,需要加大配套基础设施的建设。

2. 插电式混合动力(含增程式)汽车(Plug-in Hybrid Electric Vehicle,PHEV)

插电式混合动力(含增程式)汽车是指介于纯电动汽车与传统燃油汽车两者之间的一种新能源汽车,既有传统燃油汽车的发动机、变速器、传动系统、油路、油箱,也有纯电动汽车的蓄电池、电动机、控制电路,而且蓄电池容量比较大,有充电接口。插电式混合动力汽车可以行驶在纯电动模式下,也可以行驶在发动机与驱动电机共同工作的混合动力模式下,如图 1-1-2 所示。其电能既可以通过外部充电桩进行充电,也可以通过能量回收装置将车辆在制动以及怠速等工况下的能量进行回收,进而将其转换为电能储存于动力蓄电池,还可以是上述两种方式的组合。尽管该类汽车还存在一定量的尾气排放,但是其节能效果非常明显。

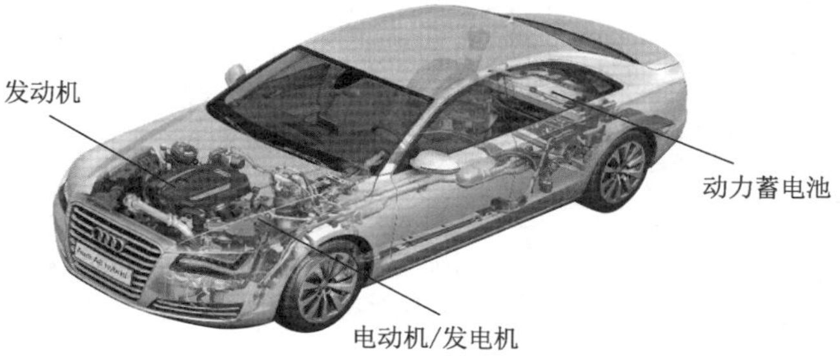

图 1-1-2　插电式混合动力汽车

1）与传统燃油汽车相比，插电式混合动力汽车的优点

（1）可使发动机在最佳的工况区域稳定运行，避免或减少了发动机变工况下的不良运行，使发动机的尾气排放量和油耗大大降低。

（2）在人口密集的商圈和居民区等地可用纯电动模式驱动车辆，实现有害气体零排放。

（3）可配备功率较小的发动机，因为车辆可通过发动机和电动机同时提供动力，并且可通过电动机/发电机回收汽车减速和制动时的能量，进一步降低了车辆的能耗和尾气排放。

2）与纯电动汽车相比，插电式混合动力汽车的优点

（1）因为插电式混合动力汽车配备了两种动力系统，动力蓄电池的数量和质量可减少，因此汽车质量可以减小。

（2）车辆的续驶里程和动力性可达到传统燃油汽车的水平。

（3）借助发动机的动力，可驱动附属设备（如空调、真空助力、转向助力等），不用消耗动力蓄电池有限的电能，从而保证了驾驶和乘坐的舒适性。

3. 燃料电池电动汽车（Fuel Cell Electric Vehicle，FCEV）

燃料电池电动汽车将氢气、甲醇等作为燃料，使用其化学反应后产生的电能带动电动机，进而将电能转换为机械能，再通过传动系统带动汽车行驶，如图 1-1-3 所示。该类汽车的尾气只有少量的氮氧化物，不会污染环境。

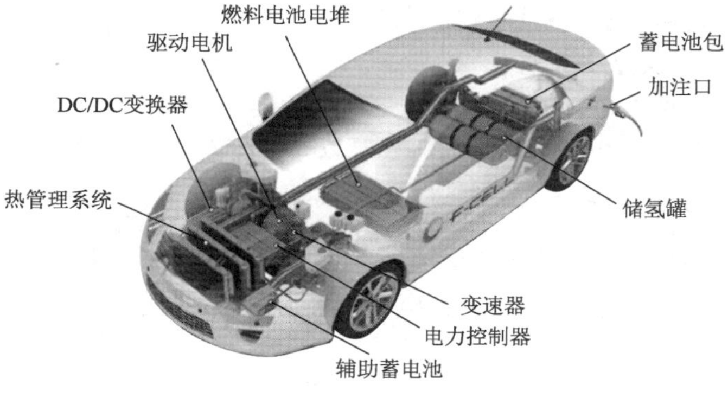

图 1-1-3　燃料电池电动汽车的结构

1）燃料电池电动汽车的优点

燃料电池电动汽车与传统燃油汽车和纯电动汽车相比，具有以下优点。

(1)效率高:燃料电池的工作过程是化学能转化为电能的过程,不受卡诺循环的限制,能量转换效率较高,可以达到30%以上,而汽油机和柴油机汽车整车效率分别为16%~18%和22%~24%。

(2)续驶里程长:采用燃料电池系统作为能量源,克服了纯电动汽车续驶里程短的缺点,其长途行驶能力及动力性已经接近于传统燃油汽车。

(3)绿色环保:燃料电池没有燃烧过程,以纯氢作燃料,产物只有水,属于零排放。使用其他富氢有机化合物作燃料,产物除水之外还可能有少量的CO_2,接近零排放。

(4)过载能力强:燃料电池除了在较宽的工作范围内具有较高的工作效率外,其短时过载能力可达额定功率的200%或更大。

(5)低噪声:燃料电池属于静态能量转换装置,除了空气压缩机和冷却系统以外,无其他运动部件,因此与传统燃油汽车相比,运行过程中噪声和振动都较小。

(6)设计方便灵活:燃料电池电动汽车可以按X-By-Wire(一种电子控制系统)的思路进行设计,改变了传统燃油汽车的设计概念,可以在空间和质量等问题上进行灵活的配置。

2)燃料电池电动汽车的缺点

(1)燃料电池电动汽车的制造成本和使用成本过高。

(2)辅助设备复杂,且质量和体积较大。

(3)起动时间长,系统抗振能力有待进一步提高。此外,在FCEV受到振动或者冲击时,各种管道的连接和密封的可靠性需要进一步提高,以防止泄漏,降低效率,严重时引发安全事故。

二、新能源汽车动力蓄电池的类型

动力蓄电池发展历程及趋势

根据蓄电池的材料特性和工作特点,可按以下三种方式进行分类。

1.按电解液种类

(1)酸性蓄电池。酸性蓄电池主要是以硫酸水溶液为介质,如铅酸蓄电池。

(2)碱性电池。碱性电池的电解质主要以氢氧化钾或氢氧化钠水溶液为主,如镍氢蓄电池、镍镉蓄电池。

(3)中性电池。中性电池以盐溶液为介质,如锌锰电池、海水激活电池。

(4)有机电解液电池。有机电解液电池主要以有机溶液为介质,如锂离子蓄电池。

2.按工作性质和储能方式来分

(1)一次电池。一次电池又称为原电池,即不可以充电再次使用的电池,如锌锰电池。

(2)二次电池。二次电池即可充电电池,如铅酸蓄电池、镍氢蓄电池、锂离子蓄电池等。

(3)燃料电池。燃料电池通过电化学反应,将燃料(如氢气、甲醇等)与氧化剂(通常是氧气)反应产生的化学能直接转换为电能的电池,如氢氧燃料电池、金属燃料电池等。

(4)储备电池。储备电池是一种特殊形式的原电池,其电极活性物质与电解质是分开存放的。在储备期间,活性物质不与电解质直接接触,从而避免了自放电现象,使得蓄电池可以长时间储存（通常可达5～10年）而无需维护。当需要蓄电池供电时，可通过一定的机构使电解液或水（溶剂）激活蓄电池，使其一次完成放电。

3. 按所用正负极材料分

（1）锌系列电池，如锌锰蓄电池、锌银蓄电池等。

（2）镍系列电池，如镍镉蓄电池、镍氢蓄电池等。

（3）铅系列电池，如铅酸蓄电池。

（4）锂系列电池，如锂离子蓄电池、锂聚合物蓄电池和锂硫蓄电池等。

（5）二氧化锰系列电池，如锌锰蓄电池、碱锰蓄电池等。

（6）空气（氧气）系列电池，如锌空气电池、铅空气电池等。

三、新能源汽车动力蓄电池的基本结构

1. 动力蓄电池的基本构成

动力蓄电池是一种把化学反应所释放的能量直接转换成直流电能的装置。要实现化学能转换成电能的过程，必须满足如下条件：

（1）必须把化学反应中失去电子的氧化过程（在负极进行）和得到电子的还原过程（在正极进行）分别在两个区域进行，这与一般的氧化还原反应存在区别。

（2）两电极必须是有离子导电性的物质。

（3）化学变化过程中电子的传递必须经过外电路。

动力蓄电池基本组成及类型

为满足构成动力蓄电池的条件，动力蓄电池需要包含以下基本组成部分，如图1-1-4所示。

（1）正极活性物质。它具有较高的电极电位，动力蓄电池工作（即放电）时进行还原反应或阴极过程。为了与电解槽的阳极、阴极区分开，在动力蓄电池中将其称作正极。

（2）负极活性物质。它具有较低的电极电位，动力蓄电池工作时进行氧化反应或阳极过程。为了与电解槽的阳极、阴极区分开，在动力蓄电池中将其称作负极。

（3）电解质。它具有很高的、选择性的离子电导率，是提供动力蓄电池内部的离子导电的介质。大多数电解质为无机电解质水溶液，少部分也有固体电解质、熔融盐电解质、非水溶液电解质和有机电解质。有的电解质也参与电极反应而被消耗。

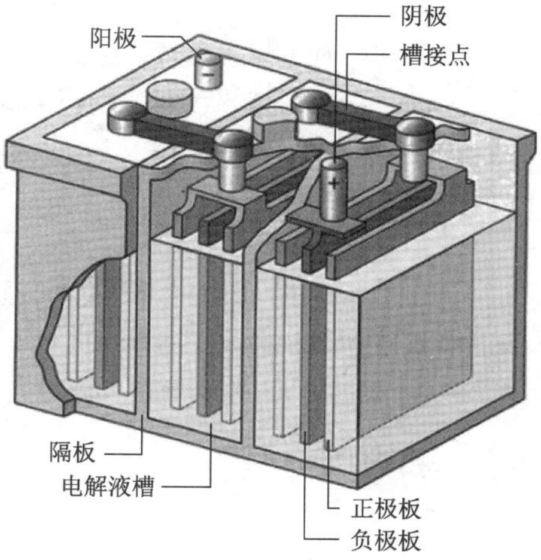

图1-1-4　蓄电池的结构

（4）隔膜。为既要保证正负极活性物质不直接接触而短路，又要保证正负极之间尽量小的距离，以使动力蓄电池具有较小的内阻，在正负极之间必须设置隔膜。

（5）外壳。作为动力蓄电池的容器，外壳要有一定的机械强度，还要能够经受电解质的腐蚀。

除了以上主要组成部分外，动力蓄电池可能还要有导电栅、汇流体、端子、安全阀等零件。动力蓄电池本身可以做成各种形状和结构，如圆柱形、扣式、方形等，如图1-1-5所示。

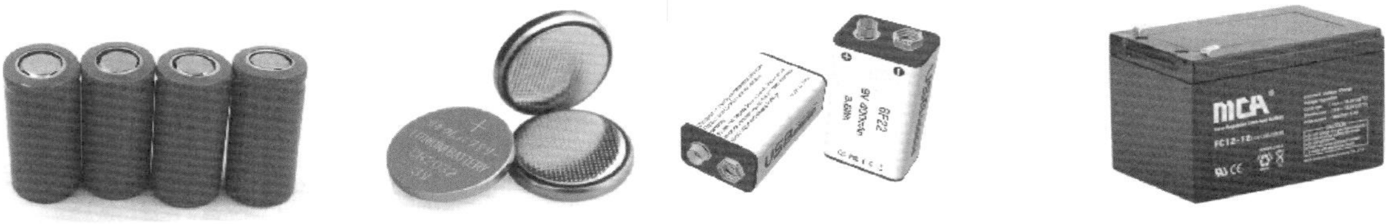

图1-1-5　不同形状的动力蓄电池

动力蓄电池的工作过程一般是指动力蓄电池的放电过程。动力蓄电池放电时，在阳极上进行氧化反应，向外提供电子；在阴极上进行还原反应，从外电路接受电子，电流经外电路从正极流向负极。但并不是所有的动力蓄电池都是按氧化还原反应进行，有的动力蓄电池是以“嵌入—脱嵌”的方式进行的。电解质是离子导体，离子在蓄电池内部的阴阳极之间定向移动而导电，正离子（阳离子）流向阴极，负离子（阴离子）流向阳极。在阳极的导体界面发生氧化反应，在阴极的导体界面发生还原反应。整个动力蓄电池形成一个由外电路的电子体系和电解质（液）的离子体系构成的完整放电体系，从而产生电能供电。

2. 动力蓄电池系统的组成

动力蓄电池系统是指由一个以上蓄电池包通过串联或并联构成的具备完善蓄电池管理系统的电能供给系统。其中，蓄电池组是动力蓄电池系统的核心部分，由若干个单体蓄电池通过串联和并联的方式组装而成，为纯电动汽车提供能量存储和动力输出，动力蓄电池包如图1-1-6所示。

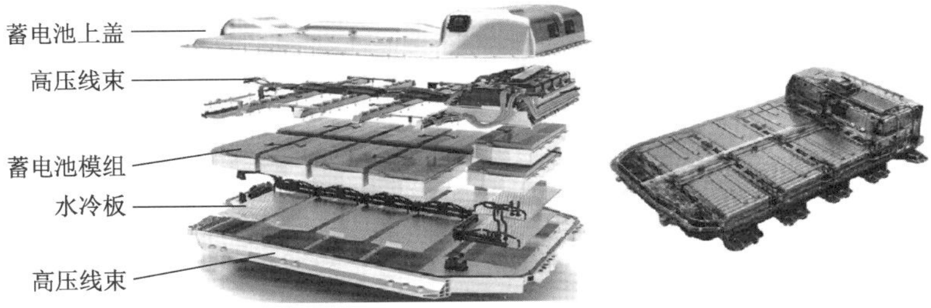

图1-1-6　动力蓄电池包

知识拓展

发展新能源汽车，不仅是我国实现从汽车大国向汽车强国跨越的必由之路，更是积极应对全球气候变化、坚定推动绿色发展的国家战略抉择。自2012年国务院发布并实施《节能与新能源汽车产业发展规划（2012—2020年）》以来，我国始终坚守纯电驱动的核心战略方向，新能源汽车产业在政策的精心培育与市场的热烈响应下，取得了举世瞩目的成就，已然成为全球汽车产业转型升级的领航者。

新能源汽车产业在“政策引导＋市场需求”的双重驱动下，稳健前行。特别是2022年，新能源汽车产业迎来了前所未有的爆发式增长，产销量几乎实现翻倍，市场渗透率更是历史性地突破了25%大关。这一里程碑式的成就，不仅彰显了我国新能源汽车产业的蓬勃生机与强大潜力，也生动诠释了创新驱动发展战略与绿色发展理念的深远意义。

然而，随着新能源汽车产业的持续壮大和市场成熟度的显著提升，补贴政策或将面临逐步调整乃至最终退出的挑战。这对车企而言，无疑是一次全新的考验，要求它们必须加快技术创新、提升产品质量、优化成本结构，以更强的市场竞争力迎接全面市场化拓展的新阶段。

在这一转型的关键时期，我们更应深刻理解并践行新发展理念，坚持创新驱动，推动新能源汽车产业高质量发展。车企应积极响应国家号召，主动适应市场变化，不断提升自主研发能力和品牌国际影响力，为我国从汽车大国迈向汽车强国贡献更大力量。同时，广大消费者也应树立正确的消费观念，积极拥抱绿色出行方式，共同为构建美丽中国、实现中华民族永续发展贡献力量。

总之，新能源汽车产业的蓬勃发展，是我国经济社会发展全面绿色转型的生动写照。面对未来，我们应更加坚定信心、勇毅前行，以实际行动推动我国新能源汽车产业不断迈上新台阶，为实现中华民族伟大复兴的中国梦作出新的更大贡献。

任务考核

学生在完成新能源汽车动力蓄电池的分类及结构的学习任务后，由教师按照任务考核表1-1-1所列内容进行考核。

新能源汽车动力蓄电池的分类及结构任务考核表　　表1-1-1

题型	考核题目（每题10分）	得分
判断题	1. 与传统燃油汽车相比，新能源汽车最大的变化在于其动力源。（　）	
	2. 纯电动汽车不需要内燃机以及其他动力装置，其动力源只有电力，靠动力蓄电池提供。（　）	
	3. 插电式混合动力汽车是指由两种动力源驱动汽车行驶的车辆。（　）	
	4. 锂离子蓄电池在使用期间有记忆效应。（　）	
	5. 在动力蓄电池未来发展的过程中就应该重点关注技术研发、生产创新等方面。（　）	
选择题	1. 按照动力源的不同，通常将新能源汽车分为（　）。 A. 纯电动汽车　B. 插电式混合动力汽车 C. 燃料电池电动汽车　D. 柴油汽车	
	2. 以下哪种电池是以氢氧化钾或氢氧化钠水溶液为主要电解质的？（　） A. 铅酸蓄电池　B. 锌锰蓄电池　C. 镍氢蓄电池　D. 锂聚合物蓄电池	
	3. 动力蓄电池系统的核心部分是什么？（　） A. 单体蓄电池　B. 蓄电池管理系统　C. 蓄电池包　D. 电解质	
	4. 下列属于动力蓄电池未来发展趋势的有（　）。 A. 利用新技术、新材料改善已有蓄电池及发明新蓄电池 B. 规模化、智能化生产，建立较为完善的蓄电池体系 C. 制定动力蓄电池回收再利用计划、方案、体系，提升回收效果，增加经济效益 D. 重视人才的培养和技术研究、开发与创新	

续上表

题型	考核题目（每题 10 分）	得分
选择题	5. 经过多年的发展，目前国内在新能源汽车领域基本上建立了（　　）的发展布局。 A. 三纵三横　　B. 三纵四横　　C. 四纵三横　　D. 四纵四横	
总分		
教师评语：		

任务小结

在完成该任务的学习后，请对照本任务的学习目标，完成学习情况诊断。

本任务的学习目标回顾：____

____

我的任务目标达成情况：____

____

我今后的努力方向或改进方法：__________________________________

____

任务二　新能源汽车动力蓄电池主要性能指标

任务描述

李先生是一位对新能源汽车充满热情的消费者，他最近购买了一辆最新款的新能源汽车，准备开启他的绿色出行生活。然而，在初次使用的过程中，他遇到了一些困惑。在一次长途旅行中，他发现车辆的续驶里程远低于官方宣传的数据，而且在快速充电站充电时，充电速度也明显慢于其他同类型车辆。面对李先生的困惑，作为一名新能源汽车专业人士，你将如何从新能源汽车动力蓄电池的性能指标及相关内容上进行解释呢？

知识准备

请预习后面的内容，完成下列填空题。

（1）动力蓄电池的性能指标主要有____等。

（2）电压分为__________、__________、__________、__________和__________等。

（3）电池的容量可以分为__________、__________、__________和__________等。

（4）比能量是指电池__________所能输出的电能，也称质量比能量。

（5）比功率是指__________电池所能输出的功率，也称质量比功率。

（6）新能源汽车对动力蓄电池性能的要求包括__________、__________、__________、__________、__________、__________、__________等。

一、动力蓄电池的性能指标

动力蓄电池的性能指标主要有电压、容量、内阻、能量、功率、输出效率、自放电率、放电倍率、使用寿命等，根据蓄电池种类不同，其性能指标也有差异。

1. 电压

电压分为端电压、开路电压、额定电压、充电终止电压和放电终止电压等。

1）端电压

电池正极与负极之间的电位差称为电池端电压。

2）开路电压

电池在没有负载情况下的端电压称为开路电压。

动力蓄电池基本参数

3)额定电压

电池在标准规定条件下工作时应达到的电压称为额定电压。

4)充电终止电压

蓄电池充足电时,极板上的活性物质已达到饱和状态,再继续充电,蓄电池的电压也不会上升,此时的电压称为充电终止电压。

5)放电终止电压

电池放电时允许的最低电压称为放电终止电压。如果电压低于放电终止电压后电池继续放电,电池两端电压会迅速下降,形成深度放电,这样,极板上形成的生成物在正常充电时就不易再恢复,从而影响电池的使用寿命。

2. 容量

电池的容量是指电池在一定的放电条件下所能放出的电量。常用单位为安培·小时(A·h),它等于放电电流与放电时间的乘积。电池的容量可以分为理论容量、实际容量、标称容量和额定容量等。

1)理论容量

把活性物质的质量按法拉第定律计算而得到的最高理论值称为理论容量,单位为 A·h/L 或 A·h/kg。

2)实际容量

电池在一定条件下所能输出的电量,它等于放电电流与放电时间的乘积称为实际容量,单位为 A·h,其值小于理论容量。实际容量反映了电池实际存储电量的大小,电池容量越大,电动汽车的续驶里程就越大。在使用过程中,电池的实际容量会逐步衰减。国家标准规定新出厂的电池实际容量大于额定容量值为合格电池。

3)标称容量

用来鉴别电池的近似安时值称为标称容量。

4)额定容量

按国家或有关部门颁布的标准,保证电流在一定的放电条件下应该放出的最低限度的容量称为额定容量或保证容量。

3. 内阻

电池的内阻是指电流流过电池内部时所受到的阻力。通常在计算电池内阻时,都是用电池电压除以短路电流。

充电电池的内阻很小,不可能使用仪表直接短路电池来进行短路电流的测量,而是需要专门的仪器才可以测量到比较准确的结果。

对与可充电电池而言,电池内阻又可分为充电状态内阻和放电状态内阻。

4. 能量

1)理论能量

理论能量是指电池的理论容量与额定电压的乘积,指一定标准所规定的放电条件,电池所输出的能量。

2）实际能量

实际能量是电池实际容量与平均工作电压的乘积，表示在一定条件下电池所能输出的能量。

3）比能量

比能量也称质量比能量，是指电池单位质量所能输出的电能，单位是W·h/kg，常用比能量来比较不同的电池系统。

电池的比能量是综合性指标，它反映了电池的质量水平。电池的比能量影响电动汽车的整车质量和续驶里程，是评价电动汽车的动力蓄电池是否满足预定续驶里程的重要指标。

4）能量密度

能量密度也称体积比能量，是指电池单位体积所能输出的电能，单位是W·h/L。

5. 功率

电池的功率是指电池在一定放电制度下，单位时间内所输出能量的大小，单位为W或kW。电池的功率决定了电动汽车的加速性能和爬坡能力。功率分为比功率和功率密度。

比功率是指单位质量电池所能输出的功率，也称质量比功率，单位为W/kg或kW/kg。

功率密度是指单位体积电池所能输出的功率，也称体积比功率，单位为W/L或kW/L。

6. 输出效率

动力蓄电池作为能量存储器，充电时把电能转化为化学能储存起来，放电时把化学能转化为电能释放出来。在这个可逆的电化学转换过程中，有一定的能量损耗，这通常用电池的容量效率和能量效率来表示。

7. 自放电率

自放电率是指电池在存放期间容量的下降率，即电池无负荷时自身放电使容量损失的速度。自放电率用单位时间容量降低的百分数表示。

8. 放电倍率

电池放电电流的大小常用“放电倍率”表示，即电池的放电倍率用放电时间表示或者说以一定的放电电流放完额定容量所需的小时数来表示，由此可见，放电时间越短，即放电倍率越高，则放电电流越大。

放电倍率等于额定容量与放电电流之比。根据放电倍率的大小，可分为低倍率（小于0.5C）、中倍率（0.5～3.5C）、高倍率（3.5～7.0C）、超高倍率（大于7.0C）。

9. 使用寿命

使用寿命是指电池在规定条件下的有效寿命期限。电池发生内部短路或损坏而不能使用以及容量达不到规范要求时，电池使用失效，这时电池的使用寿命终止。

电池的使用寿命包括使用期限和使用周期。使用期限是指电池可供使用的时间，包括电池的存放时间。使用周期是指电池充放电可供重复使用的次数。

二、新能源汽车对动力蓄电池的性能要求

动力蓄电池是与起动蓄电池、储能蓄电池等并列,属于从用途上分类的二次电池中的一类电池。该类电池具有高功率、高能量、高能量密度、高倍率循环使用、工作温度范围宽、使用寿命长、安全可靠等特点,主要应用于电动车辆、电动工具等需要大电流、深放电的领域。

动力蓄电池最重要的特点就是高功率和高能量。高功率意味着更大的充放电电流,高能量表示更高的质量能量密度和体积能量密度。这两个指标的要求其实是矛盾的,为了提高功率也就要求提高充放电电流,电池结构要求设计为增大等效的反应面积和减少接触阻抗,要求增大体积和质量;从而降低了能量密度。动力蓄电池系统需要按照最优化的整车设计应用指标设计。

从使用角度而言,动力蓄电池在新能源汽车上的应用可以总结为以下 7 个特点。

1. 高能量

对于电动车辆而言,高能量意味着更长的纯电动续驶里程。作为交通工具,续驶里程的延长可有效提升车辆应用的方便性和适用范围。因此,电动汽车对动力蓄电池的高能量密度的需求是永不会停止的。锂离子蓄电池能够在电动汽车上广泛推广和应用,主要原因就是能量密度是铅酸蓄电池的 3 倍,并且还有继续提高的可能性。在技术发展上现在的锂离子蓄电池、镁电池也主要是其在能量密度方面的优势,这成为研究人员开发的新热点。

2. 高功率

车辆作为交通工具追求高速化,也就是对车辆动力性提出了高的要求,实现良好的动力性能要求驱动电机有较大的功率,进而要求动力蓄电池能够提供给驱动电机高功率输出,满足车辆驱动的要求。长期大电流、高功率放电对于蓄电池的使用寿命和充放电效率会产生负面影响,甚至影响电动汽车使用的安全性。因此,在功率方面还需要大的功率储备,避免让动力蓄电池在全功率工况下工作。

3. 长寿命

现有的铅酸蓄电池的使用寿命在深充深放工况下可以达到 400 次,锂离子蓄电池可以达到 1000 次以上。根据日本丰田公司的报告,混合动力用镍氢蓄电池现在的使用寿命已经可以达到 10 年以上。动力蓄电池的寿命直接关系到它的成本。车辆应用过程中蓄电池更换的费用,是电动汽车使用成本的重要组成部分。现有蓄电池电化学体系研究是提高动力蓄电池使用寿命的一个关键问题,在动力蓄电池成组集成应用方面,考虑动力蓄电池单体寿命的一致性,以保证蓄电池组的使用寿命与单体蓄电池接近,这也是研究的重要内容。

4. 低成本

动力蓄电池的成本与蓄电池的新技术含量、材料、制作方法和生产规模有关,目前,新开发的高能量密度的蓄电池成本较高,使得电动汽车的造价也较高。因此,开发和研制高效、低成本的动力蓄电池是电动汽车发展的关键。

5. 安全性好

动力蓄电池为电动汽车提供了高达 300V 以上的驱动供电电压,可能危及人身安全和车

载电器的使用安全。用电安全是电动汽车区别于传统燃油汽车的重要特点之一。除此之外，动力蓄电池作为高能量密度的储能载体，自身也存在一定的安全隐患。下面以锂离子蓄电池为例进行说明。

(1)在充放电过程中，如果发生热失控反应，可能导致蓄电池短路起火，甚至产生爆炸现象。

(2)锂离子蓄电池采用的有机电解质，在4.6V左右易发生氧化，并且溶剂易燃，若出现泄漏等情况，也会引起蓄电池着火燃烧甚至爆炸。

(3)发生碰撞、挤压、跌落等极端的状况，导致蓄电池内部短路，也会引起危险状况的出现。

基于上述原因，对于汽车动力蓄电池的检验标准非常严格，我国已经制定了动力蓄电池及蓄电池模块进行安全性检验的标准。对动力蓄电池在高温、高湿、穿刺、挤压、跌落等极端状况下进行检验，要求在这些状况下不发生动力蓄电池的燃烧起火现象。

6. 工作温度适应性强

车辆应用一般不应受地域和城乡的限制，能在不同空间和时间应用，需要车辆适应不同的温度。仅以北京地区的车辆应用为例，北京夏季地表温度可达50℃以上，冬季可低至-15℃以下，在该温度变化范围内，动力蓄电池应可以正常工作。因此，需要动力蓄电池具有良好的温度适应性。现在的动力蓄电池系统设计，考虑到蓄电池的温度适应性问题，一般都需要设计相应的冷却系统或加热系统来达到动力蓄电池的最佳工作温度。

7. 可回收性好

按照动力蓄电池使用寿命的标准定义，蓄电池在其容量衰减到额定容量的80%时，确定为动力蓄电池寿命终结。随着电动汽车的大量应用，必然出现大量废旧动力蓄电池的回收问题。对于动力蓄电池的可回收性，在化学性能方面，首先要求做到蓄电池正负极及电解质液等材料无毒，对环境无污染；其次是研究蓄电池内部各种材料的回收再利用。对于动力蓄电池的再利用，还存在梯次利用问题，即按照动力蓄电池寿命标准，将达到额定容量80%以下淘汰的蓄电池转移到对蓄电池容量和功率要求相对较低的领域继续应用。

知识拓展

动力蓄电池的不一致性

1. 定义

指同一规格、同一型号的单体蓄电池组成蓄电池组后，在电压、电阻及其变化率、荷电量、容量、充电接受能力、循环寿命、温度影响、自放电率等参数方面存在的差别。

2. 蓄电池不一致产生的原因

(1)在制造过程中，由于工艺上的问题和材质的不均匀，使得蓄电池极板活性物质的活化程度和厚度、微孔率、连条、隔板等存在很微小差别，这种蓄电池内部结构和材质上的不完全一致性，就会使同一批次出厂的同一型号蓄电池的容量、内阻等参数不可能完全一致。

(2)在装车使用时，由于蓄电池组中各个单体蓄电池的温度、通风条件、自放电程度、电解液密度等差别的影响，在一定程度上增加了蓄电池电压、内阻及容量等参数的不致性。

3. 蓄电池不一致性的分类

根据使用中蓄电池组不一致性扩大的原因和对蓄电池组性能的影响方式，可以把蓄电池的不一致性分为容量不一致性、电压不一致性和电阻不一致性。

(1)容量不一致性。容量不一致性主要包含起始容量不一致性和实际容量不一致性两个方面。起始容量不一致性是指蓄电池组在出厂前的分选试验后单体蓄电池初始容量不一致性；实际应用的容量不一致性是指蓄电池在放电过程中所剩余的电量不相等。初始容量不一致可以在使用过程中通过蓄电池单体单独充放电来调整单体初始容量，使之差异性减小。而实际容量不一致则有可能与蓄电池单体内阻等参数有关。

蓄电池起始容量受蓄电池循环工作次数影响显著，越接近蓄电池使用寿命周期后期，实际容量不一致就越明显。同时，蓄电池起始容量还与蓄电池容量衰减特性有关，受到蓄电池储存温度、蓄电池荷电状态(SOC)等因素影响。蓄电池组实际放电容量不一致性还与蓄电池放电电流有关。所以，在蓄电池组实际使用过程中，容量不一致主要是蓄电池起始容量不一致和放电电流不一致综合影响的结果。

(2)电压不一致性。电压不一致性的主要影响因素在于并联组中蓄电池的互充电。当并联组中一节蓄电池电压低时，其他蓄电池将给此蓄电池充电。这种连接方式，低压蓄电池容量小幅增加的同时高压蓄电池容量急剧降低，能量将损耗在互充电过程中而达不到预期的对外输出。若低压蓄电池和正常蓄电池一起使用，将成为蓄电池组的负载，影响其他蓄电池的工作，进而影响整个蓄电池组的寿命。所以，在蓄电池组不一致明显增加的深放电阶段，不能再继续行车，否则会造成低容量蓄电池过放电，影响蓄电池组使用寿命。

(3)内阻不一致性。蓄电池内阻不一致使得蓄电池组中每个单体在放电过程中热损失的能量各不一样，最终会影响蓄电池单体能量状态。

串联组中电流相同，内阻大的蓄电池，能量损失大，产生热量多，温度升高快。若蓄电池组的散热条件不好，热量不能及时散失，蓄电池温度将会持续升高，可能导致蓄电池变形甚至爆炸的严重后果。在充电过程中，由于内阻不同，分配到串联组每个蓄电池的充电电压不同，将使蓄电池充电电压不致。随充电过程的进行，内阻大的蓄电池电压可能提前到达充电的最高电压极限，因此，为了防止内阻大的蓄电池过充电和保证充电安全，不得不在大多数蓄电池还未充满的情况下停止充电。

在并联组中的放电过程中，内阻大的蓄电池，电流小；反之，内阻小的蓄电池，电流大。从而使蓄电池在不同的放电率下工作，影响蓄电池组的寿命。与此同时，在电流不等的情况下，蓄电池放出的能量不同，致使在相同工作条件下，蓄电池放电深度不同。

在充电过程中，由于内阻不同，分配到并联组的充电电流不同，所以相同时间内充电量不同，即蓄电池的充电速度不同，从而影响整个蓄电池组的充电过程。在实际充电过程中，只能在防止充电快的蓄电池过充电和防止充电慢的蓄电池不满之间采取折中的方案。

4. 提高蓄电池一致性的措施

(1)提高蓄电池制造工艺水平，提高质量，尤其是单体蓄电池初始电压的一致性。

(2)在动力蓄电池成组时，务必保证蓄电池组采用同一类型、同一规格、同一型号的蓄电池。

(3)在蓄电池组使用过程中检测单体蓄电池参数。

(4)对使用中发现容量偏低的单体蓄电池,进行单独维护性充电,使其性能恢复。

(5)间隔一定时间对蓄电池组进行小电流维护性充电,促进蓄电池组自身的均衡和性能恢复。

(6)尽量避免蓄电池过充电,尽量防止蓄电池深度放电。

(7)保证蓄电池组良好的使用环境、尽量保证蓄电池组温度场均匀,减小振动,避免水、尘土等污染蓄电池极柱。

(8)采用蓄电池组均衡系统,对蓄电池组充放电进行智能管理。

任务考核

学生在完成新能源汽车动力蓄电池主要性能指标的学习任务后,由教师按照任务考核表1-2-1所列内容进行考核。

新能源汽车动力蓄电池主要性能指标任务考核表　　表1-2-1

题型	考核题目(每题10分)	得分
判断题	1. 电池的性能指标根据电池种类不同,其性能指标却是相同的。(　　)	
	2. 电池正极与负极的电位差称为电池开路电压。(　　)	
	3. 按国家或有关部门颁布的标准,保证电流在一定的放电条件下应该放出的最高限度的容量称为额定容量或保证容量。(　　)	
	4. 充电蓄电池的内阻很小,但可使用仪表直接短路电池来进行短路电流的测量。(　　)	
	5. 电池的性能指标主要有电压、电流、内阻、功率、放电倍率、使用寿命。(　　)	
选择题	1. 电池在一定条件下所能输出的电量,它等于放电电流与放电时间的乘积,称为(　　)。 A. 理论容量　B. 实际容量　C. 标称容量　D. 额定容量	
	2. 电池的使用寿命包括(　　)和(　　)。 A. 充电时间　B. 放电时间　C. 使用周期　D. 使用期限	
	3. 电池放电电流的大小常用"放电倍率"表示,放电时间越短,即放电倍率(　　),则放电电流(　　)。 A. 越高,越大　B. 越高,越小　C. 越低,越大　D. 越低,越小	
	4. 动力蓄电池最重要的特点是(　　)。 A. 高电压　B. 高功率 C. 可回收性　D. 高能量	
	5. 动力蓄电池的哪些性能会影响新能源汽车的续驶里程?(　　) A. 容量　B. 能量　C. 功率　D. 效率	
总分		
教师评语:		

任务小结

在完成该任务的学习后，请对照本任务的学习目标，完成学习情况诊断。

本任务的学习目标回顾：____

____

我的任务目标达成情况：____

____

我今后的努力方向或改进方法：__________________________________

____

项目二

动力蓄电池的制造与检验

项目概述

动力蓄电池是新能源汽车的能量存储器,其技术历经了多次材料体系和结构上的变迁。任何一种动力蓄电池都有一定的生产工艺及试验要求。20 世纪 70 年代锂离子蓄电池进入实用化以来,用户普遍认识到锂离子蓄电池具有能量密度高、循环寿命长、无记忆效应、环境友好等特点。进入 21 世纪,锂离子蓄电池已成为研发和示范应用新纪元。国内外许多知名电池企业也进行了锂离子蓄电池的开发研究及生产。锂离子蓄电池成为动力蓄电池应用领域研究和应用的热点,已经成为新能源汽车动力蓄电池的主体。但是,锂离子蓄电池也有其特殊的方面,其生产、加工、保存、使用、试验等具有典型性和代表性。因此,本项目以锂离子蓄电池的生产制造工艺、试验、检测等作相关的阐述介绍,以触类旁通,认知动力蓄电池的生产制造。

本项目主要学习动力蓄电池的生产制造与检验,分为以下内容。

任务一　动力蓄电池的生产制造

任务二　动力蓄电池的出厂检验

学习目标

知识目标:

(1)能够描述动力蓄电池出厂的基本测试项目;

(2)能够描述动力蓄电池模组的组装与测试项目的要求。

技能目标:

(1)能够根据工艺机器说明书进行部分工艺的操作;

(2)能够组装动力蓄电池模组;

(3)能够对组装的动力蓄电池模组进行检测。

素质目标:

(1)培养应急处理能力,熟悉动力蓄电池制造过程中可能出现的安全隐患和应急处理措施,能够在紧急情况下迅速响应并妥善处理;

(2)树立"质量第一"的观念,对每一道工序负责,确保每一单体蓄电池的质量都符合标准;

(3)树立终身学习理念,关注动力蓄电池技术的最新发展动态,积极学习新技术、新工艺和新设备,不断提升自身的专业技能水平。

任务一 动力蓄电池的生产制造

任务描述

新能源汽车用户最关注之一就是动力蓄电池的性能和安全。要确保性能及安全合格，是如何生产、制造以及经过哪些相关技术实验及检验，才能装配于新能源汽车上的呢？

知识准备

请预习后面的内容，完成下列填空题。

(1)动力蓄电池电芯的基本组成包括__________、__________、__________、__________等。

(2)目前，新能源汽车使用的动力蓄电池主要有__________、__________、__________、__________等。

(3)锂离子蓄电池负极浆料，主要由__________、__________、__________、__________组成。

(4)锂离子蓄电池正极浆料，主要由__________、__________、__________组成。

(5)圆柱形电芯正极有__________片；负极有__________片；隔膜有__________片。

(6)动力蓄电池的成组技术过程包括__________、__________、__________、__________。

(7)动力蓄电池的成组主要方式包括__________、__________。

(8)动力蓄电池的成组原因包括__________、__________、__________等。

一、动力蓄电池的制造

新能源汽车的动力蓄电池种类较多，作为具有广泛应用、重点发展的锂离子蓄电池，其生产工艺特别。锂离子蓄电池作为重点发展的种类，具有广泛应用的特点。

下面对锂离子蓄电池的生产制造工艺等进行阐述。

从材料来看，锂离子蓄电池以锂-碳层间化合物（Li_xC_6）、锂金属或锂合金为负极材料；非水电解质（锂盐 $LiPF_6$、$LiAsF_6$ 等有机溶液）为溶液；Li_xCoO_2（钴酸锂）、Li_xNiO_2（镍酸锂）、$LiFePO_4$（磷酸铁锂）、Li_xMnO_2（锰酸锂）、Li_3TiO_3（钛酸锂）以及镍钴锰酸锂（$Li(NiCoMn)O_2$）等晶状体结构的嵌入式化合物为正极材料。锂离子蓄电池的正、负极间有隔膜（塑料类材料，只允许 Li^+ 往返通过，阻止电子 e^- 通过，在正、负极之间起到绝缘作用）。在生产锂离子蓄电池时，正极片（箔）、隔膜、负极片（箔）、隔膜经过缠绕或层叠，包装后灌注电解液，封装后即制成电芯（锂离子蓄电池的最小单元，也称单体蓄电池）。

思考

查阅资料,说明动力蓄电池有哪些特点?

动力蓄电池生产工艺流程分为三大工段:一是极片(箔)制作,二是电芯制作,三是蓄电池组装。在生产工艺中,极片(箔)制作是基础、电芯制作是核心,电芯组装关系到蓄电池成品质量。锂离子蓄电池生产工艺流程具体环节包含正极拉浆、负极拉浆、正极片(箔)、负极片(箔)、钢壳装配、注液、检测以及包装等。

下面用图文解读锂离子蓄电池电芯的制造过程。

1. 负极匀浆

将石墨、导电剂(乙炔黑)、增稠剂(CMC)、黏结剂(SBR)等按比例配合,用专用搅拌机,搅拌均匀,处理成浆糊物(黏度5000~6000mPa·s),如图2-1-1所示。电极材料参考比例:负极主材料占94.5%、SBR占2.25%、CMC占2.25%、其他约占1.0%,液体与固体物质的质量比约为1600∶1417。

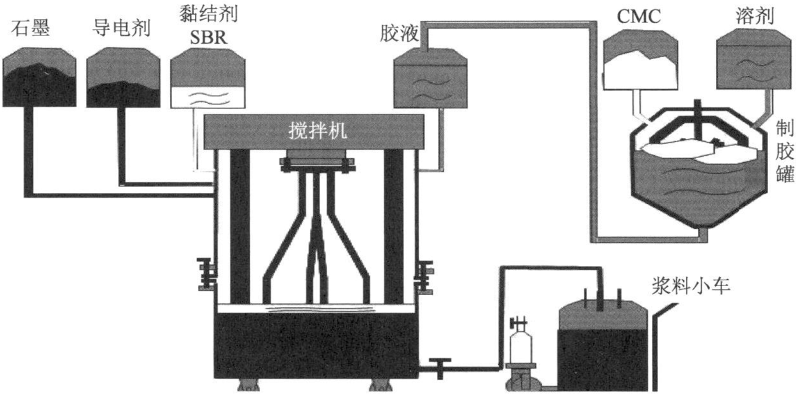

图2-1-1 负极匀浆示意图

2. 正极匀浆

将钴酸锂($LiCoO_2$)、导电剂(乙炔黑)、黏合剂(PVDF)等按比例配合,用专用搅拌机搅拌均匀,处理成浆糊物(黏度5000~6000mPa·s),如图2-1-2所示。

电极材料参考比例:正极主材料$LiCoO_2$(10μm)占93.5%、PVDF占2.5%其他占6.5%。液体与固体物质的重量比约为810∶1496。

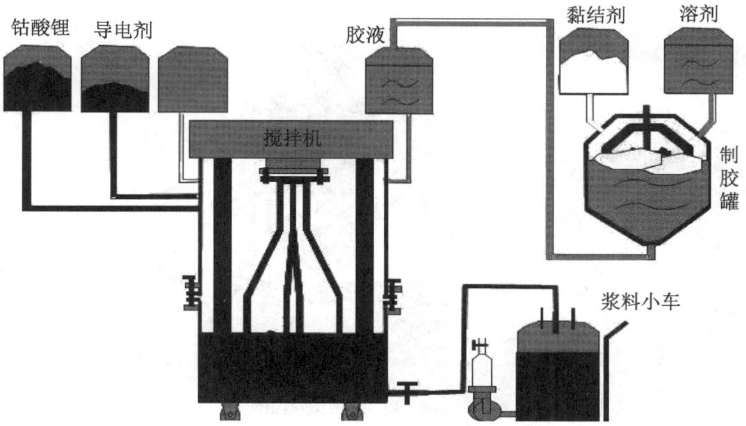

图 2-1-2　正极匀浆示意图

3. 涂布

将正、负极浆料物质用专用涂布机分别涂敷于正极(铜箔)集流(基)体和负极(铝箔)集流(基)体,并进行适当烘烤处理,如图 2-1-3 所示。

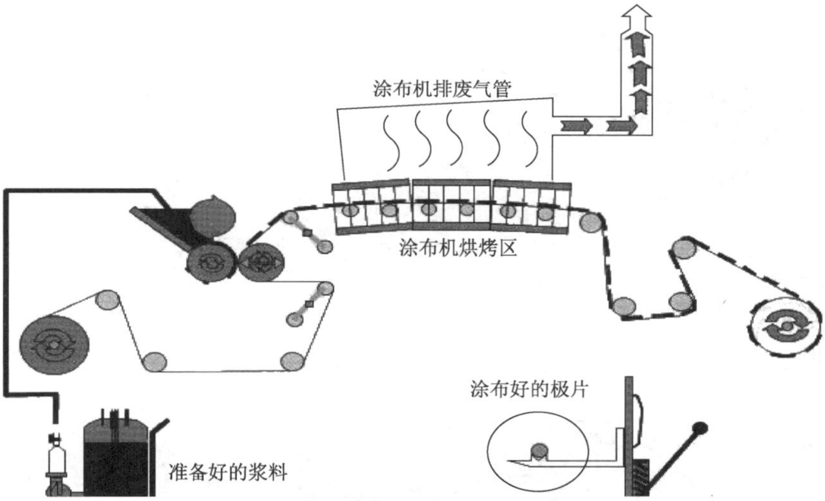

图 2-1-3　涂布示意图

4. 碾压

把涂有正(或负)极材料的集流体(铜或铝片/箔)布,用碾压机进行碾压,以防材料与集流体松脱,如图 2-1-4 所示。

5. 分切

用专用分切机对碾压后较大面积的正(或负)极片(箔)布件,按尺寸要求进行分切,获得所需规格的片(箔)布,如图 2-1-5 所示。

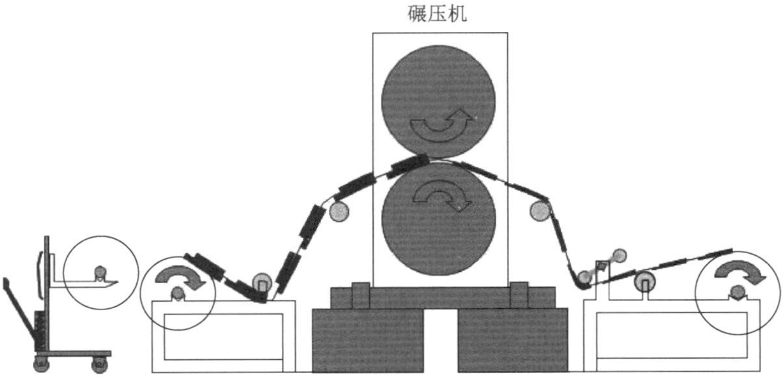

图 2-1-4　涂布碾压示意图

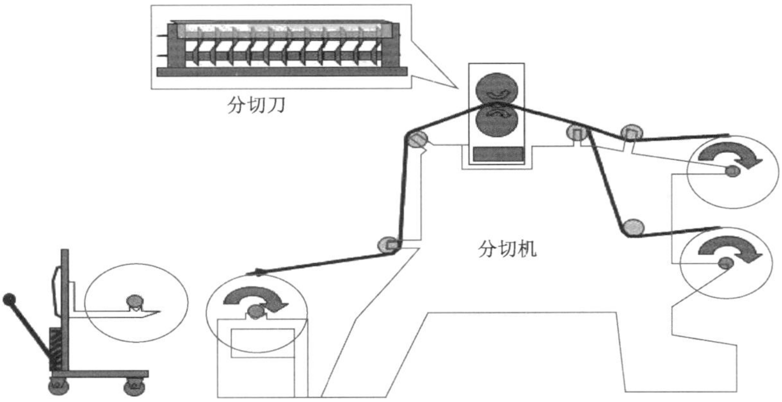

图 2-1-5　正(或负)极片(箔)分切示意图

6. 烘烤

用专用烘烤设备对正(或负)极片(箔)布卷,进行烘烤,使其进一步干燥,如图 2-1-6 所示。

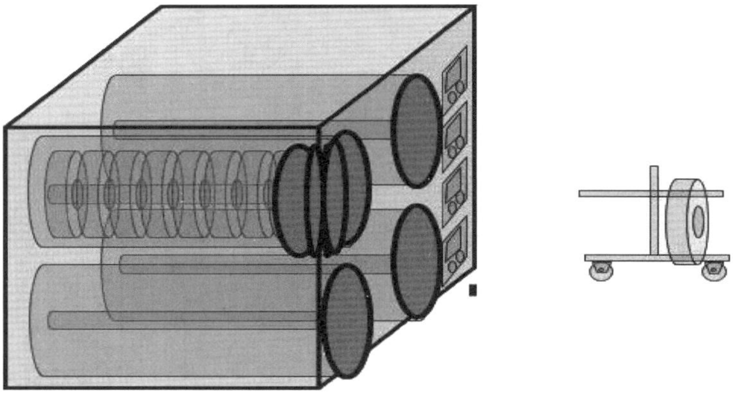

图 2-1-6　极片(箔)卷烘烤示意图

7. 卷绕

用专用卷芯机器，按正极片（箔）、隔膜、负极片（箔）、隔膜次序，将极片（箔）进行重叠、卷绕，形成电芯体，如图 2-1-7 所示。

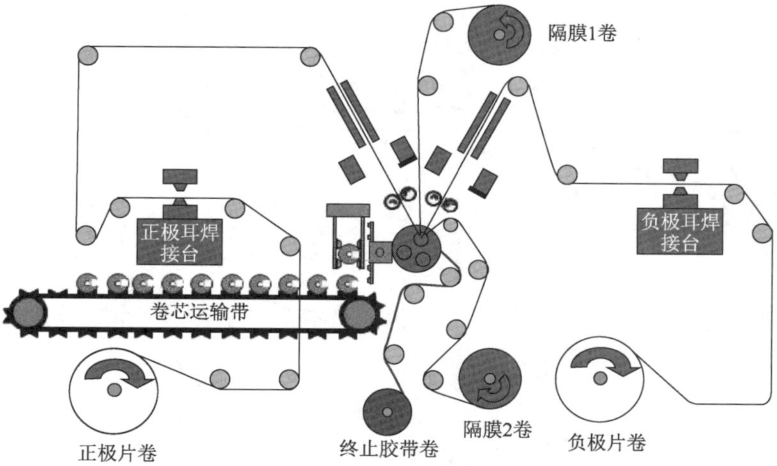

图 2-1-7　极片（箔）卷绕示意图

8. 入壳

用专用设备把卷绕好的极片（箔）卷，放到圆柱形、空桶结构的壳内，形成电芯雏形，如图 2-1-8所示。

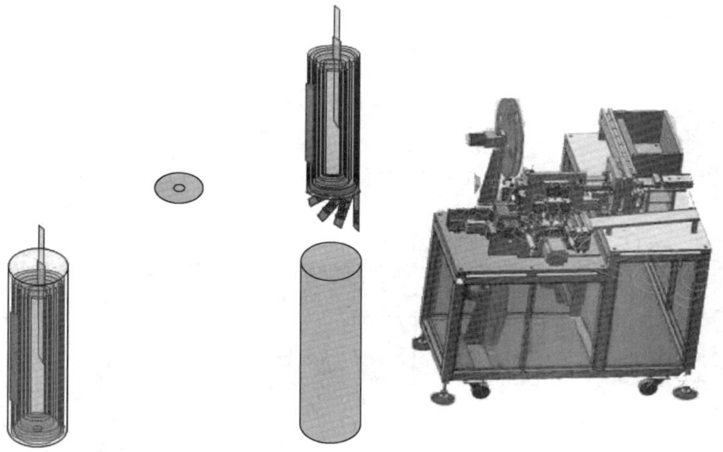

图 2-1-8　极片（箔）卷入壳——电芯雏形

9. 点焊

用专用设备对壳内电芯卷的正、负极片（箔），分别用相同片（箔）材料，进行激光点焊，形成正、负极片（箔）极耳，如图 2-1-9 所示。焊接要求：焊接点接合力应不小于 6N，无虚焊、假焊、焊焦、焊穿、极耳皱拆等。

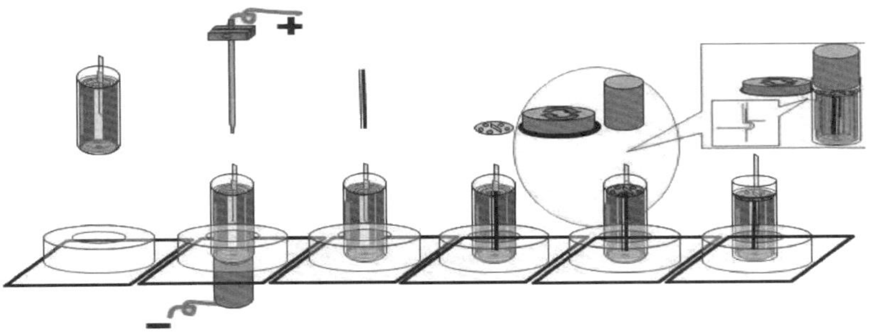

图 2-1-9　点焊示意图

10. 烘烤

用专用烘烤设备对点焊后的总成(极片(箔)卷、壳),进行烘烤,如图 2-1-10 所示。

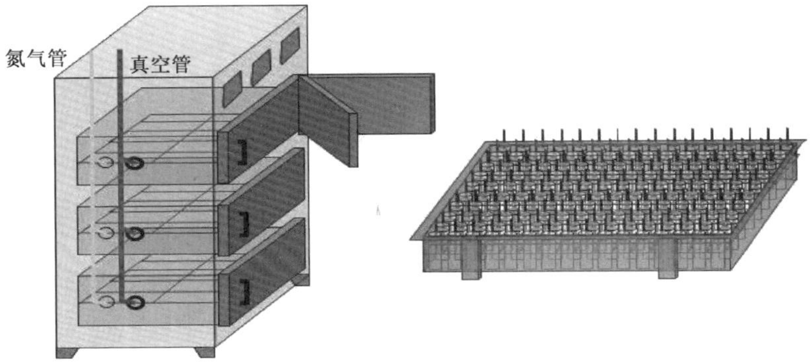

图 2-1-10　电芯极片(箔)卷、壳整体烘烤示意图

11. 注液

用专门灌注设备、向电芯壳内注入专用电解质溶液,并注意清除壳内、极片(箔)卷周围的空气,如图 2-1-11 所示。

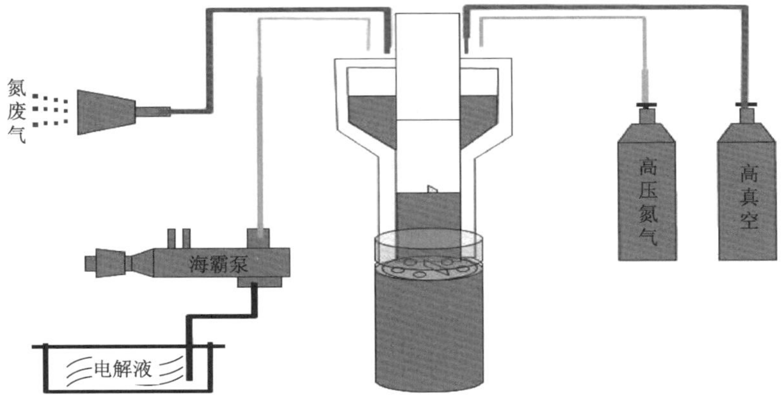

图 2-1-11　电芯壳内注入电解液示意图

12. 焊盖帽

用专门焊接设备对注液后的总成件进行焊接压帽盖，封装成电芯初品。焊接要求：焊接处接合力应不小于于6N，无虚焊、假焊、焊焦、焊穿、极耳皱拆等，如图2-1-12所示。

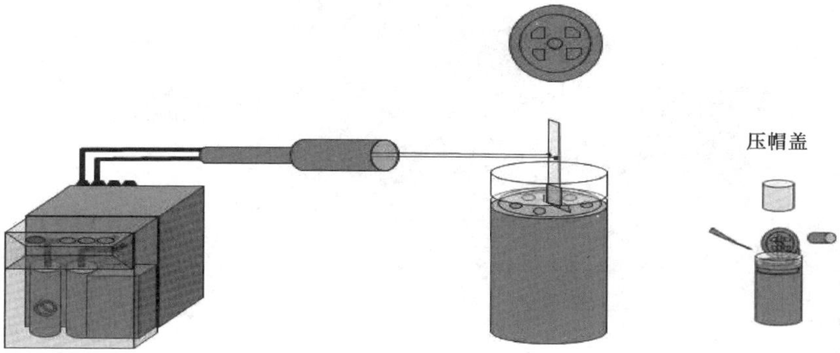

图2-1-12　焊接压帽盖示意图

13. 清洗

用清洗设备对电芯初品外部全方位进行清洗，如图2-1-13所示。

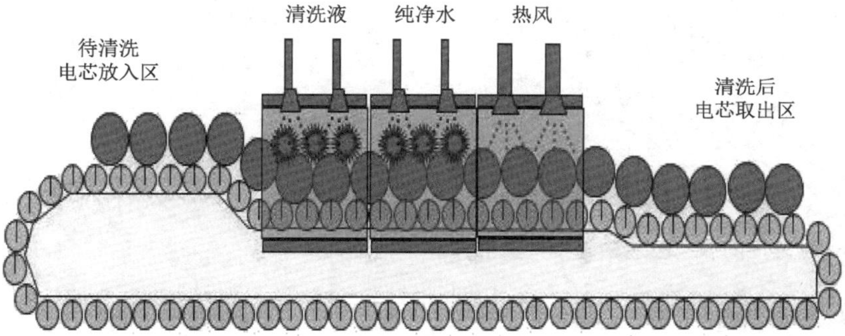

图2-1-13　电芯初品清洗示意图

14. 干燥储存

对清洗后的初品进行干燥储存，以备下一步处理，如图2-1-14所示。

图2-1-14　干燥储存示意图

15. 检测对齐度

对电芯初品进行对齐度检测,如图 2-1-15 所示。

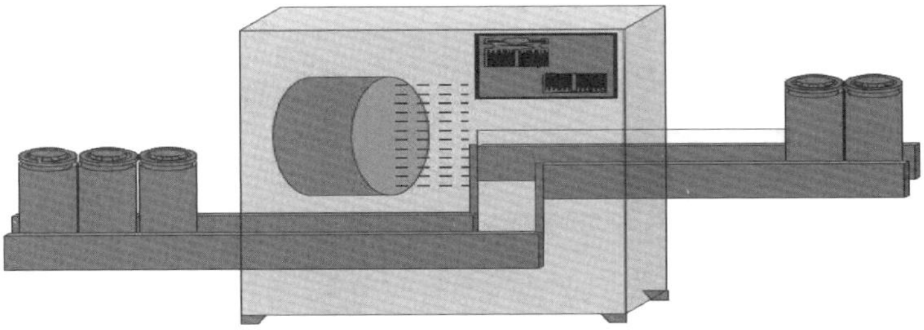

图 2-1-15　检测对齐度示意图

16. 壳体喷码

对电芯外部进行喷码,标明型号、参数及生产日期等,如图 2-1-16 所示。

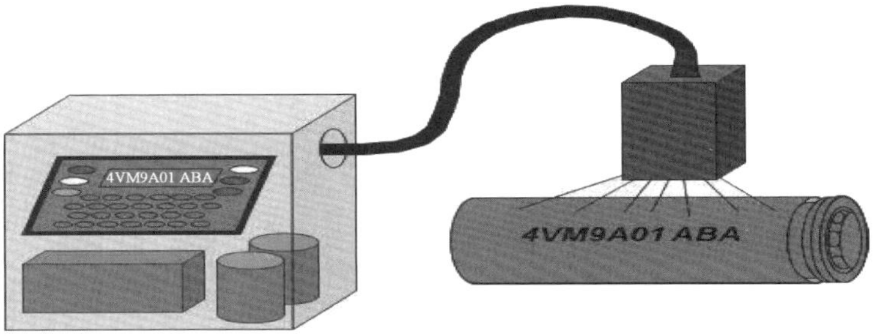

图 2-1-16　壳体喷码示意图

17. 化成

组装后的蓄电池被给予一定的电流,使蓄电池正负极活性物质被激发,最后使蓄电池具有放电能力的电化学过程称为化成。蓄电池只有经过化成后才能作为电源使用,实际也就是对蓄电池进行激活,如图 2-1-17 所示。

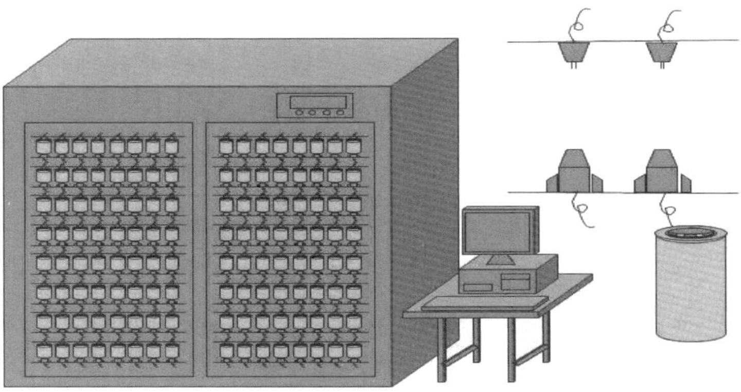

图 2-1-17　电芯初品化成示意图

18. QCV 测量

蓄电池生产后，还必须进行抽检容量、电压、电阻等一系列参数，以确保蓄电池的生产质量，这就是 QCV 测量，如图 2-1-18 所示。

图 2-1-18　QCV 测量设备

19. 常温储存

蓄电池进行了相关检测后，将在常温下进行储存以待备用，如图 2-1-19 所示。

图 2-1-19　常温存放示意图

20. 分容

蓄电池在制造过程中，因工艺原因使蓄电池的实际容量不可能完全一致，通过一定的充放电检测，将蓄电池按容量分类的过程称为分容，如图 2-1-20 所示。

图 2-1-20　蓄电池的分容示意图

21. 最后工序

最后还要做好：外观检查、喷等级码、等级扫描检查，经包装后成为成品，进入仓库。蓄电池由原材料经过前面的众多工序后，得到单体电芯。最后的阶段完成才算结束，如图 2-1-21 所示。

图 2-1-21　最后工序

综合上述，动力蓄电池电芯生产的工艺流程可概括为：物料准备→匀浆→涂布→碾压→分切→烘烤→卷绕→入壳→激光焊→烘烤→注液→预充→封口→清洗→化成与老化→全检→入库→出货，经进一步的处理成蓄电池模组→蓄电池组。

二、动力蓄电池成组技术

1. 动力蓄电池成组概述

动力蓄电池按照工艺流程生产，电芯（单体蓄电池）电压较低、容量较小。为适应作为动力蓄电池的需要，应具有更高的电压和容量，需要将多个单体蓄电池串联在一起，而为了增加蓄电池的容量，需要将多个单体蓄电池并联在一起。所以，将若干蓄电池单体进行串、并联后获得适合电压和容量的这一过程的技术称为蓄电池成组技术。

思考

查阅资料，动力蓄电池如何成为具有高电压、大电流的供电电源？

对动力蓄电池成组技术的要求包括：

(1)高能量密度：满足新能源汽车续驶里程长的要求。

(2)结构可靠：能承受新能源汽车行驶过程中的碰撞、振动而不会导致动力蓄电池发生位移或变形。

(3)安全性：保证在遇到极端情况下(如撞击、漏液、高温、低温、短路等)，蓄电池包不会发生危害人身安全的事故。

(4)热管理：能适应不同气候条件下正常运行，如在高温时开启制冷系统降低蓄电池包的温度、低温时开启热系统保证蓄电池的正常充放电量等。

因此，蓄电池包由模组串联组成，蓄电池包内设有蓄电池管理系统、热管理系统，可有效保护蓄电池包的安全。

从蓄电池电芯，到单体蓄电池，到蓄电池模组，到蓄电池包的过程就是成组技术。如图2-1-22和图2-1-23所示。

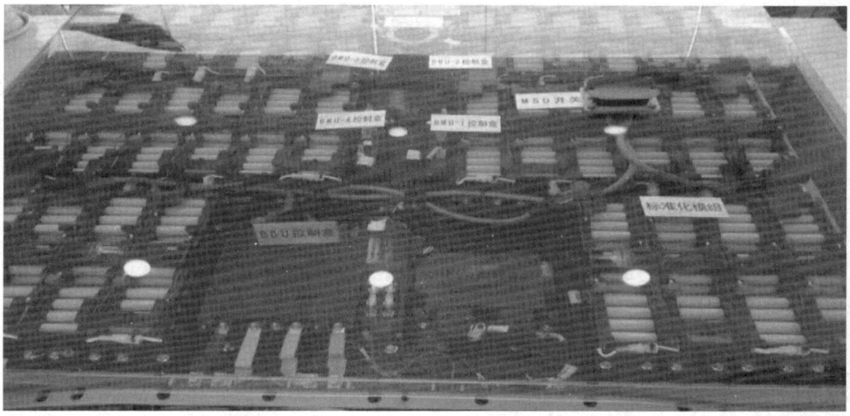

图2-1-22　蓄电池包外观图

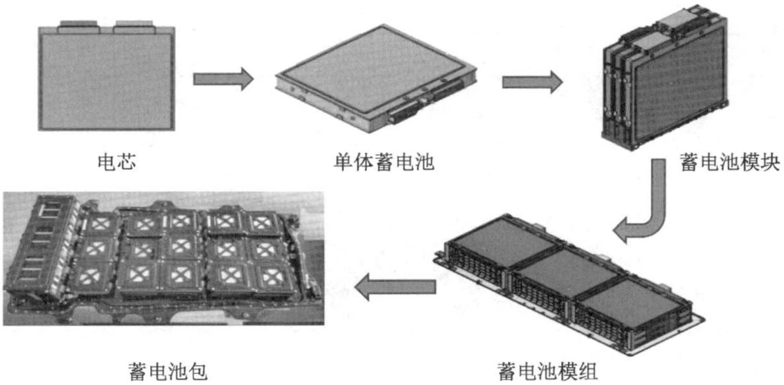

图2-1-23　动力蓄电池成组过程图

1)蓄电池成组要注意的问题

单体蓄电池并联、串联成组作为一个整体对外工作时要注意如下问题：

(1)高压母线回路绝缘安全检测(全车高压回路);

(2)最高电压电芯、最低电压电芯,电芯电压一致性评价、SOC计算(代表电池的当前电荷状态,通常以百分比表示);

(3)母线电流、电压检测(充、放电过流检测控制);

(4)正负母线充放电电路开闭控制(高压直流输出、充入);

(5)正负母线继电器开闭状态检测(主触点正确开闭检查);

(6)蓄电池充放电功率控制(充电请求);

(7)蓄电池充电次数累计(计算蓄电池寿命、健康情况);

(8)预充电控制(控制上电浪涌电流,防止烧坏主继电器触点、控制器电容)。

2)蓄电池模组的设计与选用过程

首先我们要分析车辆设计的技术要求,根据各种车速(安全车速、巡航车速、城市车速、经济车速、爬坡车速等)、最高车速、最高车速持续时间、0～100km/h加速时间、整车装备质量(kg)、满载质量、最大爬坡度、汽车迎风面积、用户需求的续驶里程、模拟风洞计算出的车辆风阻、轮胎变形阻力、坡道阻力、加速时驱动力设计数据及动力影响参数,计算出电机驱动力矩和额定功率与最大功率;然后再从电机功率需求推算出动力蓄电池的最大功率以及容量,进而选择电芯材料、规格,并联电芯数和串联的蓄电池组数;再根据车辆的结构尺寸,确定蓄电池包的安装位置、定位及固定方案。

2.动力蓄电池成组电芯的选用

1)不同形状蓄电池组的特点

不同形状蓄电池组的性能、特点见表2-1-1。不同形状蓄电池组外形如图2-1-24所示。

不同形状蓄电池组比较表 表2-1-1

形状	圆柱形	方形	软包
安全性	安全阀双重保护,PTC	泄气阀	外壳保护
耐压性	高	中	差
功率性能	好	较好	一般
组合体积	大	小	小
组合成本	高	低	低
形状	标准壳体	金属或塑料壳体,改变较难	可制成各种大小电池
散热性能	良好	一般	差
工艺性	成熟,易于自动化生产	一般	一般
组合特点	体积大,散热表面大	体积小,工艺简单	工艺简单,机械强度低
应用领域	广泛,动力类及消费类	动力蓄电池	动力蓄电池

2)串并联蓄电池组拓扑结构

蓄电池组典型的连接方式有先并联后串联、先串联后并联及混联。从蓄电池组连接的可靠性,以及蓄电池电压不一致性,对蓄电池组性能影响的角度分析,先并联后串联连接方式优于先串联后并联连接方式,而先串后并的蓄电池拓扑结构有利于对系统各个单体蓄电池进行检测和管理。

a)圆形蓄电池组　b)方形蓄电池组　c)软包蓄电池组

图 2-1-24　不同形状蓄电池组外形

3)蓄电池串并联特性

以 32650A·h 电池为例,型号 32650,电压 3.2V,容量 5A·h,能量 16W·h,内阻 8mΩ。

(1)N 个单体蓄电池串联特性。电压为 N 个单体蓄电池电压之和,$U_{总}=N\times3.2\text{V}$;总容量保持不变,为单体蓄电池容量,$Q_{总}=5\text{A}\cdot\text{h}$;总能量为 N 个单体蓄电池能量之和,$W_{总}=N\times16\text{W}\cdot\text{h}$;总内阻为 N 个单体蓄电池内阻之和,$R_{总}=N\times8\text{m}\Omega$。

(2)N 个单体蓄电池并联特性。电压为单个单体蓄电池电压,$U_{总}=3.2\text{V}$;总容量为 N 个单体蓄电池容量之和,$Q_{总}=N\times5\text{A}\cdot\text{h}$;总能量为 N 个单体蓄电池能量之和,$W_{总}=N\times16\text{W}\cdot\text{h}$。

总内阻的倒数为各单体蓄电池内阻倒数之和,单体蓄电池内阻一致时,$R_{总}=8\text{m}\Omega/N$。因此,N 个蓄电池串联或并联构成的蓄电池模组,其总电压为 N 个串联单体蓄电池电压之和;总容量为 N 个并联蓄电池容量之和;总能量为串并联中所有蓄电池能量之和。

知识拓展

锂离子蓄电池的生产制造过程可以分为多个关键步骤,每个步骤都有其特定的工艺和技术要求。

锂离子蓄电池的制造需要高度精确的控制和先进的设备。例如,涂布技术需要高速、连续的涂布设备,以确保涂层的均匀性;碾压机需要高速旋转的轴和碾压辊,以确保材料的紧密结合;烘烤和注液过程需要精确的温度和压力控制,以确保电解液的均匀分布和蓄电池的性能稳定。此外,现代化的生产线还需要配备先进的自动化设备和控制系统,以提高生产效率和产品质量。

因此,掌握先进设备,具有职业素养的技术技能人才,是确保生产制造、检测、检验出厂,生产合格锂离子蓄电池的关键。

任务考核

学生在完成动力蓄电池的生产制造的学习任务后由教师按照任务考核表 2-1-2 所列内容进行考核。

动力蓄电池的生产制造考核表

表 2-1-2

题型	考核题目(每题 10 分)	得分
判断题	1. 动力蓄电池是二次电池,即蓄电池。 (　　)	
	2. 动力蓄电池电芯电压的大小取决于极片的大小。 (　　)	
	3. 电芯是蓄电池最小单元体。 (　　)	
	4. 锂离子蓄电池因隔膜材料与锂有关而得名。 (　　)	
	5. 将多个电芯并联是为了提高容量。 (　　)	
选择题	1. 圆柱形电芯正极有(　　) 片;负极有(　　) 片;隔膜有(　　)片。 A. 1　B. 2　C. 3　D. 4	
	2. 电芯内正极片的化学性质比负极片化学性质(　　)。 A. 强　B. 弱　C. 一样　D. 没有要求	
	3. 三元锂离子蓄电池的三元是指(　　)金属元素。 A. 镍(Ni)　B. 锰(Mn)　C. 钴(Co)　D. 铁(Fe)	
	4. 锂离子蓄电池极片结构是(　　)。 A. 基体(集流体)　B. 栅架 C. 活性物　D. 导电剂(乙炔黑)、黏合剂(PVDF)	
	5. 目前,锂离子蓄电池的正极基体是(　　)箔,负极基体是(　　)箔。 A. 铜　B. 铁　C. 铝　D. 锡	
总分		
教师评语:		

任务小结

在完成该任务的学习后,请对照本任务的学习目标,完成学习情况诊断。

本任务的学习目标回顾:________________________________

____

我的任务目标达成情况:________________________________

____

我今后的努力方向或改进方法:____________________________

____

任务二　动力蓄电池的出厂检验

任务描述

新能源汽车发生撞车等事故后为什么着火？实际是新能源汽车的动力蓄电池受到撞击、短路、热失控，或生产制造中有瑕疵、环境变化所致。在动力蓄电池的生产制造过程中，必须加强科学管理，确保质量，对蓄电池实施科学检验和科学使用来杜绝和减少类似现象的发生。

知识准备

请预习后面的内容，完成下列填空题。

(1)动力蓄电池常规试验项目有__________、__________、__________、__________、__________、__________、__________、__________、__________等。

(2)动力蓄电池出厂主要试验项目有__________、__________、__________、__________、__________、__________等。

(3)动力蓄电池过放电、过充电、短路试验要求有__________、__________和__________。

(4)动力蓄电池防尘、防水测试要求有__________和__________。

(5)动力蓄电池机械振动/冲击测试要求有__________、__________和__________。

(6)动力蓄电池加热、挤压、针刺试验要求有__________和__________。

为保证动力蓄电池的安全使用，消除或发现生产中的瑕疵、缺陷，从而消除使用的安全隐患，动力蓄电池出厂时应当作必须的测试。依据锂离子蓄电池自身的特点及使用状况，阐述锂离子蓄电池的测试要求。

锂离子蓄电池的测试分为单体蓄电池的性能测试和蓄电池组的测试。单体蓄电池的测试内容包括：充电性能测试、放电性能测试、放电容量及倍率性能测试、高低温性能测试、能量和比能量测试、功率和比功率测试、存储性能及自放电测试、寿命测试、内阻测试、内压测试和安全性测试等。

从车辆的实用角度出发，蓄电池组的测试内容包括：静态容量检测、峰值功率检测、动态容量检测、部分放电检测、静置试验、持续爬坡功率测试、热性能、起动功率测试、蓄电池振动测试、充电优化和快速充电能力测试、循环寿命测试以及安全性测试等。

思考

查阅资料，动力蓄电池出厂为什么要做安全性测试？

一、蓄电池组的通用测试

动力蓄电池测试是蓄电池研制、出厂、产品评估等的必要手段。作为汽车的能量源，从保证汽车必要的性能指标和安全性的角度，相关行业部门及蓄电池生产部门应对蓄电池按照相应的测试规程和检验标准，进行测试。

1. 静态容量测试

该测试是确定车辆实际使用时，动力蓄电池组是否具有充足的电量和能量，满足在各种预定放电倍率和温度下正常工作。

2. 动态容量测试

该测试主要检测动力蓄电池组在动态放电条件下的能力，其主要表现为在不同温度和不同放电倍率下的能量和容量。

3. 静置实验

该测试是检测动力蓄电池组在一段时间未使用时的容量损失，用来模拟汽车一段时间没有行驶而蓄电池开路静置时的情况。

4. 起动功率测试

由于汽车起动功率较大，为适应不同温度条件下的汽车起动需要，对动力蓄电池组进行低温（-18℃）起动功率和高温（50℃）起动功率测试。

5. 快速充电能力

该测试的目的是通过对动力蓄电池组进行高倍率充电来检测蓄电池的快速充电能力，并考察其效率、发热及对其他性能的影响。

6. 循环寿命测试

蓄电池的循环寿命直接影响蓄电池的使用经济性。当蓄电池的实际容量低于初始容量或是额定容量的80%时，即视为动力蓄电池寿命终止。

7. 安全性测试

蓄电池的安全性能是指蓄电池在使用及搁置期间对人和装备可能造成伤害的评估。

8. 蓄电池振动测试

该测试的目的是检测由于道路引起的频繁振动和撞击对动力蓄电池及动力蓄电池组性能和寿命的影响。

二、蓄电池安全抽检

1. 安全性测试(滥用试验设备)

动力蓄电池在滥用时,由于特定的能量输入,导致蓄电池内部组成物质发生物理或化学反应而产生大量的热量,如热量不能及时散溢,可能导致蓄电池热失控。热失控会使蓄电池毁坏,如蓄电池破裂,电解液泄漏,起火,燃烧,进而造成安全事故。在众多蓄电池中,动力蓄电池在这方面的安全性尤为重要。为了对动力蓄电池在滥用时对人和装备可能造成伤害、损害进行评估,因此,动力蓄电池包在出厂时必须用专用设备,进行相关的检测如图 2-2-1 所示。

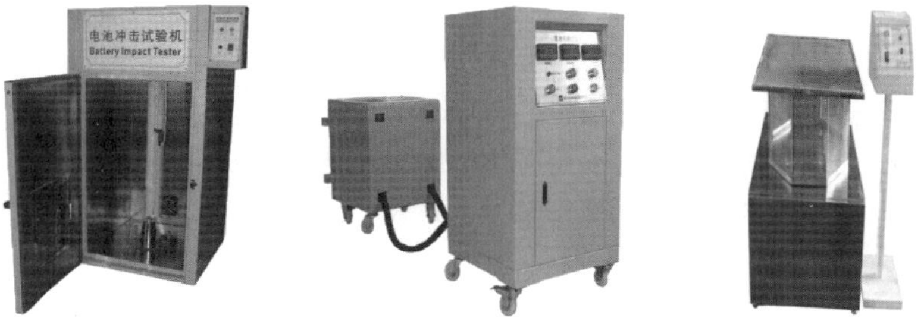

a)蓄电池短路试验机　　b)蓄电池冲击试验机　　c)蓄电池被动燃烧试验平台

图 2-2-1　动力蓄电池滥用试验设备

2. 安全性测试(滥用试验)主要项目及要求

按照《电动汽车用动力蓄电池安全要求》(GB 38031—2020)、《电动汽车用动力蓄电池电性能要求及试验方法》(GB/T 31486—2024)等国家标准,进行出厂测试应符合或达到相关要求。

(1)过放电试验、过充电试验、短路试验。

用专用设备进行条件测试,如图 2-2-2 所示。测试后不得有起火、爆炸现象。

a)过放电试验　　b)过充电试验　　c)短路试验

图 2-2-2　安全测试(一)

(2)加热试验、挤压试验、针刺试验。

用专用设备进行条件测试,如图2-2-3所示。测试后不得有起火、爆炸现象。

a)加热试验

b)挤压试验

c)针刺试验

图2-2-3　安全测试(二)

(3)机械振动/冲击测试。

模拟整车工况的振动和冲击,测试动力蓄电池系统的机械连接可靠性,如图2-2-4所示。测试后不得有电解液泄漏、外壳破裂、起火或爆炸现象;冲击试验,应无电解液泄漏、外壳破裂、起火或爆炸现象。

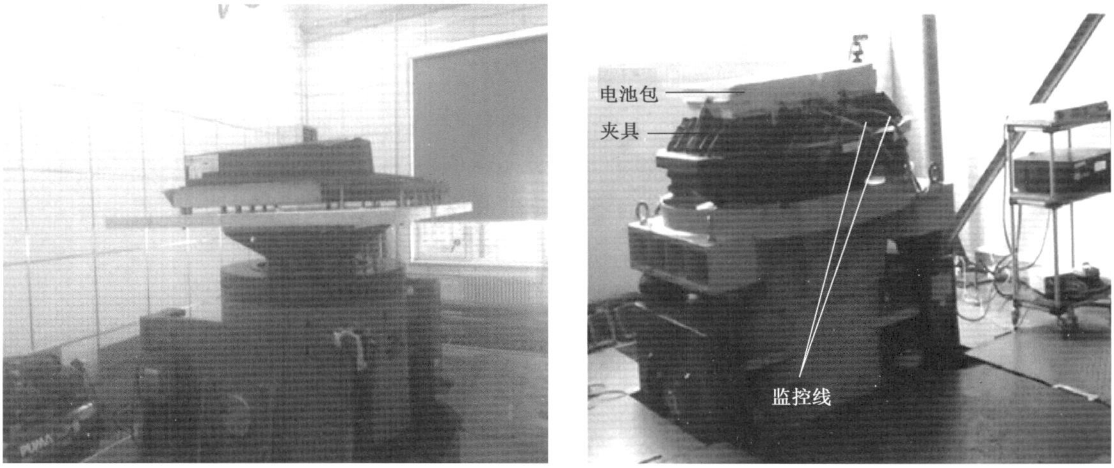

图2-2-4　蓄电池机械振动/冲击测试

(4)IP防护等级——防尘测试、防水测试。

尘、湿、热循环试验,应无电解液泄漏、外壳破裂、起火或爆炸现象;Pack(指代电池组)沉入深1.2m水中30min,移出水后检查,其箱体内、接插件、维修开关处不进水,绝缘正常。如图2-2-5~图2-2-7所示。

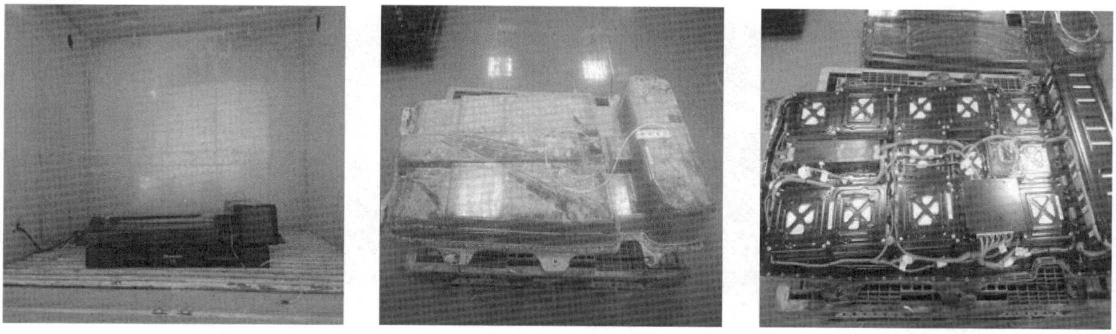

a)测试样品和测试环境　　b)测试后样品(开盖前)　　c)测试后样品(开盖后)

图 2-2-5　IP 防护等级——防尘测试

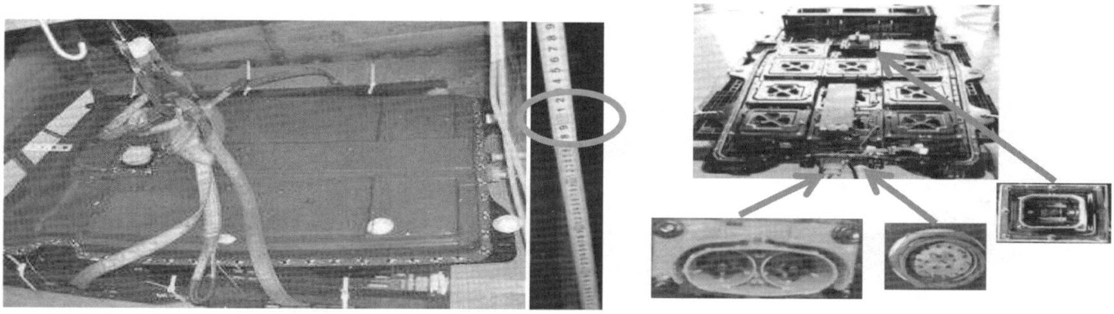

图 2-2-6　IP 防护等级——防水测试

Max Temp	Min Temp	High T Time	Low T Time	Cycle	Total Time
65℃	-30℃	200min	150min	45	262.5hr

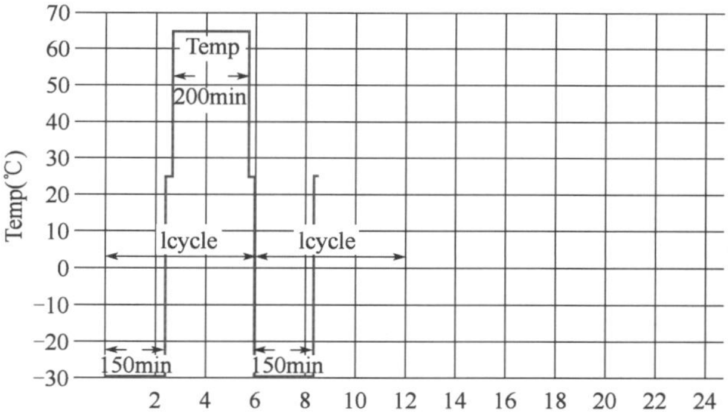

<1 cycle>

<Set-up>

图 2-2-7　热循环测试

(5)蓄电池兼容性测试。

兼容性测试是检测蓄电池系统在正常工作状态下对外发射的电磁信号对周围电子设备干扰的强弱,或蓄电池系统对外界电磁骚扰的抗干扰能力强弱。如图 2-2-8 所示。

a)蓄电池系统自身发射电磁波能力

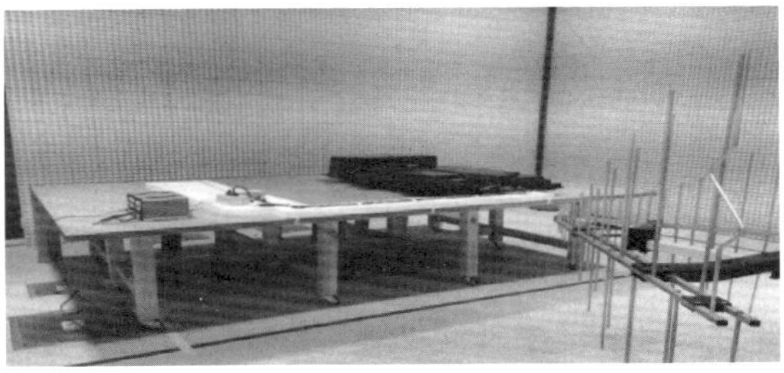

b)蓄电池系统抗电磁干扰能力

图 2-2-8　兼容性测试

任务考核

学生在完成动力蓄电池的出厂检验的学习任务后，由教师按照任务考核表 2-2-1 所列内容进行考核。

动力蓄电池的出厂检验任务考核表　　表 2-2-1

题型	考核题目（每题 10 分）	得分
判断题	1. 动力蓄电池系统就是蓄电池模组。　（　）	
	2. 断开维修开关是将模组分开，降低电压。　（　）	
	3. 用数字万用表可以检测模组绝缘。　（　）	
	4. 动力蓄电池检测时的断电，包括断开辅助（低压）蓄电池负极。　（　）	
	5. 用仪表等检测动力蓄电池模组参数，是为了判断其基本技术状况。　（　）	
选择题	1. 动力蓄电池系统主要组成部分是（　）。 A. 蓄电池模组　B. 辅助蓄电池　C. BMS　D. 辅助元件及蓄电池箱体	
	2. 下面有误的一项是（　）。 A. 蓄电池单体由一个以上电芯组成 B. 多单体蓄电池并联后的蓄电池模块电压升高 C. 蓄电池单体并联后得到的蓄电池模块容量升高 D. 一般情况下，多个模组串联，构成蓄电池包	
	3. 下面动力蓄电池参数（　）不能用万用表检测。 A. 模组电压　B. 单体电压　C. 工作温度　D. 母线工作电流	
	4. 不属于动力蓄电池管理系统检测项目的是（　）。 A. 动力蓄电池组单体电压　B. 动力蓄电池模组工作温度 C. 对外上下电控制、高压回路绝缘　D. 母线及高压电路电阻	
	5. 不属于检测时的注意事项是（　）。 A. 万用表的调校 B. 兆欧表的调校 C. 使用仪表测量时尽量单手操作 D. 测试仪表使用完后，应该关闭电源或置于“off”挡	
总分		
教师评语：		

任务小结

在完成该任务的学习后，请对照本任务的学习目标，完成学习情况诊断。

本任务的学习目标回顾：______________________________

____

我的任务目标达成情况：______________________________

____

我今后的努力方向或改进方法：__________________________

____

知识拓展

新能源汽车动力蓄电池系统主要由动力蓄电池模组、蓄电池管理系统(Battery Management System，BMS)、辅助元器件及动力蓄电池箱体四部分组成。动力蓄电池有多项检测项目，旨在确保其安全性、可靠性和性能指标合格。例如，诊断仪读取动力蓄电池信息，可以检测到蓄电池模组中单体蓄电池的最高和最低电压、最高和最低温度、荷电状态、健康状态、总电压、总电流、BMS 报警信息等。

下面介绍其检测项目及原理。

1. 电压检测

电芯电压检测用电阻阵列读取电芯电压值，每个电芯的正极和负极引出检测线，连接到电阻阵列对应的电阻前，由控制板上的测量电路按顺序接通检测电阻，这样在检测电阻上就可以取出某个电芯的电压值，控制板上的测量电路把检测到的每个电芯的电压值进行比较、运算、判断，看看电芯一致性是否符合要求。放电时，单个电芯达到放点截止电压，停止放电；充电时，单个电芯达到充电截止电压，停止充电。如图 2-2-9 所示。

图 2-2-9　电芯电压检测接点

2. 温度检测

蓄电池温度检测一般在蓄电池模组上安置温度传感器检查，温度传感器安置在模组的接线柱附近，温度传感器的测量引线分别送到从控盒的接插件对应PIN脚上，由从控盒内电路测量处理，并经内部CAN总线送到主控盒电路上处理。如图2-2-10所示。

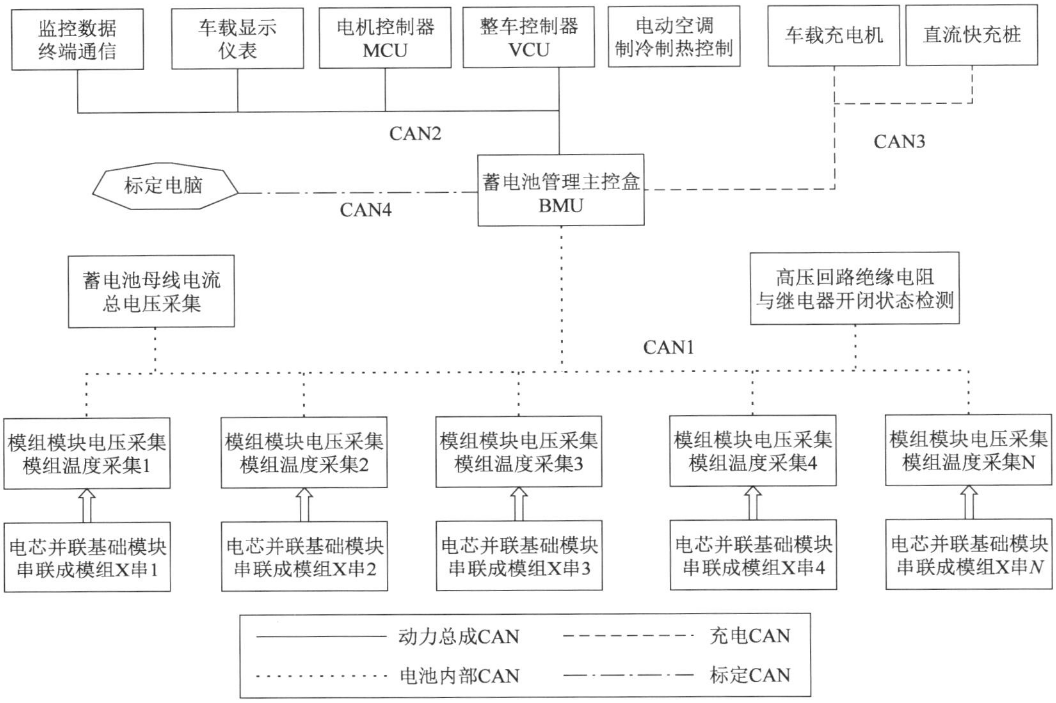

图2-2-10　动力蓄电池管理系统与外部系统CAN总线通信关系框图

3. 动力蓄电池对外高压上下电过程控制检测

动力蓄电池对外部负载上电指令一般由驾驶人起动车辆，钥匙置于“ON”位；动力蓄电池负极继电器闭合；全车高压系统各个控制器初始化、自检，完成后CAN总线通报；动力蓄电池对内部电芯电压和温度检查合格、母线绝缘检测合格；动力蓄电池主控盒接通预充继电器（预充继电器与预充电阻串联，然后与正极继电器并联）；动力蓄电池为外部负载所有电容器充电，当充电电压与动力蓄电池电压差值小于5V时认为预充结束；控制闭合主正继电器，对外负载上电；主正继电器闭合10ms后，预充继电器断开；仪表屏幕显示READY，上电结束。当启动钥匙置于“Off”挡位，动力蓄电池主控盒控制主正继电器和主负继电器断开，全车高压下电。在高压上电后如果发生重要故障，主控盒也会断开主正和主负继电器。如图2-2-11所示。

4. 高压回路绝缘状况检测

高压回路绝缘状况检测点设置在正极母线和负极母线继电器主触点处。动力蓄电池金属底壳与车身搭铁良好。通过检测高压回路正负母线对车辆底盘的绝缘电阻来反映高压电气系统的绝缘性能。如图2-2-12所示。

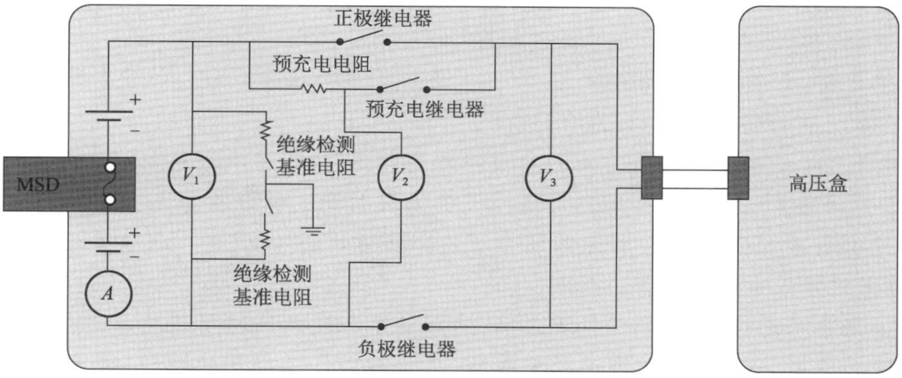

图 2-2-11　动力蓄电池上下电过程原理

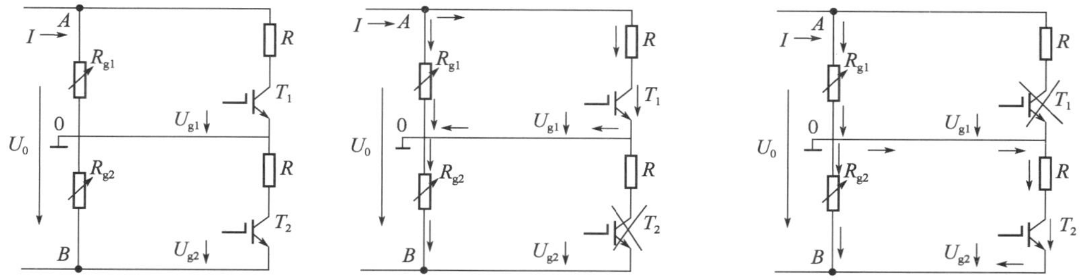

a)变阻抗网络电路　b)T_2关断时的等效变阻抗网络电路　c)T_2关断时的等效变阻抗网络电路

图 2-2-12　几种高压回路绝缘检测

5. 动力蓄电池母线电流和电压检测

动力蓄电池母线电流检测一般有两种方法，一种是在蓄电池高压回路串联检测电流传感器；另一种是用霍尔电流传感器套在高压母线上，检测的电流信号送到控制盒。如图 2-2-13 所示。

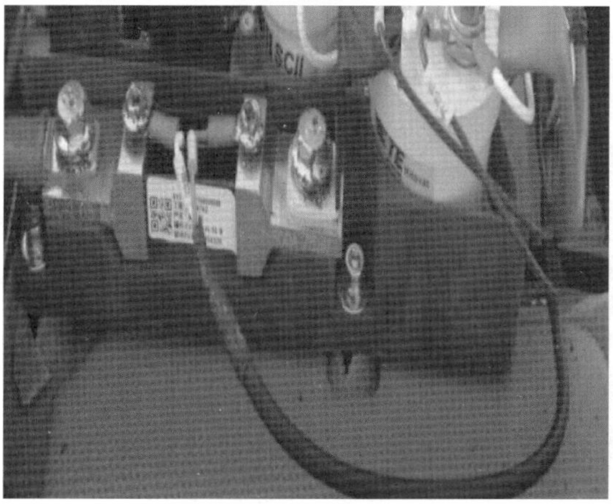

a)串联在主回路内的电流传感器

b)套装在母线上的霍尔电流传感器

图 2-2-13　母线电流、电压检测

动力蓄电池母线电压的测量是一个重要的技术指标，它直接关系到新能源汽车的动力性能和续驶里程。

在测量之前，需确认以下事项。

(1)确保所有的安全措施都已经到位。

(2)选择合适的测量工具。常用的有数字万用表、模拟万用表和电池测试仪。

(3)断开动力蓄电池的安全塞。这是为了确保在测量过程中不会发生意外的高压电击事故。在断开安全塞之后，还需要释放维修系统内部存留的高压电，这可以通过专业的放电工具来完成，确保维修的系统中没有高压电。

使用万用表测量时，首先确保设置正确，然后将黑色测试线接触动力蓄电池的负极，红色测试线接触动力蓄电池的正极：在连接完成后，读取万用表上显示的数值，即为动力蓄电池的电压。根据测量得到的电压值，可以分析动力蓄电池的健康状况。

项目三

可充电储能装置装调与测试

项目概述

动力蓄电池技术的发展与性能的提升是决定新能源车实现长久发展的核心动力。动力蓄电池的性能、安全性、成本和寿命等因素对整车的性能、安全性、经济性和市场竞争力都有着直接和深远的影响。随着技术的不断进步,动力蓄电池对整车的影响将更加显著。动力蓄电池是新能源汽车驱动系统中的动力源,主要包括镍氢蓄电池、锂离子蓄电池、氢燃料电池、太阳能电池、超级电容器等。

本项目主要学习可充电储能装置的装调与测试,分为以下内容:

任务一　镍氢动力蓄电池的测试与故障诊断

任务二　锂离子蓄电池的原理及检测

任务三　燃料电池的工作原理及应用

任务四　太阳能电池的工作原理

任务五　超级电容的工作原理

学习目标

知识目标:

(1)能够描述镍氢蓄电池的定义、类型特点、组成、工作原理及特性;

(2)能够说出锂离子蓄电池定义、类型特点、组成、工作原理及特性;

(3)能够描述燃料电池的定义、类型特点、组成、工作原理及特性;

(4)能够描述太阳能电池的工作原理、特性与应用;

(5)能够描述超级电容的工作原理、特性与应用。

技能目标:

(1)能够识别镍氢蓄电池的结构,并用 HDGC3915 蓄电池内阻测试仪测量内阻;

(2)能够识别锂离子蓄电池的类型和结构;

(3)能够完成膜电极及单电池的制作和性能测试;

(4)能够完成太阳能电池光电特性测试实验;

(5)能够完成超级电容充放电测试实验。

素质目标:

(1)养成关注新型电池技术工艺发展动态的良好习惯;

(2)通过实践操作环节,形成严谨、求实的科学态度;

(3)培养跨学科思维,结合材料、化学、机械等领域知识解决复杂问题。

任务一　镍氢动力蓄电池的测试与故障诊断

任务描述

李先生在买车时，想要了解一下镍氢动力蓄电池的一些相关信息，问：相比于锂离子蓄电池，镍氢动力蓄电池的工作特性怎么样？请你告诉销售人员该如何回答。

知识准备

(1)镍氢动力蓄电池主要由__________、__________、电解质、隔膜、金属壳体等部分组成。

(2)镍氢动力蓄电池的负极材料主要是__________，而正极材料主要为__________。

(3)镍氢动力蓄电池的电解液是__________碱性溶液，其浓度通常在__________之间。

(4)在镍氢动力蓄电池的充放电过程中，储氢合金负极与电解液的氢反应生成__________，这是储氢合金的__________过程。

(5)镍氢动力蓄电池在过充电时，正极所产生的__________可以在负极处被还原；而过放电时生成的__________可以在负极被氧化。

(6)镍氢动力蓄电池的充电特性曲线显示，在恒流充电模式下，充电过程可分为__________个阶段，包括开始时电压快速上升，然后上升趋势__________，最后再次呈现快速上升的趋势。

(7)镍氢动力蓄电池的放电性能受__________和__________因素的影响。

(8)镍氢动力蓄电池的自放电特性是指在不使用的情况下，电池会逐渐失去其存储的电量，其主要影响因素是__________、制造工艺、储存条件等。

(9)镍氢动力蓄电池的正常储存温度是__________，最佳温度是__________。

(10)镍氢动力蓄电池的循环寿命受充放电__________、__________和使用方法的影响。

一、镍氢动力蓄电池概述

镍氢动力蓄电池是继镍铬蓄电池之后的新一代高能二次电池，主要使用镍和氢作为活性材料。某混合动力电动汽车的镍氢动力蓄电池如图3-1-1所示，该镍氢动力蓄电池在低温性能较好，安全性能方面较高，着火和爆炸危险性更小，具有大电流充放电性能，可以实现快速充放电，满足混合动力电动汽车快速回收能量和大功率起动的需求。

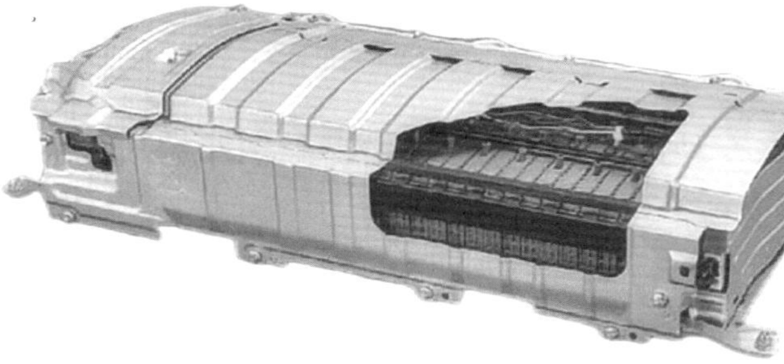

图 3-1-1　混合动力电动汽车的镍氢动力蓄电池

1. 镍氢动力蓄电池的结构

镍氢动力蓄电池主要由正极板、负极板、电解质、隔膜、金属壳体、具有自动密封的安全阀及其他材料组成，如图 3-1-2 所示。镍氢动力蓄电池正极板的材料主要为镍的氢氧化物，负极板主要为储氢合金。隔膜需具备良好的耐化学性、耐高温性和阻隔性能，通常由聚烯烃或聚酰胺等材料制成，如尼龙纤维、聚丙烯纤维和维纶纤维等。电解液是氢氧化钾（KOH）碱性溶液，其浓度通常在 20% ~40% ，起到传递离子和电子、促进电化学反应进行的作用，保证镍氢动力蓄电池内部的离子迁移和电化学反应顺利进行。

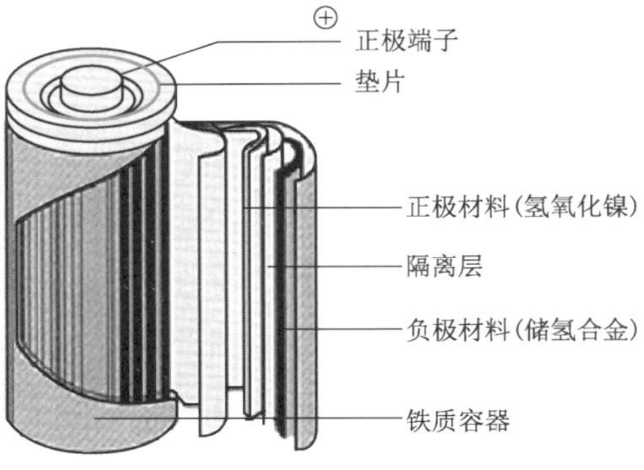

图 3-1-2　圆柱形镍氢动力蓄电池的组成

圆柱形镍氢动力蓄电池的组成如图 3-1-2 所示，采用被隔膜隔离开的正、负极板呈螺旋状卷绕在壳体内。为了防止充电过程后期镍氢动力蓄电池内压过高，镍氢动力蓄电池中装有防爆装置，当镍氢动力蓄电池过充电时，金属壳内的气体压力将逐渐上升。当该压力达到一定数值后，顶盖上的限压安全排气孔打开，因此，可以避免电池因内部气体压力过大而爆炸。

2. 镍氢动力蓄电池的工作原理

镍氢动力蓄电池是一种碱性电池，正极为烧结的 NiOOH/$Ni(OH)_2$，负极为储氢合金（MH），电解质为氢氧化钾水溶液（KOH）。图 3-1-3 为镍氢动力蓄电池的工作原理，其充放电期间发生反应为：

正极：　$Ni(OH)_2 + OH^- \rightleftharpoons NiOOH + H_2O + e^-$

负极：　$M + H_2O + e^- \rightleftharpoons MH + OH^-$

总反应：
$$Ni(OH)_2 + M \rightleftharpoons NiOOH + MH$$

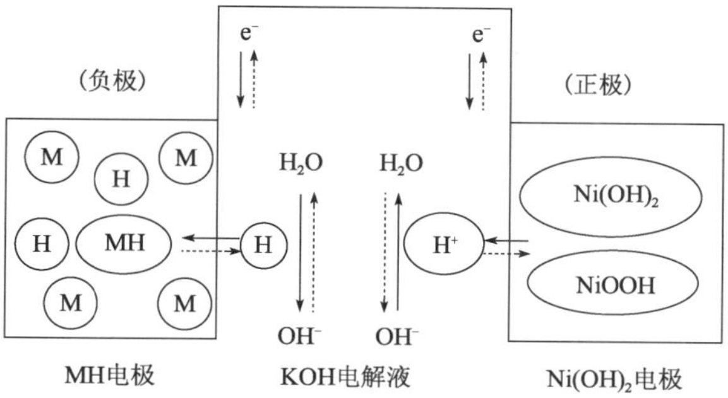

图 3-1-3　镍氢动力蓄电池的工作原理

镍氢动力蓄电池工作过程中化学反应均可逆：储氢合金负极与电解液的氢反应生成金属氢化物。该阶段为储氢合金的氢吸附过程，随着反应过程的进行，氢浓度在金属氢化物占比的持续增加，氢就会从金属氢化物中不断解吸。充放电过程反复进行的氢吸附和氢脱附过程就是镍氢动力蓄电池循环使用的本质所在。

镍氢动力蓄电池在发生过充电和过放电时的反应如下：

过充电时反应：

正极：$$4OH^- \rightarrow O_2 + 2H_2O + 4e^-$$

负极：$$O_2 + 2H_2O + 4e^- \rightarrow 4OH^-$$

过放电时反应：

正极：$$2H_2O + 2e^- \rightarrow H_2 + 2OH^-$$

负极：$$H_2 + 2OH^- \rightarrow 2H_2O + 2e^-$$

过充电时，正极所产生的氧气在负极处能够被还原，而过放电时生成的氢气可以在负极被氧化，镍氢动力蓄电池因此获得了耐过充/过放性能。镍氢动力蓄电池的过充电会使镍氢动力蓄电池因内压过大进而使镍氢动力蓄电池变形和漏液，镍氢动力蓄电池的结构会受到不可逆破坏。过放电则可能造成电极材料中的活性物质失活，电化学反应能力减弱，缩短镍氢动力蓄电池使用寿命。镍氢动力蓄电池的化学反应原理使其具备的优异耐过充放电性能，相比于其他种类的二次电池，优势凸显。

3. 镍氢动力蓄电池的优缺点

镍氢动力蓄电池在多个方面都具有一些显著的优点：

（1）高能量密度：相对于镍镉蓄电池而言，镍氢动力蓄电池具有更高的能量密度，即单位体积或质量下储存的能量较大。

（2）环保：与铅酸蓄电池和镍镉蓄电池相比，镍氢动力蓄电池不含有重金属铅或有毒物质镉，因此对环境的影响较小，并且在处理废弃电池时更容易进行回收和处理。

（3）长寿命：镍氢动力蓄电池具有较长的充放电循环寿命，通常可达 500 ~ 1000 次。这意味着它可以反复充电和放电多次，使用寿命更长。

（4）低自放电率：与其他可充电电池相比，镍氢动力蓄电池具有较低的自放电率，即使在长时间不使用的情况下，仍能保持较高的电荷水平。

(5)宽温度范围:镍氢动力蓄电池的工作温度范围普遍较宽,可以适应较低的温度条件,适用于各种环境。

镍氢动力蓄电池的局限性和缺点:

(1)低电压:相对于锂离子蓄电池而言,镍氢动力蓄电池的标准电压较低。这意味着为了提供相同的功率,需要使用更多的单体蓄电池来组成电池组,增加了蓄电池包的体积和质量。

(2)慢充电速度:相对于锂离子蓄电池而言,镍氢动力蓄电池的充电速度较慢,通常需要更长的时间才能充满,这在某些应用场景下可能不太理想。

(3)较高的自放电率:尽管相对较低,但镍氢动力蓄电池仍然会有一定的自放电率。这意味着即使在不使用时,镍氢动力蓄电池的电荷也会逐渐减少,需要定期进行充电以维持镍氢动力蓄电池的性能。

(4)较大的体积和质量:相对于锂离子蓄电池而言,镍氢动力蓄电池具有较大的体积和重量。这限制了其在某些轻便设备中的应用,尤其是需要追求小巧和轻薄设计的产品。

(5)低温下性能受限:镍氢动力蓄电池在低温环境下的性能会受到一定的影响。在极端寒冷的条件下,镍氢动力蓄电池的功率输出和容量可能会显著降低。

二、镍氢动力蓄电池的特性

1. 充电特性

某单体镍氢动力蓄电池在恒流充电模式下的充电特性曲线如图 3-1-4 所示。由图可知,在恒流充电模式下,镍氢动力蓄电池充电过程可分为三个阶段:开始时电压快速上升,然后上升趋势平缓,最后再次呈现快速上升的趋势。其主要原因是 $Ni(OH)_2$ 与充电产物 NiOOH 的导电性有差异,但充电产物 NiOOH 导电性是 $Ni(OH)_2$ 的 10^5 倍。开始充电时,$Ni(OH)_2$ 较多,充电产物 NiOOH 较少,电解液导电性弱,电压快速升高。随着的 NiOOH 的生成,充电电压上升速率降低,电压变化趋势平缓。随着充电过程的进行,当充电容量为镍氢动力蓄电池的额定容量的 75% 左右时,储氢合金中的氢原子扩散速度减慢,充电电压再次呈现快速上升的趋势。当充电容量达到 100% ,镍氢动力蓄电池进入过充电阶段。

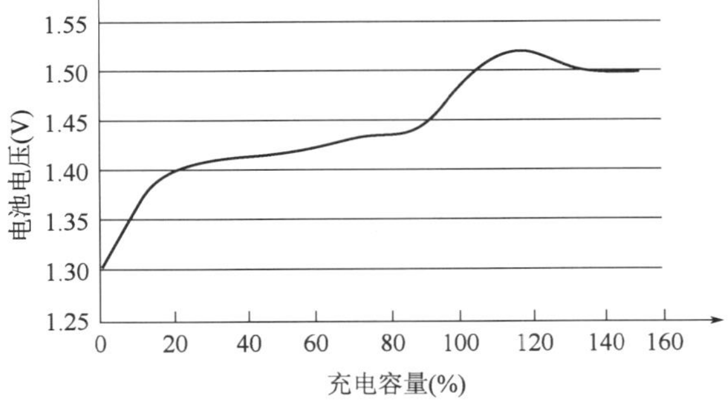

图 3-1-4　某单体镍氢动力蓄电池充电特性曲线

某车用镍氢动力蓄电池10A恒流充电电压特性实验曲线如图3-1-5所示。由图可知,在充电起始阶段,镍氢动力蓄电池端电压迅速上升,而在镍氢动力蓄电池接近充满电时又稍微有些下降。其原因是过充时有析气现象出现,甚至会有爆炸的危险,所以镍氢动力蓄电池应避免过充电。

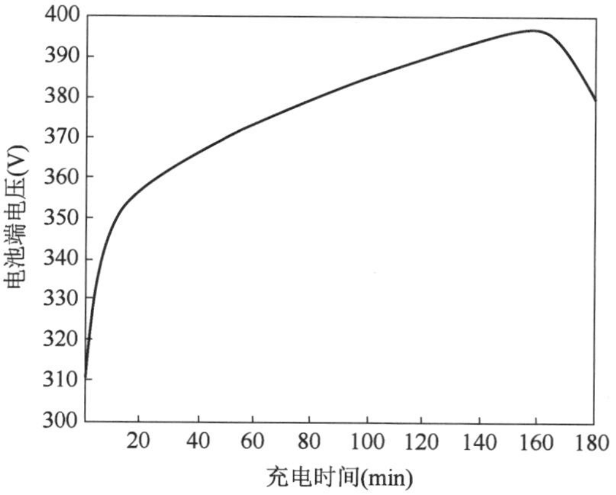

图3-1-5　某车用镍氢动力蓄电池充电特性曲线

镍氢动力蓄电池充电最高电压是一个重要的特性参数,是充电的终点。充电最高电压越低,说明在充电过程中的极化现象就越小,充电效率就越高,其使用寿命越长。因此,镍氢动力蓄电池需要控制充电的最高电压。

影响镍氢动力蓄电池充电特性的因素如下:

(1)充电电流:镍氢动力蓄电池充电电流越大(充电倍率越大),电极极化程度增加,导致镍氢动力蓄电池中氧气析出增加,最终导致镍氢动力蓄电池的充电效率和放电容量降低。

(2)搁置时间:镍氢动力蓄电池存在自放电问题,搁置时间越长,放电容量下降越快。

(3)放电电流:放电电流增加会导致电极极化程度增加,电化学极化内阻增加,从而影响电池的放电容量。

(4)放电终止电压:放电容量随放电终止电压的降低而增加。

2. 放电特性

镍氢动力蓄电池的放电性能受放电电流、温度等因素影响。电流越大,放电电压和放电效率越低;温度越低,放电电压和放电效率越低。某车用镍氢动力蓄电池放电电压曲线如图3-1-6所示,充满电的镍氢动力蓄电池,其端电压在放电起始阶段下降缓慢,只是在镍氢动力蓄电池电量接近放尽时,其端电压才开始大幅度地下降。

3. 容量特性

容量是电池最重要的参数之一。镍氢动力蓄电池容量由其材料和结构决定,且与实际放电机制和应用工况有关。充电电流、搁置时间、放电终止电压和放电电流等均会对电池放电容量产生影响。

1)充电电流对放电容量的影响

充电电流倍率增大,电极极化增加,加剧镍氢动力蓄电池中氧气析出的复合反应,充电效率和放电容量降低。

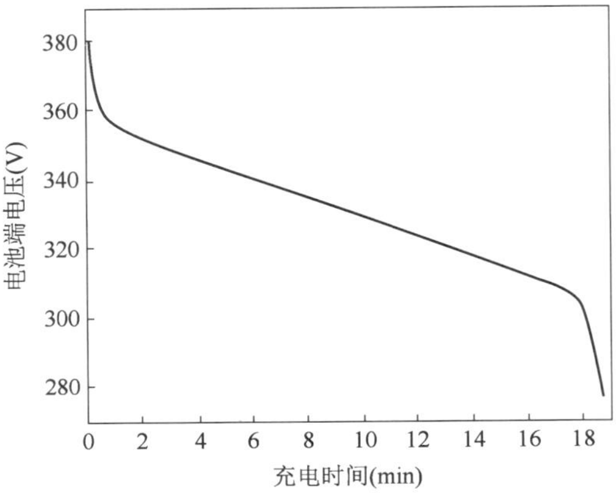

图 3-1-6　某车用镍氢动力蓄电池放电电压特性曲线

2)搁置时间对放电容量的影响

搁置时间对放电容量的影响本质上是镍氢动力蓄电池的自放电问题。这是由于金属氢化物不稳定引起的,这种不稳定在刚充完电或高电荷状态时更明显,而后逐渐趋于稳定。因而镍氢动力蓄电池放电容量随搁置时间的延长而下降,最终放电容量达到稳定值。

3)放电电流对放电容量的影响

放电电流能对放电容量产生影响主要是由于放电电流影响电极极化的状态,从而影响电池内阻。假如放电电流增大,电极极化也将增大,电化学极化内阻就大,其端电压就低。对于相同的放电终止电压来说,最终反应为放电容量测试结果较低。

4)放电终止电压对放电容量的影响

放电终止电压直接影响放电时间,而放电容量就是放电电流和放电时间的乘积,因而放电容量随放电终止电压的降低而增大。但放电终止电压不能无限降低,一般选定为单体蓄电池端电压 0.9V 左右。过低会出现过放现象,影响使用寿命。

4. 内压

镍氢动力蓄电池产生内压的基本原因是在充放电过程中,正极产生的氧气和负极产生的氢气,使镍氢动力蓄电池内部存在一定压差。镍氢动力蓄电池内压在一定范围内,不会引起安全问题。但在过充与过放情况下,内压升高到一定程度会产生爆炸,带来安全问题。

图 3-1-7 为不同镍氢动力蓄电池充电过程中内压变化情况。A 区是从充电开始到 SOC(镍氢动力蓄电池当前剩余电量与总容量的百分比)=80%,B 区是从充电容量为额定容量的 80% ~120%,C 区为停止充电的搁置区域。由图 3-1-7 可知,当荷电状态到达 100%之前,内压增加平缓,过了 100%之后,急剧增加。因此,过充的镍氢动力蓄电池具有一定的安全隐患,在使用过程中应尽量避免使镍氢动力蓄电池长时间处于过充状态。同时,充放电次数及电解液的量也会影响内阻。充放电次数增多,内阻会逐渐升高;电解液过多会使内压升得很高。

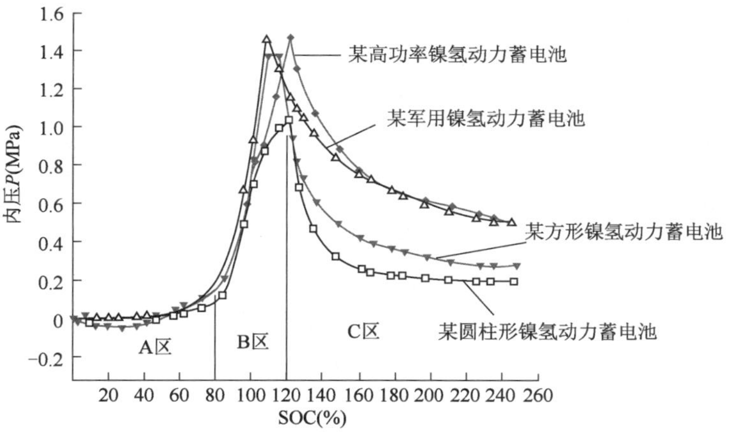

图 3-1-7　不同镍氢动力蓄电池充电过程内压变化曲线

5. 自放电和储存性能

镍氢动力蓄电池的自放电特性是指在不使用的情况下,镍氢动力蓄电池会逐渐失去其存储的电量,其主要影响因素是电极材料、制造工艺、储存条件等。

镍氢动力蓄电池自放电受控于储氢合金电极。合金电极自放电可分为可逆与不可逆两部分,可逆放电是由于电极合金平台压力大于电池内压而造成的,而不可逆部分是由于电极合金不断氧化而使合金失效。

镍氢动力蓄电池正极中的活性物质与负极储氢合金中的氢气发生反应使电池自放电率较高的主要原因。镍氢动力蓄电池的自放电是必然发生的,只是速率不同。镍氢动力蓄电池在自然搁置状态时容量的衰减速率很快,在2C下,镍氢动力蓄电池的自放电率达到200~250%/月。

影响镍氢动力蓄电池自放电速率的因素主要是储存的温度和湿度条件等。高温下,镍氢动力蓄电池内正负极材料的反应活性高,电解液的离子传导速度加快,隔膜等辅助材料的强度降低,使自放电反应速率增大。但过高温度会严重破坏镍氢动力蓄电池内的化学平衡,产生不可逆反应,损害镍氢动力蓄电池的整体性能。湿度的影响与温度条件相似,环境湿度升高也会加快自放电反应。因此,低温和低湿的环境条件下,镍氢动力蓄电池的自放电率低,有利于储存。

镍氢动力蓄电池的储存性能是指镍氢动力蓄电池在一定条件下储存一段时间后主要性能参数的变化,包括容量的下降、外观情况和有无变形或涉液情况。

储存性能是衡量镍氢动力蓄电池综合性能稳定程度的一个重要参数。影响镍氢动力蓄电池储存性能的因素包括储存温度、储存电压、储存时间等。镍氢动力蓄电池在高温储存条件下会加速镍氢动力蓄电池内阻的增大,镍氢动力蓄电池厚度会随着存储时间增加而增加,存储初期镍氢动力蓄电池厚度增加较大;镍氢动力蓄电池高温存储初期,空电状态厚度变化较大。高温会加速镍氢动力蓄电池在存储过程的不可逆容量损失。

镍氢动力蓄电池的储存性能还包括电池的健康状态(SOH),即当前镍氢动力蓄电池相对于新镍氢动力蓄电池存储电能的能力,指的是当前镍氢动力蓄电池满电能量和新镍氢动力蓄电池满电能量的比值。一般当镍氢动力蓄电池的容量下降到新镍氢动力蓄电池容量的70%

至80%左右时,可以被认为已经到达EOL(镍氢动力蓄电池寿命结束)。通过监测SOH值,可以预测镍氢动力蓄电池达到EOL的时间,并进行相应的维护和管理。

6. 温度特性

在镍氢动力蓄电池中,温度对电极材料的活性和电解液的电迁移率都有很大的影响,从而对镍氢动力蓄电池的性能有很大影响。

镍氢动力蓄电池在中高温环境下,氢原子扩散的速率更快,提高了合金的动力学性能,且KOH电导率也随温度升高而升高,镍氢动力蓄电池容量明显提升。但温度过高(一般超过45℃),虽然电导率增大,迁移内阻减小,但电解液水分蒸发快,电解液内阻增大,两者相互抵消,放电容量将不再增加。

镍氢动力蓄电池正常储存温度是-20~45℃,最佳温度是10~25℃。当温度低于-20℃时,电解液会凝固,内阻变得无穷大,内部发生不可逆变化,影响电池使用,甚至不可用。当温度高于45℃时,自放电速率加快,可能导致电极片中辅助材料失效,从而导致整个电池容量逐渐衰减和老化,甚至在短期内失效。

7. 循环寿命

镍氢动力蓄电池循环寿命受充放电速率、湿度、温度和使用方法的影响。现在,按照IEC(国际电工委员会)标准充放电时,循环次数可达500次以上。在电动汽车上一般采用浅充浅放机制(SOC在40%~80%之间),电池的寿命达到5年以上,甚至10年以上。

电池失效的原因主要有如下:

1)电解液的损耗

在电池不断充放电循环过程中,会导致电极膨胀,使内压升高,从而导致气体的泄露,最终导致电解液消耗。电池容量消耗将导致电解液内阻增大,电导率降低,达到一定阶段就会失效。

2)电极材料的改变

镍氢动力蓄电池经过一定次数的充放电循环后,负极中锌、锰元素发生偏析溶解,储氢合金表面被腐蚀氧化,形成一层氧化膜,同时合金体积发生膨胀收缩,最后导致合金粉末化。这些因素严重影响电池在充放电过程中的吸氢放氢性能。而正极的活性物质NiOOH形态结构发生变化,这种形态的变化会吸收较高的电解液,且正极体积发生膨胀,恶化电池容量。

3)隔膜的变化

随着电池充放电次数的增加,电池隔膜结构会发生变化,隔膜电解液保持能力下降,自放电增大,寿命降低。同时,从电极上脱落下来的材料逐渐堵塞隔膜上的孔隙,严重影响电池中气体的渗透传输,进而增大内阻,影响充放电性能,导致电池失效。

三、镍氢动力蓄电池的故障诊断

1. 镍氢动力蓄电池组电压异常

1)单体电压过高

单体电压过高是指电池组中某一只单体蓄电池的电压超过正常工作电压范围。

故障原因及处理：

(1)充电电压过高：设置的充电电压过高，可能会导致单体蓄电池过充，从而引起电压过高。因此，需要检查并调整 BMS(蓄电池管理系统)的充电电压设置，确保其在安全范围内。

(2)电池损坏：电池组中的个别电池因为损坏而导致电压异常。需要对电池组进行检测，确认是否需要更换损坏的单体蓄电池。

(3)电池连接问题：电池组铝排连接松动可能导致接触电阻增大，从而影响电压采样的准确性。需要检查并紧固电池连接，确保连接牢固无松动。

(4)电压检测模块出现问题：电压检测模块的稳压二极管漏电流偏大也可能导致电压读数偏高，需要检查并更换电压检测模块或相关元件。

(5)电池质量问题：电池本身的质量问题，如电芯容量低，可能导致充电时电压上升较快。解决方案是更换有问题的电池单元。

(6)过充：如果电池被过度充电，可能会导致单体电压过高。监控充电过程，防止过充电情况发生。

2)单体电压过低

单体电压过低是指电池组中某一只单体蓄电池的电压低于正常工作电压范围。

故障原因及处理：

(1)采样误差：可能是蓄电池管理系统(BMS)中的采样电路出现了误差，导致显示的电压值偏低。此时需要对电池包进行开盖检修，测量偏低的单体蓄电池电压，并与正常值的单体蓄电池电压进行比较。如果实测电压值与其他单体电压相同，则以实测电压值为标准进行校准。如果故障依然存在，则需要对 BMS 或采样电路进行检修。

(2)均衡功能差或失效：电池的均衡功能如果出现问题，可能会导致某些单体蓄电池的电压无法得到有效的均衡，从而出现电压过低的情况。此时需要检查电池电压采样线是否断裂，采样点是否虚接等，如有，则更换或维修。

(3)单体蓄电池自放电率大：单体蓄电池的自放电率如果过大，会导致其电压快速下降。这种情况下，可能需要更换单体蓄电池或者电池模组。

(4)单体蓄电池容量低，放电时电压下降较快：如果单体蓄电池的容量较低，那么在放电时其电压可能会快速下降。需要更换单体蓄电池或者电池模组来解决。

(5)电池连接问题：电池组铝排连接松动也可能导致单体电压过低。当串联连接电池组的铝排或铜排不牢固、松动时，两个接触端点之间会有一个接触电阻。放电时，电流经过该接触电阻便会产生一个电压降，导致 AFE(负责采集和处理电池的模拟信号)采集的电压偏小。

(6)电池损坏：单体蓄电池可能因为损坏而导致电压过低。这种情况下，需要对电池进行检测，确认是否需要更换损坏的电池单元。

(7)BMS 设置问题：BMS 中单体蓄电池欠压报警点设置过高，可能会导致误报单体蓄电池电压过低。解决方案是重新校准 BMS 的报警阈值，确保其设置在合理的范围内。

(8)电池老化：随着使用时间的增加，电池的性能会逐渐下降，包括电压下降。这可能需要定期检查电池的健康状态，并在必要时更换。

3)电池压差过大

电池压差过大通常指的是电池组中各个单体蓄电池之间的电压差异超过了规定的安全范

围。如果不加以控制,可能会导致电池性能下降,甚至引发安全事故。

故障原因:

①电芯容量衰减率不一致;②直流内阻增长不一致;③温差大;④连接点异常;⑤正常衰减;⑥电芯生产工艺缺陷;⑦BMS 均衡策略不当;⑧硬件故障:如 BMS 中的光电耦合器(光耦)件失效导致的漏电问题。

解决方案:

(1)均衡充电技术:采用均衡充电技术,通过控制电池组内部的电路来实现各个电池的电量补偿,从而避免电压差异过大。

(2)蓄电池管理系统(BMS):安装蓄电池管理系统,监测电池组中各个电池的电量和状态,进行管理和控制,保持电池组中各个电池的电量均衡。

(3)电池选择和匹配:在生产电池组时,选择电池容量差异较小的电池,并进行匹配,以减小电池容量差异造成的影响。

(4)定期维护:定期对电池组进行维护,包括检查和更换电池组中老化或损坏的单体蓄电池,以避免电池组中的容量差异过大。

(5)优化生产工艺:在生产端加强生产环境管理,优化除尘工序,减少粉尘混入的可能。

(6)建立市场维护机制:对于充电末端电压差≥50mV 的电池系统,需要均衡补电,均衡合格标准为充电末端电压差≤30mV。

(7)优化均衡策略:通过增加均衡开启占比时间提升均衡效率,减少压差增大问题。同时,更换 BMS 外壳材质提高散热能力,减少热量积聚。

(8)ESD 防护(静电放电防护)与光耦更换:在生产环境中加强 ESD 防护,更换掉抗 ESD 能力差的光耦器件,以减少漏电流。

2. 镍氢动力蓄电池组温度故障

镍氢动力蓄电池组温度故障常见有:①电池温度过高;②电池组温差过大;③电池组传感器异常。镍氢动力蓄电池组温度故障原因较多,与电池材料、管理系统、充电等方面有关。因此,需要综合考虑电池材料、设计、管理系统等多个方面,采取相应的预防和控制措施,以确保电池组的安全和性能。

解决方案:通过上位机软件内 CAN 查看温度异常的电池编号,电池的均温 >50℃,整体温差 >10℃,或出现极端高温 125℃、极端低温 -40℃,然后检查冷却系统(冷却液、管路、水泵等),最后检查电池信息采集器和紧固接插件。若以上检查都没问题,则考虑电池模组结构优化。

针对电池组传感器异常情况,只需检查并测量电池组温度传感器的电阻值,对电阻值不合格者更换电池组传感器。

3. 镍氢动力蓄电池组绝缘异常

镍氢动力蓄电池组绝缘异常可能伴随电池内部压力增加,电化学反应异常,会出现膨胀和漏液,使得电池寿命缩短,热失控风险增加,影响电池性能和安全性。此外,镍氢动力蓄电池组绝缘异常可能增加电磁干扰的风险,影响电池组的通信和控制,产生电磁干扰。

镍氢动力蓄电池组绝缘故障有电池组绝缘值过低或负载端绝缘值过低。处理方法是:先在上位机软件查看绝缘值,判断是否 >500Ω/V。然后断开电池的输出母线,使用绝缘电阻测试仪检测正极与壳体、负极与壳体的绝缘值。若发现异常,则更换绝缘值异常的模组。

若电池绝缘值没问题,则检查负载端。断开各负载端的高压接插件,使用绝缘测试仪逐个检测,判断绝缘电阻 >20MΩ。若负载端绝缘值过低,则更换绝缘值异常的高压部件。

四、镍氢动力蓄电池的应用

镍氢动力蓄电池凭借其安全性、适用温度范围广等特点,在民用零售、车载 T-Box 等细分领域具备独特优势,预计在未来较长时间市场空间相对稳定。从全球镍氢动力蓄电池市场发展现状来看,小型镍氢动力蓄电池市场需求基本平稳。日本富士经济数据显示,2019 年全球小型镍氢动力蓄电池生产规模为 10.2 亿只,预计 2024 年全球生产规模为 9.5 亿只。

《2024—2029 年中国镍氢电池行业竞争格局及投资规划深度研究分析报告》指出,随着新能源汽车的大规模发展,全球镍氢蓄电池市场规模保持平稳增长态势,市场规模增长潜力较大。2023 年全球镍氢蓄电池市场规模达到了 145.03 亿元,预测至 2029 年全球镍氢蓄电池市场规模将达到 170.77 亿元。

混合动力电池市场中,镍氢动力蓄电池份额占比较大,商业化的代表是丰田的普锐斯。全球主要的汽车动力蓄电池厂商主要有日本的 PEVE 和 Sanyo,PEVE 占据全球 Hybrid 动力车用镍氢动力蓄电池 85% 的市场份额,主要的商业化的混合动力电动汽车如丰田的 Prius(图 3-1-8 左)、Alphard(图 3-1-8 右)和 Estima,以及本田的 Civic 与 Insight(图 3-1-9)等均采用 PEVE 的镍氢动力蓄电池组。

图 3-1-8 丰田 Priust 与 Alphard

图 3-1-9 本田的 Civic、Insight

除了混合动力电动汽车，镍氢动力蓄电池还广泛应用于电动自行车、摩托车、玩具、便携电子设备、数码相机等领域。这些领域虽然需求量不大，但由于产品更新换代快，消费者对性能和品质要求高，也为镍氢动力蓄电池提供了一定的增长空间。

知识拓展

宽温贮氢合金及动力镍氢蓄电池生产及应用获进展

创新是引领发展的第一动力。2018 年，长春应化所科研团队以团队协作方式开展宽温镍氢蓄电池材料的产业化关键技术攻关，开发出宽温域型、长寿命型和高容量型三种新型号宽温镍氢蓄电池用稀土贮氢合金及生产技术。其中高容量型合金的最大额定容量为 350mA · h/g，宽温型贮氢合金在 -45℃和 60℃的容量分别为额定容量的 80% 以上。此外，该团队优化镍氢蓄电池技术，进一步开发出在宽温（-45 ~ 60℃）应用的多种型号的宽温镍氢蓄电池生产技术，宽温镍氢蓄电池在 -45℃和 60℃的放电容量为额定容量的 80% 以上，且该类蓄电池在 -40℃下 1C 充放电循环 100 次容量保持率大于 90%。

宽温镍氢蓄电池（图 3-1-10）具有高比能、大功率、快速充放电、安全性好、长寿命等特点，可广泛应用于电动车辆以及通信电子等领域电源系统，并为大型高技术装备、极地考察设备以及高寒/高热地区的能量存储提供新型电源系统，有助于推动能源结构的优化和升级，减少对传统化石能源的依赖，促进可持续发展，对于提升我国的科技实力和综合国力具有重要意义。

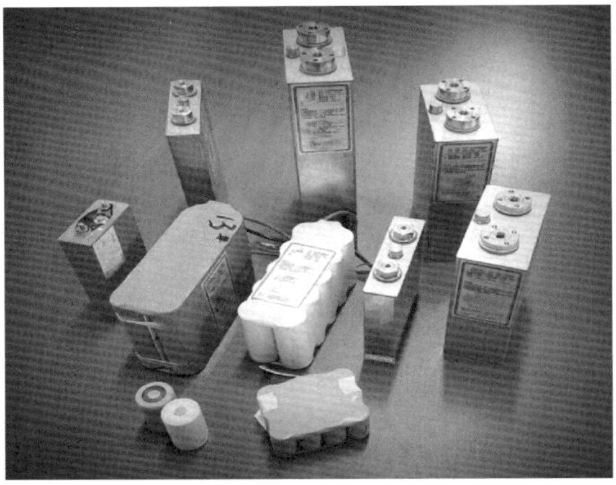

图 3-1-10　各种型号的宽温镍氢蓄电池产品

任务考核

学生在完成镍氢动力蓄电池的测试与故障诊断学习任务后，由教师按照任务考核表 3-1-1 所列内容进行考核。

镍氢动力蓄电池的测试与故障诊断任务考核表

表 3-1-1

题型	考核题目(每题 10 分)	得分
判断题	1. 镍氢动力蓄电池在低温环境下的性能会受到一定的影响。 (　　)	
	2. 镍氢动力蓄电池的充电电流越大,充电效率和放电容量越高。 (　　)	
	3. 镍氢动力蓄电池的内压在过充电与过放电情况下不会升高。 (　　)	
	4. 镍氢动力蓄电池的储存性能与储存温度、储存电压、储存时间等因素无关。 (　　)	
	5. 镍氢动力蓄电池在发生过放电时,生成的氢气可以在负极被氧化,使得镍氢动力蓄电池具有耐过充电/过放电性。 (　　)	
选择题	1. 镍氢动力蓄电池的正极材料主要是(　　)。 A. 镍的氧化物　B. 镍的氢氧化物　C. 储氢合金　D. 铅酸化合物	
	2. 镍氢动力蓄电池的电解质是(　　)类型的溶液。 A. 酸性溶液　B. 中性溶液　C. 碱性溶液　D. 盐溶液	
	3. 镍氢动力蓄电池在过充电时,正极产生的是(　　)。 A. 氢气　B. 氧气　C. 氮气　D. 二氧化碳	
	4. 镍氢动力蓄电池的自放电率比其他可充电电池(　　)。 A. 高　B. 低　C. 相同　D. 无法确定	
	5. 镍氢动力蓄电池的充电最高电压越低,说明(　　)。 A. 充电过程中的极化现象越大　B. 充电效率越低 C. 充电过程中的极化现象越小　D. 充电效率和放电容量降低	
总分		
教师评语:		

任务小结

在完成该任务的学习后,请对照本任务的学习目标,完成学习情况诊断。

本任务的学习目标回顾:________________________________

____

我的任务目标达成情况:________________________________

____

我今后的努力方向或改进方法:____________________________

____

任务二　锂离子蓄电池的原理及检测

任务描述

一位客户到汽车4S店维护车辆,问小明锂离子蓄电池是如何进行充电和放电?请你告诉小明该如何回答。

知识准备

请预习后面的内容,完成下列填空题。

(1)锂离子蓄电池自20世纪90年代面世以来,就以其__________、__________、__________等优点成为动力蓄电池应用领域研究的热点。

(2)根据锂离子蓄电池所用电解质材料不同,锂离子蓄电池可以分为__________和__________两大类。

(3)锂离子蓄电池正极采用锂化合物__________、__________、__________;负极采用锂碳层间化合物__________;电解质为__________和__________等有机溶液。

(4)锂离子蓄电池充电时,正极上的__________通过外部电路跑到负极上,正极材料中的__________脱出来,经过电解液,穿过隔膜进入到负极材料中。

(5)锂离子蓄电池通常采用两段式充电方法。第一阶段为__________充电,第二阶段为__________充电。

(6)随环境温度的降低,电池的可充入容量明显__________,而充电时间明显__________。

(7)锂离子蓄电池的制造工艺分为__________和__________两种形式。

一、锂离子蓄电池概述

1. 锂离子蓄电池的定义

锂离子蓄电池(Li-ion Batteries)是指以含锂的化合物作正极,以碳作为负极的二次电池。在充放电过程中,没有金属锂存在,只有锂离子,这就是锂离子蓄电池名字的由来。

2. 锂离子蓄电池的分类

1)按照电池的实用性能分类

依据锂离子蓄电池的实用性能可分为一般储能容量型和动力倍率型。动力倍率型有着高密度和高功率输出的特点。动力倍率型蓄电池随着混合动力电动汽车的出现而增大。它要求蓄电池储存高动能,可以适用于新能源汽车的续驶里程,还具有良好的输出功率特性,在低功耗模式下进入油电混合模式。像18650圆柱形动力锂离子蓄电池可分为3C倍率和5C倍率,指自身的放电电流可以达自身容量的3倍和5倍。储能容量型蓄电池有着高密度、大容量等特点,一般用于对放电电流要求不高的用电设备上。它们二者的差别在放电电流和容量上有着较大的差别。

2)按照电解质材料分类

锂离子蓄电池分为液态锂离子蓄电池(Li-ion)和聚合物锂离子蓄电池(Li-PO)。液态锂离子蓄电池的原材料为电解液(液体或胶体);聚合物锂离子蓄电池的原材料为电解质,有高分子电解质(固态或胶态)和有机电解液。

3)按照商品类型分类

按照商品类型,锂离子蓄电池分为:圆柱、软包、方形。圆柱形和方形的外包装常常用铝或铝制。软包外包装是铝塑胶薄膜,软包蓄电池的形状不像圆柱形和方形蓄电池,其外形可以按照需求进行定制,软包蓄电池也被称为聚合物锂离子蓄电池。圆柱形锂离子蓄电池的规格由五位数字组成,前两位是直径,中间两位是高度(长度),最后一位0代表圆柱形,单位是mm。例如,18650锂离子蓄电池直径为18mm,高度为65mm,圆柱形蓄电池。

4)依据电极材料分类

电池正极材料:有钴酸锂、锰酸锂、镍酸锂、三元(镍钴锰酸锂)、磷酸铁锂等。负极活性物质主要有石墨化碳材料、硅基材料、新型合金和其他材料。

思考

查阅资料,目前新能源汽车常用的锂离子蓄电池为哪种类型,并列举说明。

3.锂离子蓄电池的结构

如图3-2-1所示,锂离子蓄电池主要由正极、负极、电解液、隔膜和外壳构成。其中正极材料、负极材料、电解质、隔膜被称为锂离子蓄电池的四大核心组件。

正极材料:是决定锂离子蓄电池性能的关键材料之一,其性能和价格对锂离子蓄电池的影响较大。目前研制成功并得到应用的正极材料主要有钴酸锂、磷酸铁锂、锰酸锂、三元材料镍钴锰酸锂(NCM)和镍钴铝酸锂(NCA)等,在锂离子蓄电池中正极材料占有较大比例(正、负极材料的质量比为31~41)。

负极材料:是充电过程中锂离子和电子的载体,起着能量存储与释放的作用。负极材料占电池成本的5%~15%,碳材料是目前锂离子蓄电池应用最为广泛的负极材料。

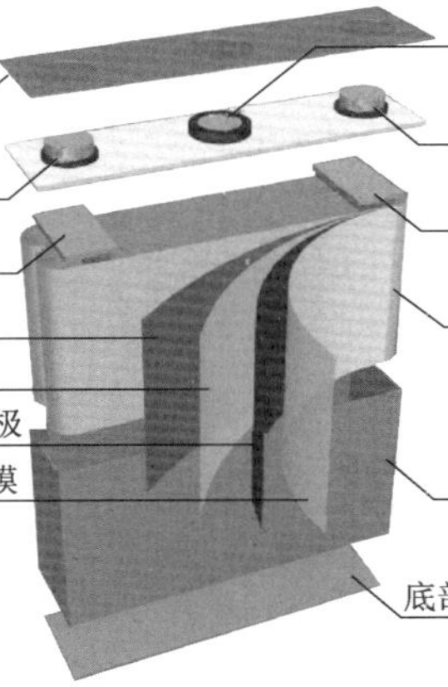

图 3-2-1 锂离子蓄电池结构

电解液：是锂离子蓄电池中用于传输锂离子的载体，大部分是由六氟磷酸锂（$LiPF_6$）加上有机溶剂配成。电解液在锂离子蓄电池正负极之间起到传导锂离子的作用。

隔膜：位于电池的正、负极板之间，起到绝缘作用，是关键的内层组件之一。隔膜的性能决定了电池的载面结构及内阻，直接影响电池容量、循环寿命以及安全性能等特性。隔膜是一种特殊的复合膜，其功能是隔离正负极，阻止电子穿过，同时能够允许锂离子通过，从而完成在电化学充放电过程中锂离子在正负极之间的快速传输。目前主要是聚乙烯（PE）或者聚丙烯（PP）微孔膜。

1）锂离子蓄电池的正极材料

正极材料是锂离子蓄电池技术的核心和关键，锂离子蓄电池的特性和价格都与其正极材料密切相关。锂离子蓄电池正极材料是具有使锂离子较为容易的嵌入和脱出，并同时能保证结构稳定的一类化合物（嵌入式化合物）。

作为一种理想的锂离子蓄电池正极材料，一般需要具备以下特点：

（1）较高的 Li^+ 脱出、嵌入的可逆性，同时在脱嵌过程中体积变化较小。

（2）较多的可自由脱出、嵌入的 Li^+。

（3）较快的锂离子扩散速率和较高的电子电导率。

（4）充放电过程中具有较为平稳的电压平台。

（5）资源丰富，价格低廉，环境友好。

（6）合成工艺简单、批次性好。

目前，被用来作为电极材料的嵌入式化合物均为过渡金属氧化物。作为嵌入式电极材料的金属氧化物，依其空间结构的不同主要分为以下三种类型。

（1）层状结构的正极材料：

①层状钴酸锂（$LiCoO_2$）。钴酸锂（$LiCoO_2$）结构如图 3-2-2 所示，作为正极材料的被发现时间几乎与“摇椅式电池概念”提出时间同步，并且是商业化最早、应用最广泛的锂离子蓄电池正极材料。

$LiCoO_2$ 蓄电池的开路电压为 3.5～4.5V，理论放电容量为 274mA · h/g。具有优良的电化学性能并且易于制备，但 Co 资源匮乏，成本太高，而且 $LiCoO_2$ 在充电过程中会随着锂离子的脱出而发生一系列相变，这些相变则会导致 $LiCoO_2$ 蓄电池的实际容量仅有理论容量的一半左右，且耐过充性能差。

②层状镍酸锂（$LiNiO_2$）。镍酸锂（$LiNiO_2$）与 $LiCoO_2$ 性质非常相似，而价格却低很多，对环境污染较小，且电池放电容量大于钴酸锂，工作电压范围为 2.5 ~ 4.1V，被视为锂离子蓄电池中最有前途的正极材料之一。

（2）尖晶石结构正极材料。如图 3-2-3 所示为尖晶石结构图。代表材料为锰酸锂（$LiMn_2O_4$）。$LiMn_2O_4$ 的原材料在自然界中储存丰富、市场价格低廉、实验室极易合成，这使得 $LiMn_2O_4$ 成为动力型锂离子蓄电池最理想的正极材料之一。但 $LiMn_2O_4$ 的主要缺点是电极的循环容量容易迅速衰减。

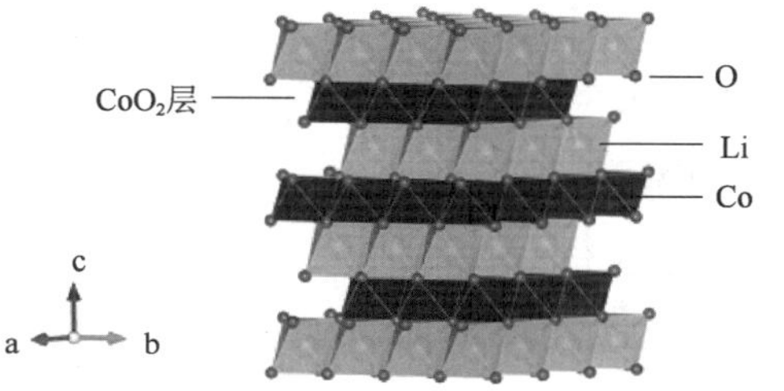

图 3-2-2　钴酸锂层状结构图

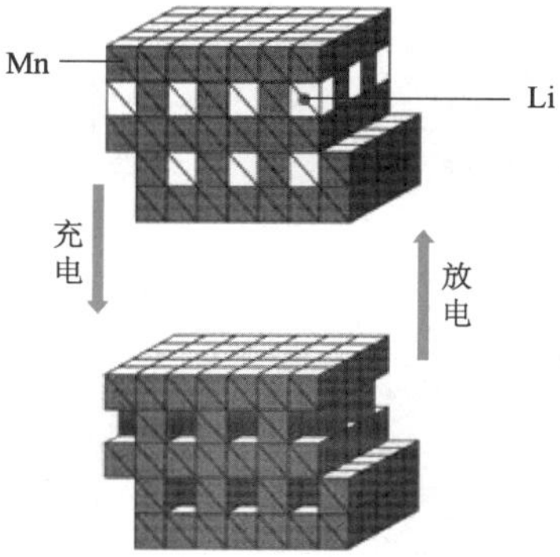

图 3-2-3　锰酸锂尖晶石结构图

锰酸锂容量衰减的原因：

①$LiMn_2O_4$ 的正八面体空隙发生变化产生四方畸变；

②$LiMn_2O_4$ 中的锰易溶解于电解液中而造成流失；

③电极极化引起内阻增大。

（3）橄榄石结构正极材料。如图 3-2-4 所示，$LiFePO_4$ 是橄榄石型结构材料的代表，其电池理论容量为 170mA · h/g，能量密度为 550W · h/kg，与金属锂配对形成的电压平台在 3.2V左右。在充放电过程中，材料的结构稳定性比较好，不存在与电解液接触发生坍塌现象；此外，这种材料具有更高的安全性能和循环寿命，且还具有 $LiFePO_4$ 来源广泛、价格低廉、无环境污染、比能量高等优点。不足是存在低电导率问题。

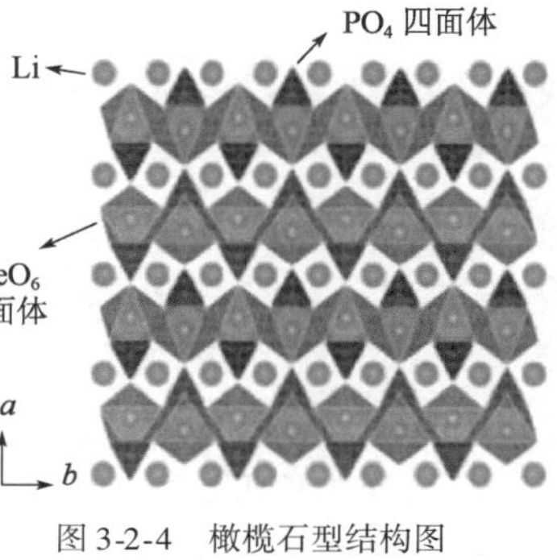

图 3-2-4　橄榄石型结构图

2）锂离子蓄电池的负极材料

锂离子蓄电池的负极是由负极活性物质碳材料或非碳材料、黏合剂和添加剂混合制成糊状胶合剂均匀涂抹在铜箔两侧，经干燥、滚压而成。负极材料是锂离子蓄电池储存锂的主体，使锂离子在充放电过程中嵌入与脱出。

负极材料应该满足如下要求：

（1）比能量高、相对锂电极的电势低；

(2)充放电反应可逆性好;与电解液和黏结剂的兼容性好;

(3)比表面积小($<10m^2/g$);振实密度高($>2.0g/cm^3$);

(4)嵌锂过程中尺寸和机械稳定性好;

(5)资源丰富、价格低廉;

(6)在空气中稳定、无毒副用途等。

负极材料是决定锂离子蓄电池综合性能优劣的关键因素之一。比容量高、容量衰减率小、安全性能好是对负极材料的基本要求。目前常用的负极材料如图 3-2-5 所示。

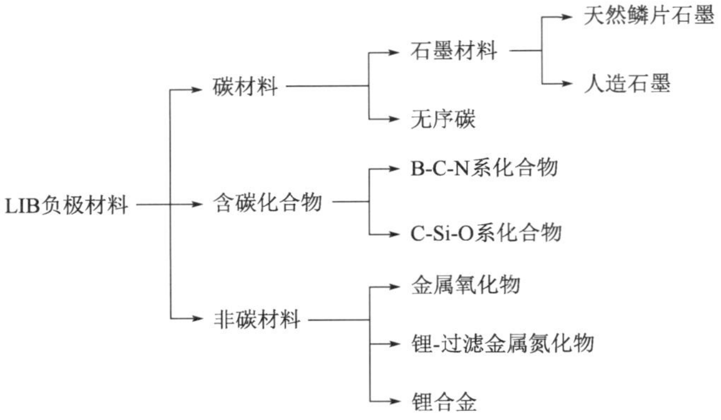

图 3-2-5　锂离子蓄电池常见负极材料分类

(1)碳材料。

碳是目前商品化锂离子蓄电池中使用做多的材料,石墨是众多碳负极材料中应用最早、研究最多的一种。其导电性好,结晶度较高,具有良好的层状结构,适合锂的嵌入和脱嵌,充放电比容量可达 300mA · h/g 以上,充放电效率在 90% 以上,不可逆容量低于 50mA · h/g,具有良好的充放电电位平台。

(2)氧化物负极材料。

氧化物是另一类负极材料体系,在这一体系中使用最多的是钛酸锂。钛酸锂是一种嵌入式化合物,尖晶石结构,可以嵌入 Li^+,电极的理论嵌锂容量为 175mA · h/g,由于钛酸锂的电导率较低,在合成过程中,其实际比容量一般为 120 ~130mA · h/g。在作为锂离子蓄电池用负极材料时,钛酸锂具有非常明显的优势:安全性能非常优异;循环寿命超长,钛酸锂体积变化很小;在大电流充放电时,结构稳定,不存在应变;电压平台稳定、耐过充过放电性能优异;低温性能好。在目前的储能型锂离子蓄电池中有所应用。

(3)合金负极材料。

合金作为负极材料,大大提高了蓄电池的容量,如 Li_4Si 合金材料理论容量达 4200mA · h/g,锡与锂形成的 Li_2Sn_4 合金,理论容量也达到 994mA · h/g。但合金材料循环稳定性差。

3)锂离子蓄电池的电解液

(1)电解液的组成。

电解液一般由高纯度的有机溶剂、电解质锂盐(六氟磷酸锂,$LiPF_6$)、必要的添加剂等原料,在一定条件下,按一定比例配制而成的。

①有机溶剂。有机溶剂是电解液的主体部分,电解液的性能与溶剂的性能密切相关。锂

离子蓄电池电解液中常用的有机溶剂有碳酸乙烯酯（EC）、碳酸二乙酯（DEC）、碳酸二甲酯（DMC）、碳酸甲乙酯（EMC）等。

②电解质锂盐。$LiPF_6$是最常用的电解质锂盐，$LiPF_6$对负极稳定，放电容量大，电导率高，内阻小，充放电速度快，是未来锂盐发展的方向。尽管$LiClO_4$、$LiAsF_6$等也可作电解质，但因为使用$LiClO_4$的蓄电池高温性能不好，再加之$LiClO_4$本身受撞击容易爆炸，而$LiAsF_6$对环境不友好，不适合锂离子蓄电池的工业化大规模使用。

③添加剂。电解液作为锂离子蓄电池最重要的原材料之一，受到了越来越多的关注，其主要研究集中在各种添加剂的使用方面，即进行少量加入就能有效地提高锂离子蓄电池电化学性能的添加剂的研究。目前电解液的添加剂主要有成膜添加剂、导电添加剂、阻燃添加剂、过充保护添加剂等。

添加剂的种类繁多，不同的锂离子蓄电池生产厂家对电池的用途、性能要求不一，所选择的添加剂的侧重点也存在差异。一般来说，所用的添加剂主要有三方面的作用：第一、电解液中加入苯甲醚改善 SEI 膜的性能；第二，加入金属氧化物降低电解液中的微量水和 HF 酸；第三，防止过充电、过放电。

（2）电解液的种类。

电解质的选用对锂离子蓄电池的性能影响非常大，它的化学稳定性能必须要好，尤其是在较高的电位下和较高温度环境中不易发生分解，具有较高的离子导电率，而且阴阳极材料必须是惰性的、不能侵腐它们。由于锂离子蓄电池充放电电位较高而且阳极材料嵌有化学活性较大的锂，所以电解质须采用不含水的有机化合物。但有机物离子导电率都不好，所以要在有机溶剂中加入可溶解的导电盐以提高离子导电率。

①液体电解质。目前锂离子蓄电池主要是用液态电解质，其溶剂为无水有机物如 EC、PC、DMC、DEC，多数采用混合溶剂，如 EC/DMC 和 PC/DMC 等。导电盐有$LiClO_4$、$LiPF_6$、$LiBF_6$、$LiAsF_6$等，目前商用锂离子蓄电池所用的电解液大部分采用$LiPF_6$的 EC/DMC，它具有较高的离子导电率与较好的电化学稳定性。

②固体电解质。金属锂直接用作阳极材料具有很高的可逆容量，其理论容量高达3862mA·h/g，是石墨材料的十几倍，价格也较低，被看作新一代锂离子蓄电池最有吸引力的阳极材料，但会产生枝晶锂。采用固体电解质作为离子的传导可抑制枝晶锂的生长，使得金属锂用作阳极材料成为可能。此外使用固体电解质可避免液态电解质漏液的缺点，还可把电池做成更薄（厚度仅为0.1mm）、能量密度更高、体积更小的高能电池。固体聚合物电解质具有良好的柔韧性、成膜性、稳定性、成本低等特点，既可作为正负电极间隔膜用又可作为传递离子的电解质用。

固体聚合物电解质一般可分为干形固体聚合物电解质（SPE）和凝胶聚合物电解质（GPE），其中凝胶聚合物锂离子蓄电池已经实现商品化。

4）锂离子蓄电池的隔膜

锂离子蓄电池隔膜是锂离子蓄电池关键的内层组件之一。隔膜的性能决定了蓄电池的界面结构、内阻等，直接影响蓄电池的容量、循环以及安全性能等特性。

根据物理、化学特性的差异，锂离子蓄电池隔膜可以分为：织造膜、非织造膜（无纺布）、微孔膜、复合膜、隔膜纸、碾压膜等几类。

虽然类型繁多，至今商品化锂离子蓄电池隔膜材料主要采用聚乙烯、聚丙烯微孔膜。聚烯烃材料具有优异的力学性能、化学稳定性和相对廉价的特点，因此聚乙烯、聚丙烯等聚烯烃微孔膜在锂离子蓄电池研究开发初期便被用作锂离子蓄电池隔膜。

4. 锂离子蓄电池的特点

1）锂离子蓄电池的优点

（1）电压高。

锂离子蓄电池的工作电压为3.6V，是镍镉蓄电池和镍氢蓄电池的3倍，铅酸蓄电池的近2倍，这也是锂离子蓄电池比能量高的一个重要原因。因此组成相同电压的动力蓄电池组时，锂离子蓄电池使用的串联数目会大大少于铅酸蓄电池和镍氢蓄电池。

（2）质量轻。

锂离子蓄电池的比能量大，高达150W·h/kg，是镍氢蓄电池的2倍，铅酸蓄电池的4倍，因此质量是相同能量的铅酸电池的1/3～1/4。

（3）寿命长。

锂离子蓄电池循环次数可达2000～10000次。以容量保持70%计，电池组100%充放电循环次数可以达到200次以上，使用年限可达5～8年，寿命约为铅酸蓄电池的2～3倍。

（4）范围宽。

锂离子蓄电池的低温性能好，锂离子动力蓄电池可在－40～＋55℃之间工作，而水溶液电池（比如铅酸蓄电池、镍氢蓄电池）在低温时，由于电解液流动性变差会导致性能大大降低。

（5）无记忆效应。

锂离子蓄电池没有记忆效应，所以每次充电前不必像镍镉蓄电池、镍氢蓄电池一样需要放电，可以随时随地的进行充电。电池充放电深度，对电池的寿命影响不大。

（6）无污染。

锂离子蓄电池中不存在有毒物质，因此被称为“绿色电池”，而铅酸蓄电池和镉镍蓄电池由于存在有害物质铅和镉。虽然锂电池没有污染，但从资源节约的角度考虑，锂离子蓄电池的回收利用、回收中的安全性和成本也都需要考虑。

2）锂离子蓄电池的缺点

（1）安全隐患。

由于锂离子蓄电池能量高，材料稳定性差，锂离子蓄电池容易出现安全问题，动力电池的容量是手机电池容量的上百倍以上，因此对锂离子蓄电池的安全性要求极高。

（2）价格高。

相同电压和相同容量的锂离子蓄电池价格是铅酸蓄电池的3～4倍。随着锂离子蓄电池市场的扩大、成本的降低和性能的提高，以及铅酸蓄电池价格的提高，锂离子蓄电池的性价比是有可能得到改善。

二、锂离子蓄电池的工作原理

1. 锂离子蓄电池的工作原理

锂离子蓄电池充电时，正极上的电子通过外部电路跑到负极上，正极材料中的锂离子脱出来,经过电解液,穿过隔膜进入到负极材料中,与从正极材料中过来的电子结合在一起。蓄电池放电时,锂离子又从负极中脱出来,经过电解液,穿过隔膜回到正极材料中。锂离子蓄电池就是因锂离子在充放电时来回迁移而命名的,所以锂离子蓄电池又称“摇椅电池”。锂离子蓄电池组成原理示意图如图 3-2-6 所示。

锂离子蓄电池
工作原理
及应用

1)层状 $LiMO_2$(M = Co、Ni、Mn)正极材料

层状结构的 $LiMO_2$(M = Co、Ni、Mn)正极材料是在层状 $LiCoO_2$ 材料的基础上发展起来的,通过用 Ni、Mn 金属来取代部分 Co 实现的,其结构与层状 $LiCoO_2$ 类似。如图 3-2-7 所示,Li^+ 则位于正八面体平板之间,呈现出层状排列。

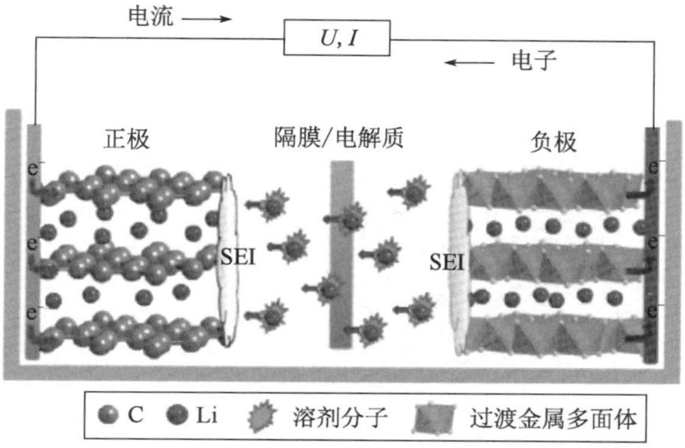

图 3-2-6　锂离子蓄电池组成原理示意图

SEI-固态电解质界面膜(Solid Electrolyte Interface membrane)

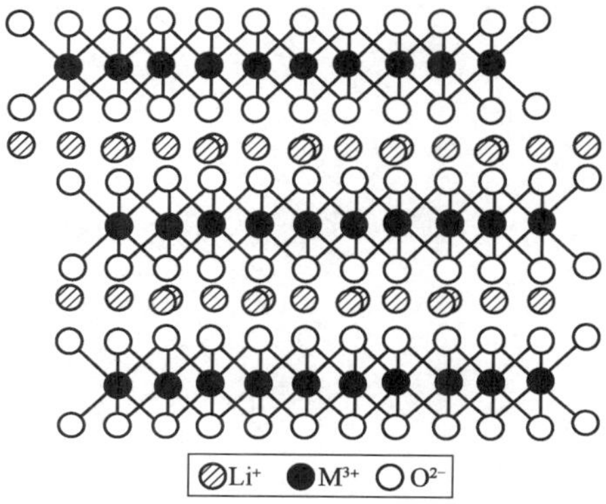

图 3-2-7　$LiMO_2$ 晶体结构球棍模型示意图

因此充放电过程中,锂离子可以从其所在的平面上发生二维的移动,锂离子的嵌入和脱嵌速度较快。电化学过程如下所示:

正极反应式:　　$LiMO_2 \rightarrow Li_{1-x}MO_2 + xLi^+ + xe^-$

负极反应式:　　$nC + xLi^+ + xe^- \rightarrow Li_xC_n$

总反应式:　　$LiMO_2 + nC \rightarrow Li_{1-x}MO_2 + Li_xC_n$

式中,M 为 Co、Ni、W、Mn 等金属元素。

层状结构的 $LiMO_2$(M = Co、Ni、Mn)中,不同的过渡金属材料在合成和电化学性质上有以下区别:

(1)层状 $LiCoO_2$ 结构中,锂离子的可逆嵌入、脱嵌量只有 0.5 个单元,多于 0.5 时,材料会发生不可逆的相变,造成容量衰减。所以 $LiCoO_2$ 的耐过充能力差,$Li_{1-x}CoO_2$ 中 x 的范围为 $0 \leqslant x \leqslant 0.5$,理论容量只有 156mA · h/g。此外,处于充电状态的钴酸锂 $Li_1 - xCoO_2$($x > 0$)在高温下容易发生析氧反应,放出氧气。

(2)层状 $LiNiO_2$ 的理论容量有 275mA · h/g,实际容量在 190 ~ 200mA · h/g。但由于镍离子的离子半径小于锂离子,在充放电过程中镍离子容易占据锂离子的位置,出现阳离子错排的现象,导致 $LiNiO_2$ 局部层间结构坍塌,造成材料的容量降低。此外 $LiNiO_2$ 材料还存在热稳定性差、放热量大、耐过充能力差等多种问题。

(3)层状 $LiMnO_2$ 与层状的 $LiCoO_2$ 结构略有不同,氧原子是以扭变的四方密堆方式排布,呈层状岩盐结构。理论容量为 285mA · h/g,但其循环性能较差。材料在脱锂后结构不稳定,

会慢慢向尖晶石型 $LiMn_2O_4$ 结构转变，此时锂离子会进入锰离子层，造成容量衰减。此外锰离子还容易与电解液发生副反应，进而溶解在电解液里。高温时材料还易发生杂相的反应。

在三元正极材料中，最为典型的要属镍钴锰比例为 1∶1∶1 的化合物，其理论容量为 277mA·h/g。三元材料可通过调控 Ni、Co、Mn 的比例来调节材料的性能，但材料的稳定性和安全性问题还是存在，并且多种元素混合还带来了合成工艺的困难。

2）尖晶石结构 $LiMn_2O_4$ 正极材料

早在 1983 年 M. Thackeray 和 J. Goodenough 等人发现了锰尖晶石（$LiMn_2O_4$）可作为锂离子蓄电池正极材料，理论容量为 148mA·h/g。尖晶石 $LiMn_2O_4$ 结构中氧以立方密堆方式排列组成其晶胞骨架。结构中锰有两种价态，分别为 Mn^{3+} 和 Mn^{4+}，各占 50%，材料结构如图 3-2-8 所示。

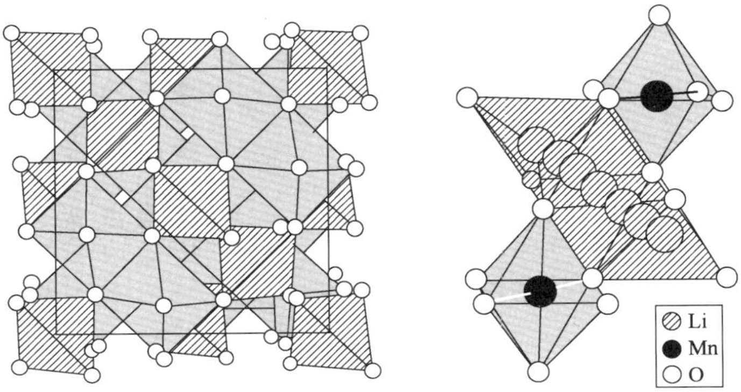

图 3-2-8　锰酸锂晶体结构示意图

$LiMn_2O_4$ 结构中，空的氧四面体和氧八面体以共面、共边方式连接，这些空位构成了三维的锂离子扩散通道，因而材料的导锂性很好，其电极反应如下所示：

正极反应式：$LiMn_2O_4 \rightarrow Li_{1-x}Mn_2O_4 + xLi^+ + xe^-$

负极反应式：$nC + xLi^+ + xe^- \rightarrow Li_xC_n$

总反应式：$LiMn_2O_4 + nC \rightarrow Li_{1-x}Mn_2O_4 + Li_xC_n$

当发生锂离子嵌入和脱嵌时，结构中锰原子能稳定立方密堆的氧，支撑起整个结构，所以尖晶石 $LiMn_2O_4$ 材料结构相对稳定。尖晶石 $LiMn_2O_4$ 材料的最主要问题是其容量衰减过快，造成其容量衰减的原因主要有：

（1）$LiMn_2O_4$ 在深度放电或者大功率充放电时，会转化为四方相的 $Li_2Mn_2O_4$，材料中 Mn 被还原为三价。这种价态变化会导致 Jahn-Teller（姜泰勒）效应引起材料的变形，引起晶胞体积增加 6.5%，破坏材料晶体结构，引起容量衰减。

（2）在反应过程中，Mn^{3+} 会发生歧化生成 Mn^{4+} 和 Mn^{2+}，Mn^{2+} 会溶解到电解液中，造成活性物质流失。

3）橄榄石结构 $LiFePO_4$ 正极材料

1997 年 John B. Goodenough 报道橄榄石结构的磷酸铁锂也可作为锂离子蓄电池正极材料，$LiFePO_4$ 的理论容量为 170mA·h/g。橄榄石结构的 $LiFePO_4$ 属于正交晶系，其结构如图 3-2-9 所示。

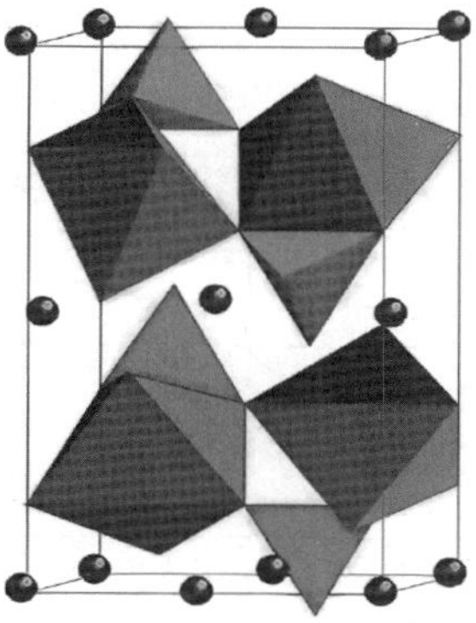

磷酸铁锂蓄电池工作原理及特点

图 3-2-9　磷酸铁锂晶体示意图

氧原子以轻微扭曲的六方密堆方式构成晶胞的基本骨架，所有的氧离子都与五价的磷原子通过共价键结合，由于 P-O 键作用力强，P 起到了稳定整个骨架的作用，材料的热稳定性非常好，耐过充能力强。其电极反应如下所示：

正极反应：　$LiFePO_4 \rightarrow Li_{1-x}FePO_4 + xLi^+ + xe^-$

负极反应：　$xLi^+ + xe^- + 6C \rightarrow LixC_6$

总反应式：　$LiFePO_4 + 6xC \rightarrow Li_{1-x}FePO_4 + LixC_6$

在实际应用中，$LiFePO_4$材料的容量和倍率性要比理论值低许多，这主要是因为材料的导电性和导锂性不佳。

2. 锂离子蓄电池工作特点

(1) 锂离子蓄电池反应是一种理想的可逆反应；
(2) 一般只引起层面间距的变化，不破坏晶体结构；
(3) 在充放电过程中，负极材料的化学结构基本不变。

三、锂离子蓄电池的性能特点

1. 锂离子蓄电池的充放电特性

1) 充电特性

(1) 充电方式。

考虑到蓄电池充电安全、可靠性及兼顾充电效率等方面，锂离子蓄电池通常采用两段式充电方法。第一阶段为恒流充电，第二阶段为恒压充电。锂离子蓄电池充电特性曲线如图 3-2-10所示。

(2) 充电特性的影响因素：

①充电电流对充电特性的影响。如图 3-2-11 及表 3-2-1 所示，随着充电电流的增加，恒流时间逐步减少，恒流可充入容量和能量也逐步减少。在实际电池组应用中，可以以锂离子蓄电池允许的最大充电电流充电，达到限压后，再进行恒压充电，这样在减少充电时间的基础上，也

保证了充电的安全性;另外,应综合考虑充电时间和效率,选择适中的充电电流,以减少内阻能耗。

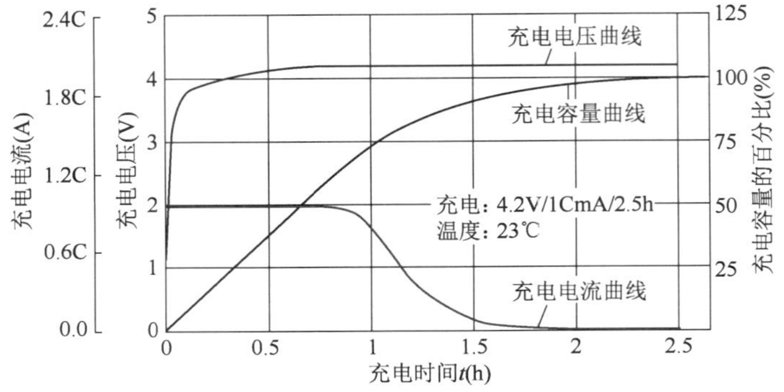

图 3-2-10　锂离子蓄电池充电特性曲线

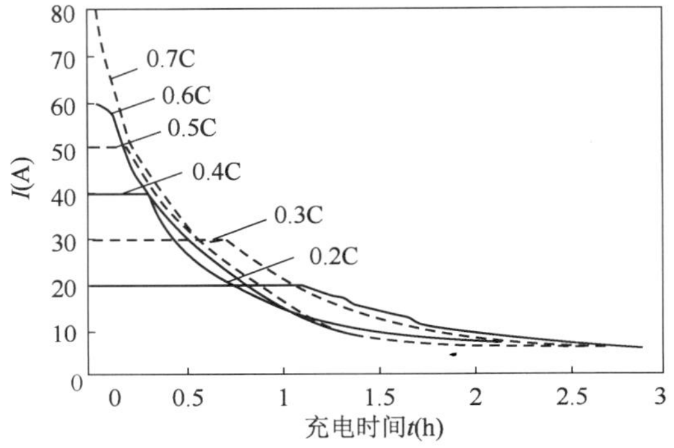

图 3-2-11　相同放电深度不同恒流充电电流充电曲线

锂离子蓄电池不同充电参数　　表 3-2-1

电流（A）	恒流时间（s）	充入容量（A·h）	充入能量（W·h）	充入 30A·h 时间（s）	充入 30A·h 电流（A）
20/(0.2C)	3900	21.67	90.85	5763	14.24
30/(0.3C)	2420	20.17	84.93	4754	15.53
40/(0.4C)	729	8.11	34.482	4528	13.87
50/(0.5C)	700	9.8	41.68	3940	14.94
60/(0.6C)	237	3.97	16.69	3212	16.16
70/(0.7C)	32	0.74	3.133	3129	14.15

②放电深度对充电特性的影响。如图 3-2-12 所示,曲线从左到右放电容量依次增加。由图 3-2-12可知,随放电深度的增加,充电所需时间增加,但平均每单位容量所需的充电时间减少,即充电时间的增加同放电深度不成正比增加;随放电深度的增加,恒流充电时间所占总充电时间比例增加,恒流充电容量占所需充入容量的比重增加;随放电深度的增加,等安时充放电效率有所降低,但降低幅度不大。

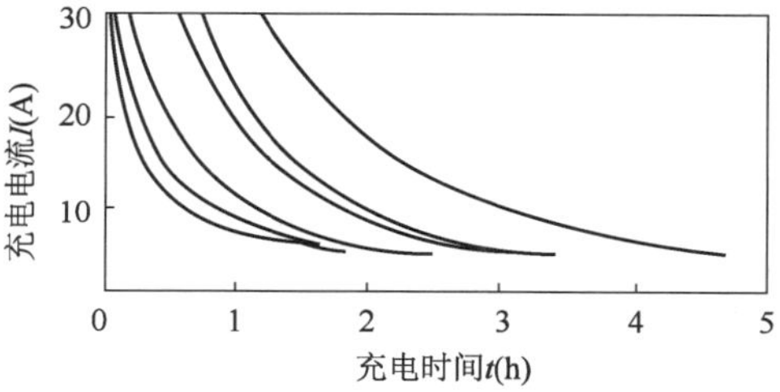

图 3-2-12　不同放电倍率下的充电曲线

③充电温度对充电特性的影响。随环境温度降低，电池的可充入容量明显降低，而充电时间明显增加。将低温（-25℃）与室温（25℃）相比，相同的充电结束电流，可充入容量和能量降低25%～30%，若以5A为充电结束标准，则在此温度下电池仅充入可充入容量或能量的75%～85%。但降低充电结束电流，就意味着充电时间的大幅增加。因此在实际新能源汽车应用中，需要在充电时间和充入容量之间综合考虑。

2）放电特性

（1）温度对放电电压的影响。

在锂离子蓄电池放电特性方面，主要讨论的是不同环境温度下，不同放电倍率对放电特性的影响。以某额定容量202A·h锂离子蓄电池为例，在25℃情况下，将电池充满电，分别在不同温度下进行放电试验。放电过程曲线如图3-2-13所示。蓄电池的放电电压较低，尤其在放电初期同样的放电电流下，蓄电池电压出现了一个急剧下降，所以放电能量偏低。在放电中期，蓄电池放电消耗在蓄电池内阻上的能量使得蓄电池自身温度升高，锂离子蓄电池活性物质的活性增加，蓄电池电压有所升高，因此可放出能量增加。在放电后期，蓄电池电压降低，每安时放出的能量随之降低。放电温度越低，放电电压越低，终止电压越低。

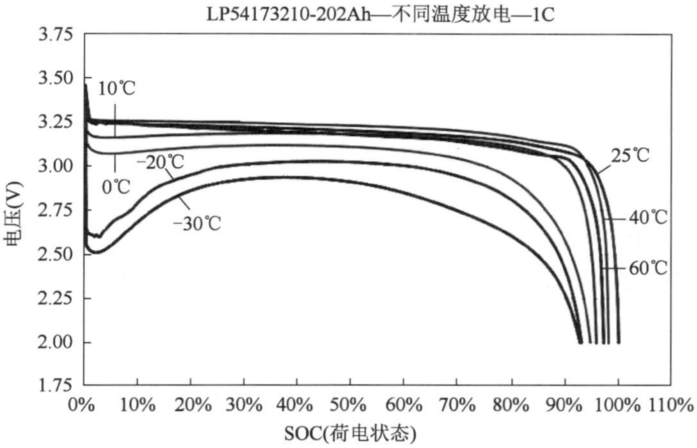

图 3-2-13　不同温度下锂离子蓄电池放电电压曲线

（2）温度对蓄电池可放出能量的影响。

在不同温度下，每放20A·h的能量对比如图3-2-14所示，在放出容量占可放出容量40%～50%时，每安时放出的能量最多，温度越高，蓄电池能放出的总能量越高。

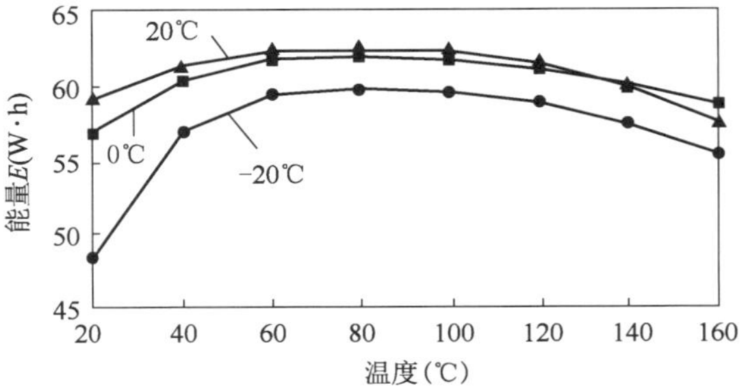

图 3-2-14　锂离子蓄电池在不同温度下可放出的能量

(3)放电倍率对放电特性的影响。

在同一温度,同样的放电终止电压下,不同的放电结束电流,可放出的容量和能量有一定的差别。电流越小,可放出容量和能量越多,放电结束电流 10A 比 100A 可多放出容量和能量 5% ~7% 。

2. 锂离子蓄电池的安全特性

1)锂离子蓄电池应满足的条件

锂离子蓄电池已非常广泛地应用于人们的日常生活中,所以其安全性能是锂离子蓄电池的第一项考核指标。对于锂离子蓄电池安全性能的考核指标,国际上规定了非常严格的标准,一块合格的锂离子蓄电池在安全性能上应该满足以下条件。

(1)短路:不起火,不爆炸;

(2)过充电:不起火,不爆炸;

(3)热箱试验:不起火,不爆炸(150℃恒温 10min);

(4)针刺:不爆炸(用 ϕ3mm 钉穿透电池);

(5)平板冲击:不起火,不爆炸(10kg 重物自 1m 高处砸向电池);

(6)焚烧:不爆炸(煤气火焰烧烤电池)。

2)锂离子蓄电池安全性能的影响因素

(1)材料对锂离子蓄电池安全性的影响。

蓄电池材料的热稳定性是锂离子蓄电池安全性的重要因素。当蓄电池温度升高时,蓄电池内部会发生许多放热反应,出现的热量超过了热量的散失,就会发生热溢溃。锂离子蓄电池材料之间重要放热反应有:SEI 膜的分解;电解液分解;正极分解;负极与电解液的反应;负极与黏合剂的反应等。

①正极材料。锂离子蓄电池正极材料一直是限制锂离子蓄电池发展的关键。正负极材料的结构对锂离子的嵌入和脱嵌有决定性影响,因而影响着蓄电池的循环寿命。使用容易脱嵌的活性材料进行充放电循环时,活性材料的结构变化小且可逆,有利于延长蓄电池的寿命。在锂离子蓄电池滥用的条件下,随着蓄电池内部温度的升高,正极发生活性物质的分解和电解液的氧化,这两种反应将出现大量的热,从而导致蓄电池温度的进一步上升,不同的脱锂状态对活性物质晶格转变、分解温度和蓄电池的热稳定性影响相差很大。

②当前锂离子蓄电池所用的负极材料大部分采用石墨，而石墨的理论适量比容量只有372mA·h/g，体积比容量也只有800mA·h/cm^3。尽管目前研制出的医学热解碳具有700mA·h/g的比容量，但是其体积比容量还是非常有限。由于大功率的要求，高能量密度的金属和金属化合物被用作负极材料引起了广泛关注，研究重点向微小颗粒（纳米级）、单相向多相、掺杂非活性材料等方面发展。金属和合金类负极材料在循环过程中，体积会发生很大的变化，循环寿命短。

③隔膜与电解液。电解液在锂离子蓄电池的正、负极之间起着输送 Li^+ 的用途，电解液与电极的相容性直接影响蓄电池的性能，电解液的研究开发对锂离子蓄电池的性能和发展非常重要。从安全性方面考虑，要求有机电解液具有良好热稳定性，在蓄电池发热出现高温的条件下保持稳定，整个蓄电池不会发生热失控。有机电解液对锂离子蓄电池安全性的影响主要从溶剂、电解质锂盐和添加剂三方面进行研究。

（2）制造工艺对锂离子蓄电池安全性能的影响。

锂离子蓄电池的制造工艺分为液态和聚合物锂离子蓄电池两种形式。无论是什么结构的锂离子蓄电池，电极制造、蓄电池装配等制造过程都会对蓄电池的安全性产生影响。如正极和负极混料、涂布、辊压、裁片或冲切、组装、加注电解液的多少、封口、化成等诸道工序的质量控制，无一不影响蓄电池的性能和安全性。浆料的均匀度决定了活性物质在电极上分布的均匀性，从而影响蓄电池的安全性。浆料细度太大，蓄电池充放电时会出现负极材料膨胀与收缩比较大的变化，可能出现金属锂的析出；浆料细度太小会导致蓄电池内阻过大。涂布加热温度过低或烘干时间不足会使溶剂残留，黏结剂部分溶解，造成部分活性物质容易剥离；温度过高可能造成黏结剂碳化，活性物质脱落形成蓄电池内部短路。

（3）电池设计对锂离子蓄电池安全性能的影响。

锂离子蓄电池的安全性是由其自身特点决定的：①蓄电池能量密度很高，假如发生热失控反映，放出很高的热量容易导致不安全行为发生；②锂离子蓄电池由于采用有机电解质体系，有机溶剂是碳氢化合物，单体蓄电池电压在4.6V左右易发生氧化，并且溶剂易燃，若出现泄漏等情况，会引起蓄电池着火，甚至燃烧、爆炸；③锂离子蓄电池过充电反应会是正极材料结构发生变化，而使材料具有很强的氧化用途，使电解液中溶剂发生强烈氧化，并且这种用途是不可逆的，反应引发的热量假如积累会存在引发热失控的危险。

3. 锂离子蓄电池的热特性

1）生热机制

锂离子蓄电池内部产生的热量主要由4部分组成：反应热、极化热、焦耳热和分解热。反应热是蓄电池内部的化学反应产生的热量，充电时为负，放电时为正；极化热是蓄电池在充放电过程中电极发生极化，蓄电池的平均电压与开路电压有所偏差而产生的热量，充放电都为负；焦耳热是由蓄电池内阻产生的，充放电都为正；分解热是由蓄电池电极中自放电的存在导致电极的分解而产生的热量，这部分热量很小，几乎可忽略不计。

由于反应热在充电时为负值,再放电时为正值,因此,蓄电池在放电过程中热量的生成大于充电过程中产生的热量。从而导致放电时蓄电池温度比充电时电池温度高。对于一个完全充满电状态的锂离子蓄电池,它在可逆放电过程中的总反应中呈现了放热效应。更进一步来说,蓄电池的正极表现出较大的放热效应,同时负极表现出较小的吸热反应,综合正负极反应热效应,最终导致锂离子蓄电池充放电过程中总体呈现放热效应。

2)电池放电生热特性

在自然散热环境下,分别对蓄电池进行0.3C、0.5C、1C、2C、3C和4C倍率放电。首先将蓄电池充满电,然后以某一倍率进行恒流放电,截止电压位3V。图3-2-15及图3-2-16为蓄电池在不同倍率放电过程中,正、负极的生热曲线。

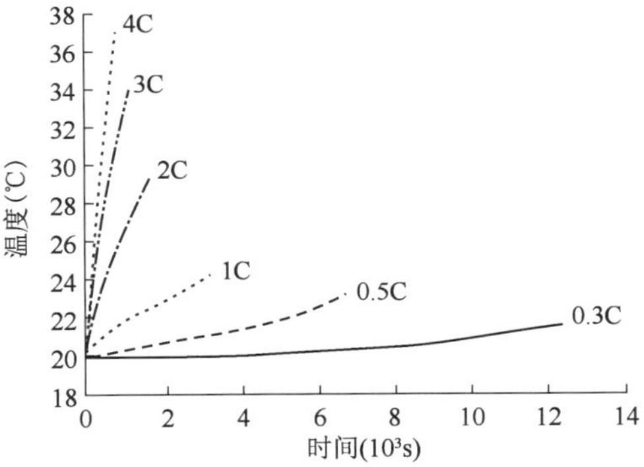

图3-2-15 不同放电倍率蓄电池正极温度变化曲线

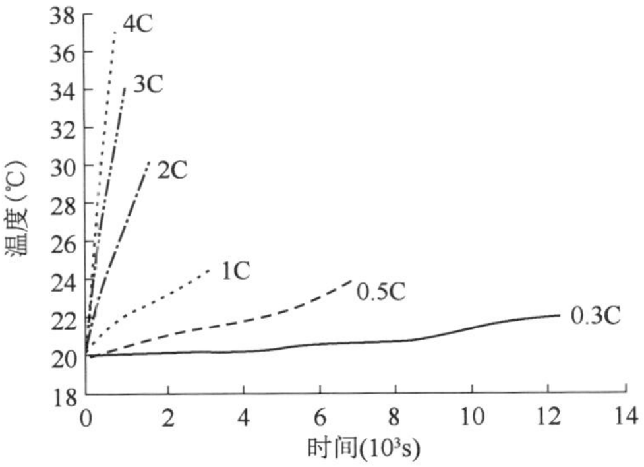

图3-2-16 不同放电倍率蓄电池负极温度变化曲线

从图3-2-15和图3-2-16中可以看出,在放电过程中,蓄电池正极温度略高于负极的温度,在大倍率放电时,这种趋势更为明显。随着蓄电池放电倍率提高,蓄电池正、负极的温度快速上升。放电倍率越高,温度上升越快,因此,在高温环境下,蓄电池进行大倍率放电时,必须采取相应的散热措施,否则蓄电池会因过热而导致性能衰退、寿命缩短,甚至产生热失控的危险状态。

3)蓄电池充电生热特性

将蓄电池悬置于无强制散热的环境下。首先以1/3C倍率对蓄电池进行恒流放电,截止电压3V,放电结束后静置2h,然后分别以0.3C、0.5C、1C、2C、3C和4C倍率进行恒流—恒压充电。图3-2-17和图3-2-18为蓄电池在不同倍率充电过程中,正、负极的生热曲线。从图中可以看出,充电过程中蓄电池正、负极的温差比相同倍率放电时小。在恒流充电过程中,蓄电池正、负极的温度快速上升;在恒压充电阶段,蓄电池电极的温度开始下降,这主要是恒压充电阶段,充电电流不断下降,电池生热率减少。因此,在蓄电池恒流—恒压充电过程中。恒流充电过程是蓄电池内部热量积聚的重要阶段。进行大倍率充放电时,蓄电池的温度快速上升,这容易造成蓄电池损坏,甚至出现危险工况。因此,新能源汽车必须安装散热系统对蓄电池进行散热,以便将蓄电池温度控制在合理的范围内。

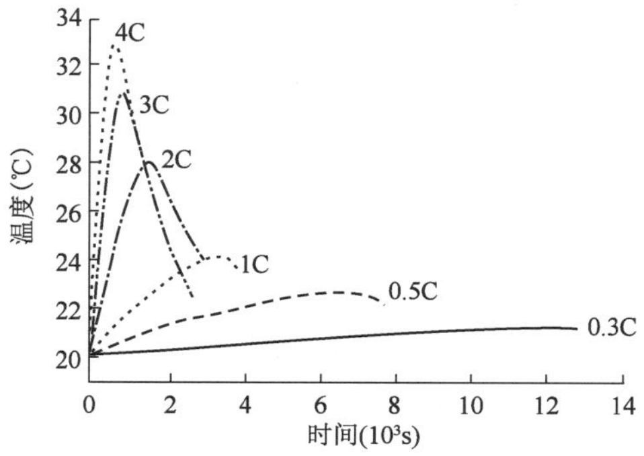

图 3-2-17　不同充电倍率蓄电池正极生热曲线

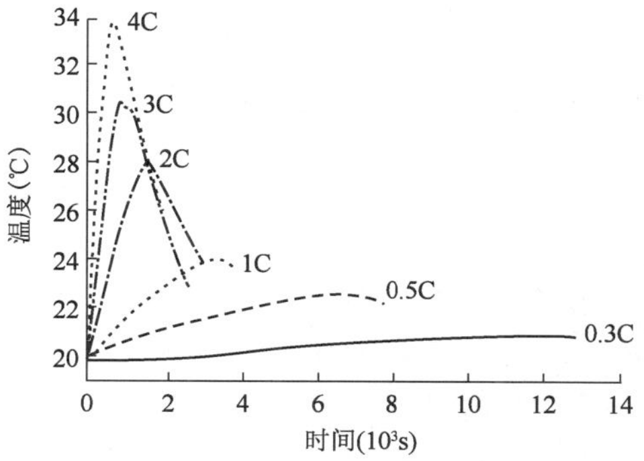

图 3-2-18　不同充电倍率蓄电池负极生热曲线

知识拓展

近年来,锂离子蓄电池失效事件时有发生,锂离子蓄电池失效不仅会影响蓄电池本身性能和安全,还可能对设备的使用和用户的体验造成负面影响,同时还可能引发环境污染和安全隐患等问题,因此,了解锂离子蓄电池失效机理后采取相应预防措施可减少失效事件的发生。

1. 正极材料的溶解

以尖晶石 $LiMn_2O_4$ 为例,Mn 的溶解是引起 $LiMn_2O_4$ 可逆容量衰减的主要原因。Mn 的溶解沉积造成正极活性物质减少;溶解的 Mn 游离到负极时会造成负极 SEI 膜(固体电解质界面膜)的不稳定,被破坏的界面膜再形成时会消耗锂离子,造成锂离子的减少。

2. 正极材料的相变化

一般认为锂离子的正常脱嵌反应总是伴随着宿主结构摩尔体积的变化,引起结构的膨胀与收缩,导致氧八面体偏离球对称性并成为变形的八面体构型,这种现象叫作 Jahn-Teller 效应(或 J-T 扭曲)。在 $LiMn_2O_4$ 电池中,J-T 效应所导致的尖晶石结构不可逆转变,也是容量衰减的主要原因之一。J-T 效应多发生在过放电阶段;在起始材料中加入过量的锂、掺杂 Ni、Co、Al 等阳离子或者 S 等阴离子可以有效地抑制 J-T 效应。

3. 电解液的分解

锂离子蓄电池中常用的电解液主要包括由各种有机碳酸酯(如 PC、EC、DMC、DEC 等)的混合物组成的溶剂以及由锂盐(如 $LiPF_6$、$LiClO_4$、$LiAsF_6$ 等)组成的电解质。在充电的条件下电解液对含碳电极具有不稳定性,故会发生还原反应。电解液还原消耗了电解质及其溶剂,对蓄电池容量及循环寿命产生不良影响。

4. 过充电造成的容量损失

蓄电池在过充电时,会造成负极锂离子的沉积、电解液的氧化以及正极的分解和氧化损失。这些副反应消耗了活性物质,或者产生不溶物质堵塞电极孔隙,或者正极氧损失导致高电压区的 J-T 效应,这些都会导致蓄电池容量衰减。

5. 自放电

锂离子蓄电池的自放电所导致的容量损失大部分是可逆的，只有一小部分是不可逆的。造成不可逆自放电的原因主要有：锂离子的损失；电解液氧化产物堵塞电极微孔；内阻增大等。

6. 界面膜的形成

在锂离子蓄电池首次循环时由于电解液和负极材料在固液相间层面上发生反应：

第一，SEI 膜对负极材料会产生保护作用，使材料结构不容易崩塌，增加电极材料的循环寿命。

第二，SEI 膜在产生过程中会消耗一部分锂离子，而负极反应过程其实就是一个在碳的层间结构中锂离子嵌入与脱出的一个过程。所以 SEI 膜的形成是会降低负极首次循环效率的。

第三，SEI 膜并不只是在负极表面会产出，在正极表面也会产生，只不过影响比较小。

7. 集流体

锂离子蓄电池中的集流体材料常用铜和铝，两者都容易发生腐蚀，集流体的腐蚀会导致蓄电池内阻增加，从而造成容量损失。

任务考核

学生在完成锂离子蓄电池的原理及检测学习任务后，由教师按照任务考核表 3-2-2 所列内容进行考核。

锂离子蓄电池的原理及检测任务考核表　　表 3-2-2

题型	考核题目（每题 10 分）	得分
判断题	1. 锂离子蓄电池是指以含锂的化合物作正极，以碳作为负极的电池。（　）	
	2. 隔膜的性能决定了蓄电池的界面结构、内阻等，但不会直接影响电池的容量、循环以及安全性能等特性。（　）	
	3. 锂离子蓄电池工作过程中一般只引起层面间距的变化，不破坏晶体结构。（　）	
	4. 在同一温度和同样的放电终止电压下，不同的放电结束电流，可放出的容量和能量有一定的差别。（　）	
	5. 随着蓄电池放电倍率提高，蓄电池正、负极的温度快速上升，温度越高，上升越快。（　）	
选择题	1. 锂离子蓄电池分为液态锂离子蓄电池和（　）。 A. 聚合物锂离子蓄电池　B. 固态锂离子蓄电池 C. 圆形锂离子蓄电池　D. 方形锂离子蓄电池	
	2. 层状结构的 $LiMO_2$ 正极材料，M 不能代表（　）。 A. Co　B. Mn　C. Ni　D. $LiFePO_4$	
	3. 以下哪项不是锂离子蓄电池的优点（　）。 A. 记忆效应　B. 放电电压高　C. 能量密度高　D. 使用寿命长	
	4. 锂离子蓄电池通常采用（　）充电方法。 A. 恒流　B. 恒压　C. 先恒流后恒压　D. 先恒压后恒流	
	5.（　）是表征动力蓄电池性能和寿命状态的重要指标。 A. 额定电压　B. 充电速度　C. 直流内阻　D. 能量密度	
总分		

续上表

教师评语：

任务小结

在完成该任务的学习后，请对照本任务的学习目标，完成学习情况诊断。

本任务的学习目标回顾：____

____

我的任务目标达成情况：____

____

我今后的努力方向或改进方法：____

____

任务三　燃料电池的工作原理及应用

任务描述

你的亲戚朋友问你什么是燃料？什么是燃料电池？燃料电池分为几种？燃料电池的工作原理与锂离子蓄电池相同吗？不同燃料电池的原理相同吗？作为新能源汽车专业的学生你能向亲戚朋友解释清楚吗？

知识准备

请预习后面的内容，完成下列填空题。

(1)燃料电池被视作是一种很有发展前途的__________装置。

(2)燃料电池是一种电化学的发电装置，直接将__________转化为__________而不必经过热机过程。

(3)__________是世界上最多的化学元素。

(4)按照电解质的不同，可以把燃料电池分为传统的五类：__________燃料电池、__________燃料电池、__________燃料电池、__________燃料电池、__________燃料电池。

(5)燃料电池的主要构成组件为：__________、__________、__________。

(6)单体蓄电池是由正负两个__________以及__________组成。

(7)氢—氧燃料电池的反应原理是电解水的__________。

(8)只有燃料电池本体还不能工作，必须有一套相应的__________。

(9)燃料电池能将燃料的__________直接转化为__________。

(10)现代种类繁多的燃料电池中，虽然仍以__________为主要燃料。

(11)氢燃料基础建设不足：氢气在工业界虽已使用多年且具经济规模，但全世界__________依旧很有限，仍处于推广阶段。

一、燃料电池概述

1. 燃料电池概念

将燃料与氧化剂的化学能通过电化学反应直接转换成电能的发电装置。燃料电池理论上可在接近100%的热效率下运行，具有很高的经济性。目前实际运行的各种燃料电池，由于种种技术因素的限制，再考虑整个装置系统的耗能，总的转换效率多在45%～60%范围内，如考虑排热利用可达80%以上。此外，燃料电池装置不含或含有很少的运动部件，工作可靠，较少需要维修，且比传统发电机组安静。另外电化学反应清洁、完全，很少产生有害物质。所有这一切都使得燃料电池被视作是一种很有发展前途的能源动力装置。

燃料电池是一种电化学的发电装置，直接将化学能转化为电能而不必经过热机过程，不受卡诺循环限制，因而能量转化效率高，且无污染，正在成为理想的能源利用方式。同时，随着燃料电池技术不断成熟，以及西气东输工程提供了充足天然气源，燃料电池的商业化应用存在着广阔的发展前景。图3-3-1展示了北京冬奥会期间运行的氢燃料车辆。

图3-3-1　正在运行的北京冬奥村内的氢燃料电池客车

燃料电池的燃料有氢气、氧气、一氧化碳、甲醇、乙醇等，未来还有可能发展出更多的可用燃料。

使用氢气作为燃料的燃料电池具有以下明显优势：

（1）氢是世界上最多的化学元素，氢气来源极其广泛并且是可再生资源，所以用氢气作为“燃料”似乎最合适不过。

（2）由于燃料电池是化学能直接转换为电能，相比内燃机的燃烧作用不会产生大量废气与废热，转化效率高，排放物也只有水，不会对环境温度造成影响。

（3）使用寿命长于电化学电池并且氢燃料电池维护工作量很小。

（4）相比于纯电动汽车的充电时间来说，燃料电池加注氢气的时间很短，几乎与传统燃油汽车添加燃油时间相当，大约在3～5min。

思考

查阅资料，目前上市的燃料电池为什么主要使用氢气作为燃料？

2. 燃料电池的分类

1)按电解质分类

目前最常用的分类方法是按燃料电池所采用的电解质的类型分类。根据燃料电池中使用电解质种类的不同,通常可分为以下五类,其区别列于表3-3-1。

五类不同的燃料电池的特性

表3-3-1

简称	类型	电解质	工作温度	电化学效率	燃料、氧化剂	功率输出
AFC	碱性燃料电池	氢氧化钾溶液	室温至90℃	60%~70%	氢气、氧气	300W~5kW
PEMFC	质子交换膜燃料电池	质子交换膜	室温至80℃	40%~60%	氢气、氧气(或空气)	1kW
PAFC	磷酸盐燃料电池	磷酸	160~220℃	55%	天然气、沼气、双氧水、空气	200kW
MCFC	熔融碳酸盐燃料电池	碱金属碳酸盐熔融混合物	620~660℃	65%	天然气、沼气、煤气、双氧水、空气	2~10MW
SOFC	固体氧化物燃料电池	氧离子导电陶瓷	800~1000℃	60%~65%	天然气、沼气、煤气、双氧水、空气	100kW

(1)碱性燃料电池(AFC):一般以碱性的氢氧化钾溶液为电解质。

(2)质子交换膜燃料电池(PEMFC):通常以全氟或部分氟化的磺酸型质子交换膜为电解质。

(3)磷酸燃料电池(PAFC):以浓磷酸为电解质。

(4)熔融碳酸盐燃料电池(MCFC):以熔融的锂—钾或锂—钠碳酸盐为电解质。

(5)固体氧化物燃料电池(SOFC):以氧离子导体固体氧化物为电解质。

按电解质分类的这几种燃料电池具有各自的工作特性和适用范围,并且处于不同的发展阶段。碱性燃料电池的效率很高,发展非常成熟,但其工作条件要求隔绝 CO_2,应用领域主要集中在航天方面。磷酸燃料电池技术已经非常成熟,被称为第一代燃料电池,它是最接近商业化的燃料电池,但磷酸燃料电池需要用到贵金属铂催化剂,成本较高,且其工作温度不够高,余热利用价值低。熔融碳酸盐燃料电池发展较早,被称为第二代燃料电池。固体氧化物燃料电池的研究则起步较晚,被称为第三代燃料电池,这两种燃料电池工作效率高,被认为最适合实现热电联供,性能良好;但由于其工作温度较高,所以对电池材料的要求也较高。质子交换膜燃料电池技术近期发展迅速,采用较薄高分子隔膜作电解质,具有很高的比功率,而且工作温度较低,特别适合作为便携式电源和新能源汽车车载电源,但目前的主要问题是成本太高。

2)按工作温度分类

根据工作温度的不同,燃料电池可分为以下四类。

(1)低温燃料电池:工作温度范围一般是25~100℃,如固体聚合物电解质燃料电池。

(2)中温燃料电池:工作温度范围一般是100~500℃,如磷酸型燃料电池。

(3)高温型燃料电池:工作温度范围一般是500~1000℃,这种类型的电池包括熔融碳酸盐燃料电池和固体氧化物燃料电池。

(4)超高温型燃料电池:工作温度范围一般是高于1000℃。

3)按燃料的来源分类

根据燃料电池使用燃料的来源不同,可分为以下三类。

(1)直接型燃料电池:是指燃料不经过转化步骤直接参加燃料电池的电极反应,比如氢氧燃料电池,燃料直接使用氢气。

(2)间接型燃料电池:是指燃料不直接参加电化学反应,而是要通过重整等方法将燃料转化后再供给燃料电池发电,比如将甲醇重整成富氢的混合气作为燃料电池的燃料,即其燃料不是直接使用氢气,而是通过某种方法把甲烷、甲醇或其他烃类化合物转变成氢或含富氢的混合气后再供给燃料电池。

(3)再生型燃料电池:是指将燃料电池反应生成的水经过某种方式(如热和光等)分解成氢和氧,再将氢和氧重新输送给燃料电池进行发电。

4)按燃料状态分类

根据燃料电池的燃料状态不同,可分为以下两类。

(1)液体型燃料电池。

(2)气体型燃料电池。

此外,根据燃料电池使用燃料的种类,可分为氢燃料电池、甲醇燃料电池、乙醇燃料电池等;根据燃料电池运行机理的不同,可分为酸性燃料电池和碱性燃料电池。

3. 燃料电池的结构

燃料电池的主要构成组件为:电极(Electrode)、电解质隔膜(Electrolyte Membrane)与集电器(Current Collector)等。

1)电极

燃料电池的电极是燃料发生氧化反应与氧化剂发生还原反应的电化学反应场所,其性能的好坏关键在于部件的性能、材料与制备过程等。

电极主要可分为两部分,其一为阳极(Anode),另一为阴极(Cathode),厚度一般为200~500mm;其结构与一般电池的平板电极不同之处,在于燃料电池的电极为多孔结构,所以设计成多孔结构的主要原因是燃料电池所使用的燃料及氧化剂大多为气体(例如氧气、氢气等),而气体在电解质中的溶解度并不高,为了提高燃料电池的实际工作电流密度与降低极化作用,故发展出多孔结构的电极,以增加参与反应的电极表面积,而此也是燃料电池当初所以能从理论研究阶段步入实用化阶段的关键原因之一。

目前高温燃料电池的电极主要是以触媒材料制成,例如固态氧化物燃料电池(简称SOFC)的 Y_2O_3—stabilized—ZrO_2(简称 YSZ)及熔融碳酸盐燃料电池(简称 MCFC)的氧化镍电极等,而低温燃料电池则主要是由气体扩散层支撑一薄层催化剂材料而构成,例如磷酸燃料电池(简称 PAFC)与质子交换膜燃料电池(简称 PEMFC)的铂电极等。

2)电解质隔膜

电解质隔膜的主要功能在分隔氧化剂与还原剂,并传导离子,故电解质隔膜需要尽量薄一些,但亦需顾及强度,厚度也不能太薄,因此就现阶段的技术而言,其一般厚度约在数十毫米至数百毫米;至于材质,目前主要朝两个发展方向,其一是先以石棉膜、碳化硅 SiC 膜、铝酸锂($LiAlO_3$)膜等绝缘材料制成多孔隔膜,再浸入熔融锂—钾碳酸盐、氢氧化钾与磷酸等中,使其附着在隔膜孔内。另一则是采用全氟磺酸树脂(例如 PEMFC)及 YSZ(例如 SOFC)。

3)集电器

集电器又称作双极板(Bipolar Plate),具有收集电流、分隔氧化剂与还原剂、疏导反应气体等之功用,双极板的性能主要取决于其材料特性、流场设计及其加工技术。

二、燃料电池的工作原理

1.碱性燃料电池

AFC因为存在碱性环境,所以没有单独存在的H^+,H^+全部反应而存在于H_2O中。其原理如图3-3-2所示。

负极: $H_2 + 2OH^- \rightarrow 2H_2O + 2e^-$

正极: $1/2O_2 + H_2O + 2e^- \rightarrow 2OH^-$

电池反应: $H_2 + 1/2O_2 = H_2O$

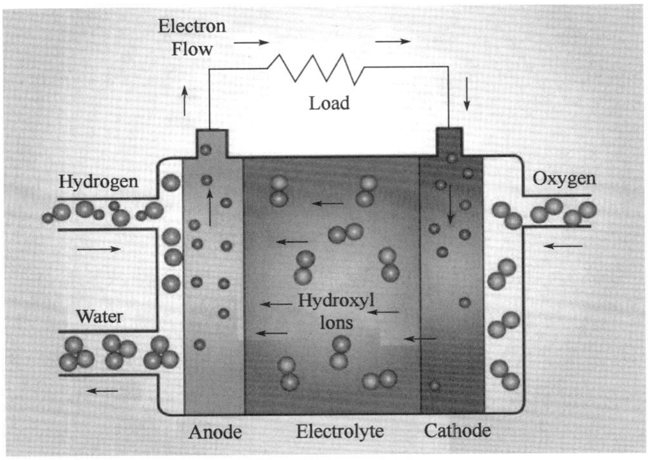

图3-3-2 碱性燃料电池工作原理

Electron Flow-电子移动;Load-负载;Oxygen-氧气;Cathode-阴极;Anode-阳极;Electrolyte-电解质;Hydroxyl lons-氢离子;Hydrogen-氢气;Water-水

2.质子交换膜燃料电池

其原理如图3-3-3所示。反应中与氢离子(H^+)相关,发生的反应为:

燃料极: $H_2 = 2H^+ + 2e^-$

空气极: $2H^+ + 1/2O_2 + 2e^- = H_2O$

总反应: $H_2 + 1/2O_2 = H_2O$

在燃料极中,供给的燃料气体中的H_2分解成H^+和e^-,H^+移动到电解质中与空气极侧供给的O_2发生反应。e^-经由外部的负荷回路,再返回到空气极侧,参与空气极侧的反应。一系

列的反应促成了 e^- 不间断地经由外部回路，因而就构成了发电。并且从总反应式可以看出，由 H_2 和 O_2 生成的 H_2O，除此以外没有其他的反应，H_2 所具有的化学能转变成了电能。但实际上，伴随着电极的反应存在一定的电阻，会引起了部分热能产生，由此减少了转换成电能的比例。引起这些反应的一组电池称为组件，产生的电压通常低于 1V。因此，为了获得大的输出电压，需采用组件多层迭加的办法获得高电压堆。组件间的电气连接以及燃料气体和空气之间的分离，采用了称之为隔板的、上下两面中备有气体流路的部件，PAFC 和 PEMFC 的隔板均由碳材料组成。堆的输出功率由总的电压和电流的乘积决定，电流与电池中的反应面积成正比。

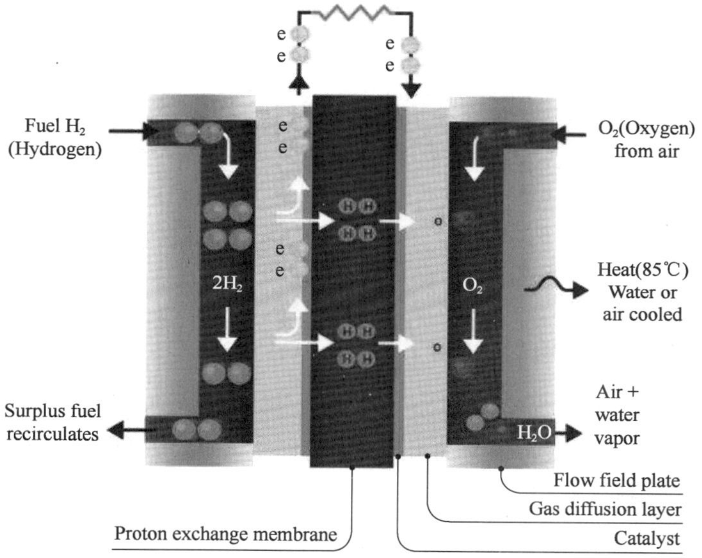

图 3-3-3　质子交换膜燃料电池工作原理

O^2 (Oxygen) from air-来自空气中的氧气；Heat(85℃) Water or air cooled-热量、水或者冷却的空气；Air + water vapor-空气和水蒸气；Flow field plate-集电极；Gas diffusion layer-气体扩散层；Catalyst-催化剂；Proton exchange membrane-质子交换膜；Surplus fuel recirculates-剩余燃料再循环；Fuel H_2-氢燃料

PAFC 的电解质为浓磷酸水溶液，而 PEMFC 电解质为质子导电性聚合物系的膜。电极均采用碳的多孔体，为了促进反应，以 Pt 作为触媒，燃料气体中的 CO 将造成中毒，降低电极性能。为此，在 PAFC 和 PEMFC 应用中必须限制燃料气体中含有的 CO 量，特别是对于低温工作的 PEMFC 更应严格地加以限制。

3. 磷酸盐燃料电池

磷酸燃料电池的基本组成和反应原理是：燃料气体或城市煤气添加水蒸气后送到改质器，把燃料转化成 H_2、CO 和水蒸气的混合物，CO 和水进一步在移位反应器中经触媒剂转化成 H_2 和 CO_2。经过如此处理后的燃料气体进入燃料堆的负极（燃料极），同时将氧输送到燃料堆的正极（空气极）进行化学反应，借助触媒剂的作用迅速产生电能和热能。其原理如图 3-3-4 所示。

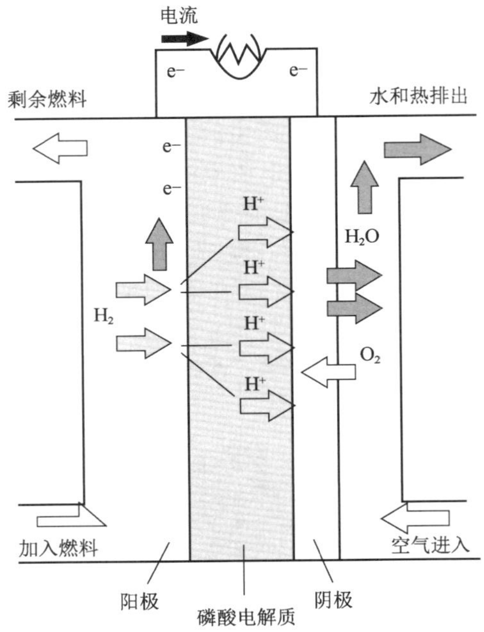

图 3-3-4 磷酸盐燃料电池工作原理

其化学反应方程式与 PEMFC 相同。

4. 熔融碳酸盐燃料电池

主要构成部件含有电极反应相关的电解质(通常是为 Li 与 K 混合的碳酸盐)和上下与其相接的 2 块电极板(燃料极与空气极),以及两电极各自外侧流通燃料气体和氧化剂气体的气室、电极夹等,电解质在 MCFC 中约 600 ~ 700℃ 的工作温度下呈现熔融状态的液体,形成了离子导电体。电极为镍系的多孔质体,气室的形成采用抗蚀金属。

MCFC 的工作原理。空气极的 O_2(空气)和 CO_2 相结合,生成 CO_3^{2-}(碳酸离子),电解质将 CO_3^{2-} 移到燃料极侧,与作为燃料供给的 H^+ 相结合,放出 e^-,同时生成 H_2O 和 CO_2。化学反应式如下:

燃料极: $H_2 + CO_3^{2-} \longrightarrow H_2O + 2e^- + CO_2$

空气极: $CO_2 + 1/2O_2 + 2e^- \longrightarrow CO_3^{2-}$

电池反应: $H_2 + 1/2O_2 \longrightarrow H_2O$

其原理如图 3-3-5 所示。在这一反应中,e^- 同在 PAFC 中的情况一样,它从燃料极被放出,通过外部的回路返回到空气极,由 e^- 在外部回路中不间断的流动实现了燃料电池发电。另外,MCFC 的最大特点是,必须要有助于反应的 CO_3^{2-} 离子,因此,供给的氧化剂气体中必须含有碳酸气体。并且,在电池内部充填触媒,从而将作为天然气主成分的 CH_4 在电池内部改质,在电池内部直接生成 H_2 的方法也已开发出来了。而在燃料是煤气的情况下,其主成分 CO 和 H_2O 反应生成 H_2,因此,可以等价地将 CO 作为燃料来利用。为了获得更大的输出能量,隔板通常采用 Ni 和不锈钢来制作。

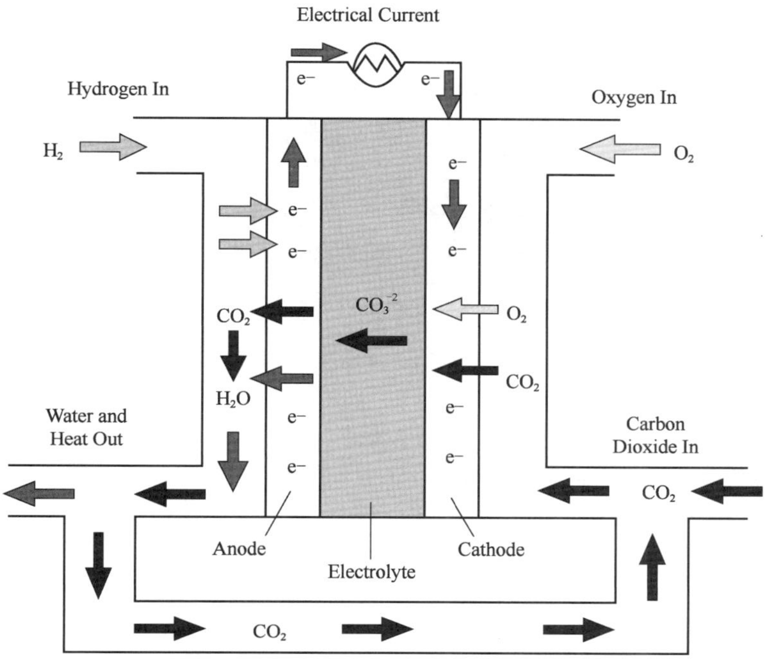

图 3-3-5　熔融碳酸盐燃料电池工作原理

Electrical Current-电流；Oxygen In-流入的氧气；Carbon Dioxide In-流入的二氧化碳；Cathode-阴极；Anode-阳极；Electrolyte-电解质；Water and Heat Out-水和热量流出；Hydrogen In-流入的氢气

5. 固体氧化物燃料电池

SOFC 是以陶瓷材料为主构成的，电解质通常采用 ZrO_2（氧化锆），它构成了 O^{2-} 的导电体 Y_2O_3（氧化钇），作为稳定化的 YSZ（稳定化氧化锆）而采用。电极中燃料极采用 Ni 与 YSZ 复合多孔体构成金属陶瓷，空气极采用 $LaMnO_3$（氧化镧锰）。隔板采用 $LaCrO_3$（氧化镧铬）。为了避免因电池的形状不同，电解质之间热膨胀差造成裂纹产生等，开发了在较低温度下工作的 SOFC。电池形状除了有同其他燃料电池一样的平板型外，还有开发出了为避免应力集中的圆筒型。SOFC 的反应式如下：

燃料极：　$H_2 + O^{2-} = H_2O + 2e^-$

空气极：　$1/2O_2 + 2e^- = O^{2-}$

总反应：　$H_2 + 1/2O_2 = H_2O$

其原理如图 3-3-6 所示。燃料极，H_2 经电解质而移动，与 O^{2-} 反应生成 H_2O 和 e^-。空气极由 O_2 和 e^- 生成 O^{2-}。原理同其他燃料电池一样由 H_2 和 O_2 生成 H_2O。在 SOFC 中，因其属于高温工作型，因此，在无其他触媒作用的情况下即可直接在内部将天然气主成分 CH_4 改质成 H_2 加以利用，并且煤气的主要成分 CO 可以直接作为燃料利用。

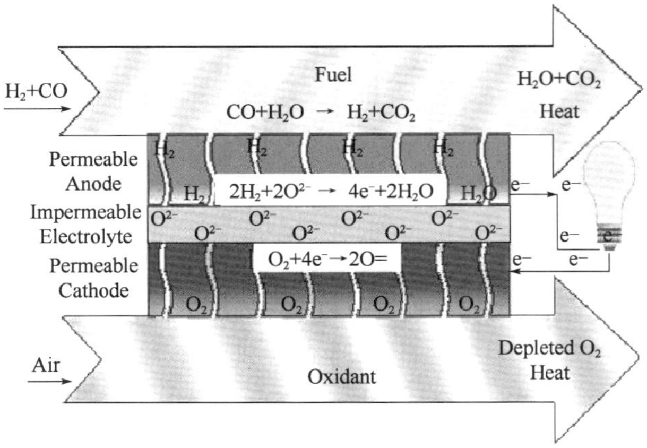

图 3-3-6　固体氧化物燃料电池工作原理

Fuel-燃料；Depleted O_2 Heat-耗尽氧气的；Oxidant-氧化剂；Air-空气；Permeable Cathode-可渗透的阴极；Impermeable Electrolyte-不可渗透的电解质；Permeable Anode-可渗透的阳极

思考

查阅资料，谈谈你对“氢燃料电池的反应产物只有水，很环保”的理解？

三、燃料电池的性能特点

1. 燃料电池的优势

（1）能源安全性。自 20 世纪 70 年代的石油危机后，各大工业国对石油的依赖仍有增无减，而且主要靠石油输出国的供应。

（2）国防安全性。燃料电池发电设备具有散布性的特质，它可让地区摆脱中央发电站式的电力输配架构。长距离、高电压的输电网络易成为军事行动的攻击目标。燃料电池设备可采用集中也可采用分散性配置，进而降低了敌人欲瘫痪国家供电系统的风险。

（3）高可靠度供电。燃料电池可架构于输配电网之上作为备用电力，也可独立于电力网之外。在特殊的场合下，模块化的设置（串联安装几个完全相同的电池组系统以达到所需的电力）可提供极高的稳定性。

（4）燃料多样性。现代种类繁多的燃料电池中，虽然仍以氢气为主要燃料，但配备燃料转化器（重组器，fuel reformer）的电池系统可以从碳氢化合物或醇类燃料中萃取出氢元素来利用。此外如垃圾掩埋厂、废水处理厂中厌氧微生物分解产生的沼气也是燃料的一大来源。利用自然界的太阳能及风力等可再生能源提供的电力,可用来将水电解产生氢气,再供给燃料电池,如此亦可将水看成是未经转化的燃料,实现完全零排放的能源系统。只要不停地供给燃料给电池,它就可不断地产生电力。

(5)高效能。由于燃料电池的原理由化学能直接转换为电能,而非产生大量废气与废热的燃烧作用,现今利用碳氢燃料的发电系统,其电能的转换效率可达40%～50%;直接使用氢气的系统效率更可超过50%;发电设施若与燃气涡轮机并用,则整体效率可超过60%;若再将电池排放的废热加以回收利用,则燃料能量的利用率可超过80%。用于车辆的燃料电池其能量转换率约为传统内燃机的3倍以上,因为车用内燃机的热效率约在10%～20%。

(6)环境亲和性。科学家们已认定空气污染是造成心血管疾病、气喘及癌症的元凶之一。最近的健康研究显示,市区污染性的空气对健康的威胁如同吸入二手烟。燃料电池运用能源的方式大幅优于燃油内燃机排放大量危害性废气的方案,其排放物大部分是水。某些燃料电池虽亦排放二氧化碳,但其含量远低于汽油的排放量(约其1/6)。

(7)燃料电池发电设备产生1000W·h的电能,排放的污染性气体少于28.3g;而传统燃油发电机则会产生11.35kg重的污染物。因此,燃料电池不仅可改善空气污染的情况,更可以给人类未来一片洁净的天空。

(8)可弹性设置其用途广。燃料电池的迷人之处在于其多样风貌。除了前述的集中分散两相宜的特点外,它还具有缩放性。利用黄光微影技术可制作微型化的燃料电池;利用模块式堆栈配置可将供电量放大至所欲的输出功率。单一发电元所产生的电压约为0.7V,刚好能点亮一只灯。将发电元予以串接,便构成燃料电池组,其电压则增加为0.7V乘以串联的发电元个数。

2. 燃料电池的短板

燃料电池的劣势主要是价格和技术上存在一些瓶颈。

(1)燃料电池造价偏高:车用PEMFC的成本中质子交换隔膜($300/m^2)约占成本之35%,铂催化剂约占成本的40%,二者均为贵重材料。

(2)反应和起动性能:燃料电池的起动速度尚不及内燃发动机。反应性可借助增加电极活性、提高操作温度及反应控制参数来达到,但提高稳定性则必须避免副反应的发生。即反应性与稳定性不可兼得。

(3)碳氢燃料无法直接利用:除甲醇外,其他的碳氢化合物燃料均需经过转化器、CO氧化器处理产生纯H_2后,方可供现今的燃料电池利用。这些设备亦增加燃料电池系统的投资额。

(4)氢气储存技术:燃料电池电动汽车的氢燃料是以压缩H_2为主,车体的载运量因而受限,每次充填量仅约2.5～3.5kg,尚不足以满足现今汽车单程可跑650～1000km的续航能力。以-253℃保持氢的液态氢系统虽已测试成功,但却有重大的缺陷:约有1/3的电能必须用来维持槽体的低温,使氢维持于液态,且从隙缝蒸发而流失的氢气约为总存量的5%。

(5)氢燃料基础建设不足:氢气在工业界虽已使用多年且具经济规模,但全世界加氢站依旧很有限,仍处于推广阶段。此外,加气时间颇长,约需时5min,尚跟不上工商时代的步伐。

知识拓展

氢燃料电池发展现状

氢燃料电池应用的快速推广与国家政策的扶持密不可分。2020年,国家五部委印发《关于开展燃料电池电动汽车示范应用工作的通知》,初步形成京津冀、上海、广东、河北、河南等五大燃料电池电动汽车政策支持示范城市群。据统计,截至目前,全国已有20多个省区市发布氢能规划和指导意见等政策文件。氢能和燃料电池电动汽车发展呈现星火燎原之势。

国家发展改革委等十部委联合印发了《绿色低碳转型产业指导目录(2024年版)》。设置了氢能"制储输用"全链条装备制造、氢能基础设施建设和运营两大类。将氢能利用设施改为了氢能基础设施,并且范围也显著扩大。

《北京市氢燃料电池电动汽车车用加氢站发展规划(2021—2025年)》正式发布。规划提出,2025年前力争实现氢燃料电池电动汽车累计推广量突破1万辆。上海也于近期公布计划称,到2025年要实现燃料电池电动汽车保有量突破1万辆。公开数据显示,目前我国氢燃料电池电动汽车保有量刚刚破万。未来,我国氢燃料电池电动汽车发展将驶入快车道。

2024年1—8月,新能源汽车产销分别完成700.8万辆和703.7万辆,同比分别增长8.7%和9.7%,新能源汽车新车销量达到汽车新车总销量的37.5%。其中,燃料电池电动汽车产销量均完成0.4万辆,同比分别增长42%和37.4%。

2024年9月10日,中国汽车工业协会公布国内汽车产销数据,8月,国内新能源汽车产销量分别完成109.2万辆和110万辆,同比分别增长29.6%和30%,新能源汽车新车销量达到汽车新车总销量的44.8%。其中,燃料电池电动汽车产燃料电池电动汽车产销均完成1000辆,同比分别增长417.6%和216.9%。

2024年3月13日,国务院正式印发《推动大规模设备更新和消费品以旧换新行动方案》。在氢能方面的设备更新,主要在交通运输设备上,主要是氢能绿色航空设备和绿色甲醇动力等新能源船舶。尤其是氢能绿色航空设备,这个是首次提出。虽然氢能行业有做氢能无人机的应用,包括中国商飞、空客、波音、川崎重工、罗尔斯—罗伊斯等企业也不断在探索氢动力飞机,但行业大多企业还没将业务重心放在这领域。目前来看,氢能在航空装备上的应用,至少有氢能动力装备包括航空氢燃料发动机,航空氢燃料电池发动机。特别是低空产业,这次也作为"增长新引擎"写进政府工作报告。有了政策支持和鼓励,有望带动氢能技术在航空领域的应用。在储运上,液氢技术和装备也有望受带动,迎来发展机遇。此外作为航空燃料,绿氢制氢绿色航煤也有望迎来发展。

任务考核

学生在完成燃料电池的工作原理及应用学习任务后,由教师按照任务考核表3-3-2所列内容进行考核。

燃料电池的工作原理及应用任务考核表　　表 3-3-2

题型	考核题目(每题 10 分)	得分
判断题	1. 燃料电池是将燃料与氧化剂的化学能通过电化学反应直接转换成电能的发电装置。(　　)	
	2. 碱性燃料电池技术近期发展迅速,采用较薄高分子隔膜作电解质,具有很高的比功率,而且工作温度较低。(　　)	
	3. PAFC 和 PEMFC 的隔板均由碳材料组成。(　　)	
	4. 燃料电池可架构于输配电网之上作为备用电力,也可独立于电力网之外。(　　)	
	5. 燃料电池的优势主要是价格和技术上存在一些瓶颈。(　　)	
选择题	1. (　　)是世界上最多的化学元素,氢气来源极其广泛并且是可再生资源,所以用氢气作为“燃料”似乎最合适不过。 A. 氢　B. 氧　C. 氮　D. 氯	
	2. 为了提高燃料电池的实际工作电流密度与降低极化作用,故发展出(　　)结构的电极,以增加参与反应的电极表面积。 A. 多层　B. 多孔　C. 多面　D. 多维	
	3. PAFC 的电解质为浓磷酸水溶液,而 PEMFC 电解质为质子导电性(　　)系的膜。 A. 金属　B. 聚合物　C. 陶瓷　D. 非金属	
	4. 利用自然界的太阳能及风力等可再生能源提供的电力,可用来将水电解产生氢气,再供给至燃料电池,如此亦可将(　　)看成是未经转化的燃料,实现完全零排放的能源系统。 A. 水　B. 汽油　C. 煤油　D. 洗涤剂	
	5. 燃料电池电动汽车的氢燃料是以压缩 H_2 为主,车体的载运量因而受限,每次充填量仅约(　　)kg,尚不足以满足现今汽车单程可跑 650 ~ 1000km 的续航能力。 A. 1.5 ~ 2.5　B. 2.5 ~ 3.5　C. 3.5 ~ 4.5　D. 4.5 ~ 5.5	
总分		
教师评语:		

任务小结

在完成该任务的学习后,请对照本任务的学习目标,完成学习情况诊断。

本任务的学习目标回顾:____

____

我的任务目标达成情况:____

____

我今后的努力方向或改进方法:__________________________________

____

任务四　太阳能电池的工作原理

任务描述

太阳能是资源丰富的可再生的清洁能源，在汽车污染日益严重的今天，太阳能电池是新能源汽车的一个发展方向，目前太阳能电池在商用车上已经得到初步应用。太阳能电池将光能转化成电能，辅助蓄电池对车身电器供电，实现真正意义上的零污染。那么你知道太阳能电池的原理吗？

知识准备

请预习后面的内容，完成下列填空题。

(1)太阳能电池是通过光电效应或者光化学效应直接把__________转化成__________的装置。

(2)按照基体材料分__________和__________太阳能电池。

(3)光照射到 P-N 结上时，产生电子空穴对，在半导体内部 P-N 结附近生成的载流子没有被复合而到达空间电荷区，受内部电场的吸引，__________流入 N 区，__________流入 P 区，结果使 N 区储存了过剩的电子，P 区有过剩的空穴。它们在 P-N 结附近形成与势垒方向相反的光生电场。光生电场除了部分抵消势垒电场的作用外，还使 P 区带__________，N 区带__________，在 N 区和 P 区之间的薄层就产生电动势，这就是光生伏特效应。

一、太阳能电池概述

其他类型蓄电池

太阳能电池，是一种利用太阳光直接发电的光电半导体薄片，又称为“太阳能芯片”或“光电池”，它只要被满足一定照度条件的光照度，瞬间就可输出电压及在有回路的情况下产生电流。在物理学上称为太阳能光伏，简称光伏。

太阳能电池是通过光电效应或者光化学效应直接把光能转化成电能的装置。

二、太阳能电池分类

1. 按照基体材料分

1)硅太阳能电池

硅太阳能电池包括单晶硅太阳能电池、多晶硅太阳能电池、非晶硅太阳能电池、微晶硅太阳能电池、HIT 电池、双面太阳能电池。

(1)单晶硅太阳能电池。

利用单晶硅片作为基地来制造的太阳能电池。发展最早，技术最成熟，性能最稳定，转换效率最高。

(2)多晶硅太阳能电池。

在制作多晶硅太阳能电池时,作为原料的高纯硅不是拉成单晶,而是融化后浇铸成正方形的硅锭,然后使用切割机切成薄片,再加工成电池。

(3)非晶硅太阳能电池。

非晶硅太阳能电池一般是用高频辉光放电等方法使硅烷气体分解沉积而成的。

(4)微晶硅太阳能电池。

为了获得具有高效率、高稳定型的硅基薄膜太阳能电池,近年来又出现了微晶薄膜硅太阳能电池。现在已投入实际应用的是以非晶硅太阳能电池为顶层、微晶硅太阳能电池为底层的叠层太阳能电池。

(5)HIT电池。

采用HIT结构的硅太阳能电池,所谓HIT结构就是在晶体硅片上沉积一层非掺杂氢化非晶硅薄膜和一层与晶体硅掺杂种类相反的掺杂氢化非晶硅薄膜,采取该工艺措施后,改善了PN结的性能。

(6)双面太阳能电池。

在有些特殊应用场合,不同的时刻,太阳光可能先后或同时从前、后面照到太阳能电池板,为了充分利用太阳能。由于在阳光照射到背面时,背面产生的载流子需要穿越更长的距离才能到达P-N结,在这个过程载流子容易被复合,所以背面的转换效率要明显低于正面。

2)化合物太阳能电池

化合物太阳能电池是指以化合物半导体材料制成的太阳能电池,目前应用主要有单晶化合物电池和多晶化合物电池这两种。

2. 按照电池结构分

1)同质结太阳能电池

有同一种半导体材料所形成的P-N结称为同质结,用同质结构成的太阳能电池称为同质结太阳能电池。

2)异质结太阳能电池

由两种禁带宽度不同的半导体材料形成的结称为异质结,用异质结构成的太阳能电池称为异质结太阳能电池。

3)肖特基结太阳能电池

利用金属—半导体界面上的肖特基势垒而构成的太阳能电池称为肖特基结太阳能电池,简称MS电池。目前已发展为金属—氧化物—半导体、金属—绝缘体—半导体太阳能电池等。

4)复合结太阳能电池

由两个或多个P-N结构成的太阳能电池称为复合结太阳能电池,又可分为垂直多结太阳能电池盒和水平多结太阳能电池。

三、太阳能电池的工作原理

通常应用的太阳能电池是一种能将光能直接转换成电能的半导体器件。它的基本构造是由半导体的 P-N 结构成。半导体材料的电阻率界于金属与绝缘材料之间的材料。

当把能量加到纯硅中时（比如以热的形式），它会导致几个电子脱离其共价键并离开原子。每有一个电子离开，就会留下一个空穴。然后，这些电子会在晶格周围四处游荡，寻找另一个空穴来安身。这些电子被称为自由载流子，它们可以运载电流。将纯硅与磷原子混合起来，只需很少的能量即可使磷原子（最外层五个电子）的某个“多余”的电子逸出，当利用磷原子掺杂时，得到的硅被称为 N 型，太阳能电池只有一部分是 N 型，如图 3-4-1 所示。另一部分硅掺杂的是硼，硼的最外电子层只有三个而不是四个电子，可得到 P 型硅（图 3-4-2）。在半导体内，由于掺杂的不同，使部分区域是 N 型，另一部分区域是 P 型，它们交界处的结构称为 P-N 结（图 3-4-3）。

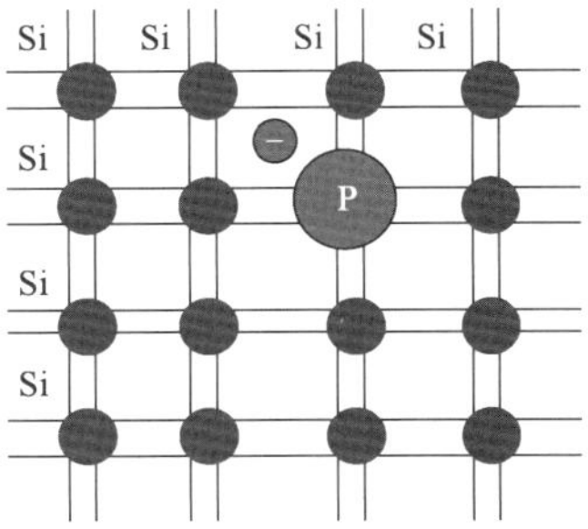

图 3-4-1　N 型

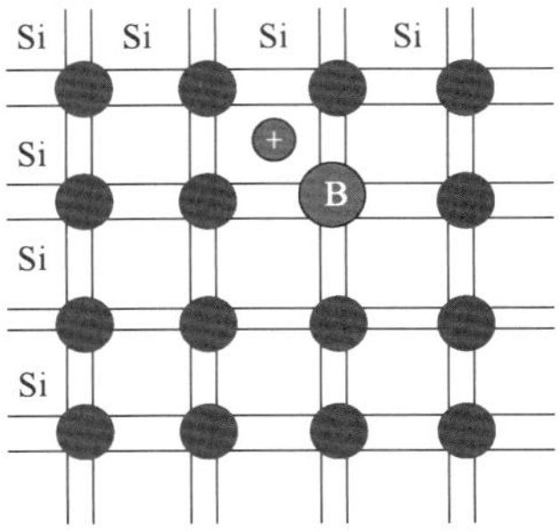

图 3-4-2　P 型

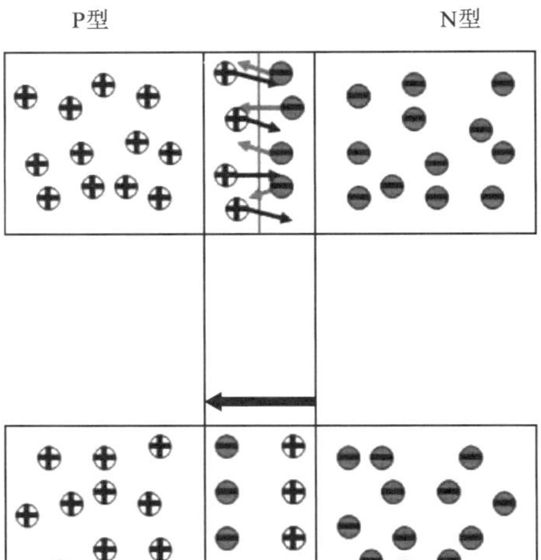

图 3-4-3　P-N 结

太阳能电池工作原理如图 3-4-4 所示，光照射到 P-N 结上时，产生电子空穴对，在半导体内部 P-N 结附近生成的载流子没有被复合而到达空间电荷区，受内部电场的吸引，电子流入 N 区，空穴流入 P 区，结果使 N 区储存了过剩的电子，P 区有过剩的空穴。它们在 P-N 结附近形成与势垒方向相反的光生电场。光生电场除了部分抵消势垒电场的作用外，还使 P 区带正电，N 区带负电，在 N 区和 P 区之间的薄层就产生电动势，这就是光生伏特效应。

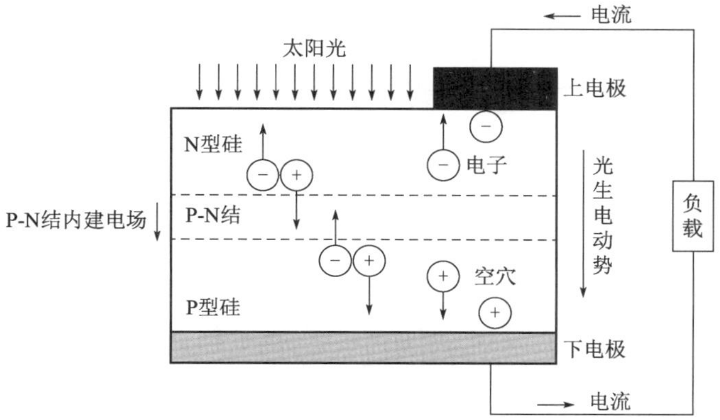

图 3-4-4　太阳能电池工作原理

四、太阳能电池的应用

太阳能电池的应用已从军事领域、航天领域进入工业、商业、农业、通信、家用电器以及公用设施等部门,尤其可以分散到边远地区、高山、沙漠、海岛与农村使用,节省造价很贵的输电线路。

早在 20 世纪 50 年代,光电池就诞生,人们将光电池设置在汽车上,以此来驱动汽车的前进,这就是现阶段太阳能汽车的雏形。与传统的汽车相比,太阳能汽车有着很多显著的优势,能够替代传统的石油,将光能转化为电能。在夜晚,还可以采用低谷电进行充电。太阳能汽车的耗能是非常小的,一般情况下,$3 \sim 4m^2$ 的太阳能电池板就可以满足太阳能汽车的行驶需求,燃油汽车的行驶会遵循卡诺循环规律,其热效率并不高,仅仅只有 1/3 的能量应用在推动汽车的行驶上,但是太阳能汽车却不会受到限制,其中 90% 的能量都可以应用在驱动汽车的前进上。

此外,太阳能汽车的行驶是不需要使用电子点火的,踩下加速踏板,汽车就会前进,不需要使用离合器,也不用换挡,防止操作失误引起安全事故,特别适合老年人与妇女群体。此外,太阳能汽车使用了前后独立悬架,制动线可以控制在 7.3m 之内,其中并无离合器、内燃机、散热器、传动轴以及变速器,其结构十分的简单,车身小巧,使用灵活,停车方便,维护的费用非常低廉。

最早研制太阳能汽车的国家是墨西哥。这种汽车外形像一辆三轮摩托车,在太阳的照射下,太阳能电池供给汽车电能,使汽车起动和行驶。当时这种汽车的时速为 40km/h,但每天获得电能只能行驶 40min,实用价值不大。要提高太阳能汽车的水平,就必须提高光电能量的转换效率。目前国际上光电转化效率最高水平为 21.2%。

当前,日本、德国、美国、法国等国家都已经研制出了太阳能汽车。美国和澳大利亚等国家每年都要举办太阳能汽车比赛,借以交流和展示实力。世界太阳能汽车挑战赛由丹麦人托尔斯楚普于 1987 年创办,每 3 年在澳大利亚举行一次。托尔斯楚普本人酷爱冒险运动,曾经驾驶世界上第一辆太阳能汽车从悉尼出发,用 20 天的时间横穿澳大利亚大陆,抵达古澳迪珀斯,全程4052km。正是这次成功探险，促使托尔斯楚普下决心创办太阳能汽车赛，旨在提高全球在利用太阳能作为未来交通工具替代能源方面的研究和开发。

首届比赛有7个国家的25辆太阳能汽车参加。最终由美国通用汽车公司研制的一辆造型类似飞机、名为“太阳光线追逐者”的汽车跑完3200km的赛程后，夺得了冠军。十几年来，这项比赛的影响日益扩大，受到了世界各大汽车制造商的重视，并被全球从事汽车研制的专家称为“脑力的较量”。如今太阳能汽车技术取得了长足进展，太阳能电动汽车的续驶里程达到了190km，可以基本满足日常生活中人们对汽车交通的要求。

我国于1984年制造出了“太阳号”的首辆太阳能试验车。该车曾经开进中南海的勤政殿，为中央领导进行表演。1996年11月，由江苏连云港海浪太阳能研究所研制成功的BS96352太阳能电动轿车在南京通过了鉴定。该车在桑塔纳轿车底盘和车身的基础上，通过改善其内在动力，使其行驶系统电器化，零污染率。这辆被命名为“中国一号”的太阳能汽车一次充电可以行驶80～88km，填补了“采用太阳能作为电动中级轿车辅助电源”先进技术的国内空白。太阳能汽车非常适合于未来发展，拥有非常大的市场潜力，特别适用于环境污染日益加重的大中城市的公共交通车辆或出租用车。

知识拓展

如何提高太阳能电池的转化效率

太阳能电池板的转化效率是指其将光能转换为电能的能力，是评估太阳能电池板性能的重要指标。以下是对太阳能电池板转化效率的详细解析。

1. 定义与计算方法

定义：太阳能电池板的转化效率是指太阳能电池板在接收一定光照条件下，将光能转换为电能的比例。

计算方法：太阳能电池板的转化效率可以通过以下公式计算：转化效率(%)＝太阳能电池板最大输出电功率÷照射在这块太阳能电池板上的太阳光光照功率×100%。这个测定通常限于某个纬度(一般在赤道和回归线之间)的正午无云的阳光垂直照射下。

2. 目前市场情况

目前市场上大多数太阳能电池板的转化效率在10%左右，但也有少数高效太阳能电池板能达到20%甚至更高。然而，要达到40%～50%的转化效率，仍然是当前技术面临的挑战。

提高太阳能转化效率具有重要意义，包括提高能源资源利用率、减少能源浪费，降低太阳能发电成本，提高太阳能在能源市场的竞争力，以及减少碳排放，减缓气候变化。因此，提高太阳能转换效率是一项重要的科技任务。那么，你知道哪些方法可以提高太阳能电池板的转化效率吗？

任务考核

学生在完成太阳能电池的工作原理学习任务后,由教师按照任务考核表 3-4-1 所列内容进行考核。

太阳能电池的工作原理任务考核表　　表 3-4-1

题型	考核题目(每题 10 分)	得分
判断题	1. 太阳能电池只能利用太阳光发电,无法在其他光源下工作。 ( )	
	2. 单晶硅太阳能电池的技术最成熟,性能最稳定,转换效率最高。 ( )	
	3. 化合物太阳能电池只能由单晶化合物电池构成。 ( )	
	4. 太阳能电池的工作原理是基于光电效应或光化学效应。 ( )	
	5. 背面照射时,太阳能电池的转换效率与正面照射时相同。 ( )	
选择题	1. 下列哪种太阳能电池不是按照基体材料分类的?( ) A. 单晶硅太阳能电池　B. 多晶硅太阳能电池 C. 肖特基结太阳能电池　D. 化合物太阳能电池	
	2. 太阳能电池中,哪种电池是利用金属—半导体界面上的肖特基势垒构成的?( ) A. 同质结太阳能电池　B. 异质结太阳能电池 C. 肖特基结太阳能电池　D. 复合结太阳能电池	
	3. 下列关于太阳能电池的说法中,哪一项是不正确的?( ) A. 太阳能电池是一种光电半导体薄片 B. 太阳能电池只能将光能转化为电能 C. 太阳能电池的工作原理基于光电效应或光化学效应 D. 太阳能电池有广泛的应用前景	
	4. 关于太阳能电池中的 P 型和 N 型硅,下列说法哪项是正确的?( ) A. P 型硅是掺杂了磷原子的硅 B. N 型硅是掺杂了硼原子的硅 C. P 型硅和 N 型硅是通过不同元素掺杂形成的,且具有不同的导电性质 D. P 型硅和 N 型硅的导电性质相同	
	5. 关于太阳能电池的效率,下列说法哪项是正确的?( ) A. 所有类型的太阳能电池效率都相同 B. 太阳能电池的效率随着光照强度的增加而无限增加 C. 不同类型的太阳能电池效率不同,且受多种因素影响 D. 太阳能电池的效率只与太阳能电池的材料有关,与其他因素无关	
总分		
教师评语:		

任务小结

在完成该任务的学习后,请对照本任务的学习目标,完成学习情况诊断。

本任务的学习目标回顾:______________________________

____

我的任务目标达成情况:______________________________

____

我今后的努力方向或改进方法:______________________________

____

任务五　超级电容的工作原理

任务描述

近几年来超级电容是发展比较迅速的一种新型储能装置，广泛应用在新能源汽车上。认识超级电容特性及充放电过程，学习超级电容的储能原理。

知识准备

请预习后面的内容，完成下列填空题。

（1）__________又名电化学电容、双电层电容器、黄金电容、法拉电容，是从20世纪70年代发展起来的通过极化电解质来__________的一种电化学元件。

（2）超级电容器由__________、集流体、__________、电解液等组成。

（3）超级电容按工作原理分为__________超级电容器和赝电容型超级电容器。

（4）超级电容在充电时电解液的正负离子聚集在电极材料与电解液的界面双层，以补偿电极表面的__________。尤其是在充电强制形成离子双层时，会有更多带相反电荷的离子积累在正负极界面双层，同时产生相当高的电场，从而实现能量的存储。

一、超级电容定义

超级电容，又名电化学电容、双电层电容器、黄金电容、法拉电容，是从20世纪70年代发展起来的通过极化电解质来储能的一种电化学元件。

它不同于传统的化学电源，是一种介于传统电容器与电池之间、具有特殊性能的电源，主要依靠双电层和氧化还原赝电容电荷储存电能。但在其储能的过程并不发生化学反应，这种储能过程是可逆的，也正因如此超级电容器可以反复充放电数十万次。

二、超级电容的结构组成

超级电容器由多孔电极材料、集流体、多孔性电池隔膜、电解液等组成，如图3-5-1所示。

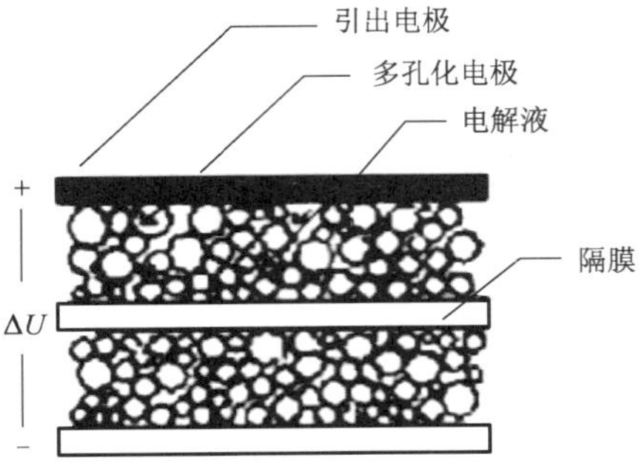

图 3-5-1　超级电容结构

三、超级电容的分类

1. 按结构形式分

按结构形式分为柱状电容器和叠层式电容器。柱状电容器，即把基片卷绕起来装进圆形金属外壳内，这种电容器适用于低电压大电流充放电的情况；叠层式电容器，即将电极基片叠起来，组装在塑料或金属壳内，这种电容器用在高电压小电流充放电的情况下比较合适。

2. 按工作原理分

按工作原理分为双电层型超级电容器和赝电容型超级电容器。双电层型超级电容器是通过电极表面吸附电荷进行储能；赝电容型超级电容器是通过活性电极材料与电解液间的快速氧化还原反应进行储能。

3. 按电解质材料不同分

1）水性电解质超级电容器

水性电解质超级电容器即某些物质的水溶液，分为：酸性电解质、碱性电解质和中性电解质。

（1）酸性电解质，多采用 36% H_2SO_4 水溶液作为电解质；

（2）碱性电解质，通常采用 KOH、NaOH 等强碱作为电解质，水作为溶剂；

（3）中性电解质，通常采用 KCl、NaCl 等盐作为电解质，水作为溶剂。

2）有机电解质超级电容器

有机电解质超级电容器以其工作电压高（2.3 ~ 2.5V），能量密度高。常用的溶剂包括乙腈和聚碳酸酯等，电解质盐包括四氟硼酸四乙基铵盐和四氟硼酸三乙基甲基铵盐等。

四、双电层超级电容的工作原理

外加电压加到超级电容器的两个极板上时，与普通电容器一样，极板的正电极存储正电荷,负极板存储负电荷,在超级电容器的两极板上电荷的电场作用下,在电解液与电极间的界面上形成相反的电荷,以平衡电解液的内电场。这种正电荷与负电荷在两个不同向之间的接触面上,以正负电极之间极短间隙排列在相反的位置上,此电荷分布层叫作双电层,如图 3-5-2 所示。

双电层超级电容工作原理如图 3-5-3 所示,当两极板间电势低于电解液的氧化还原电极电位时,电解液界面上电荷不会脱离电解液。随着超级电容器放电,正、负极板上的电荷被外电路泄放,电解液界面上的电荷相应减少。

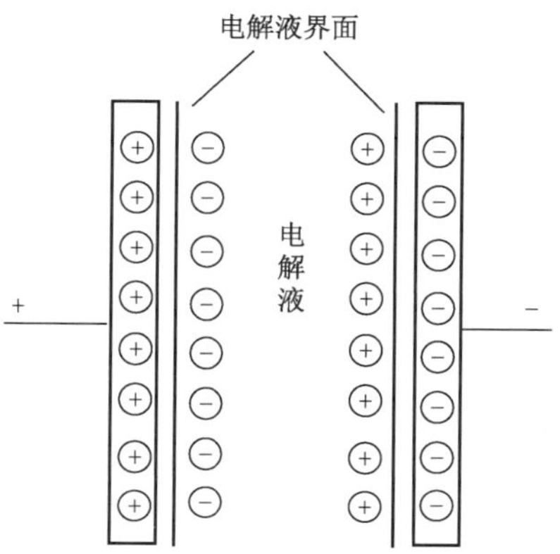

图 3-5-2　双电层超级电容结构

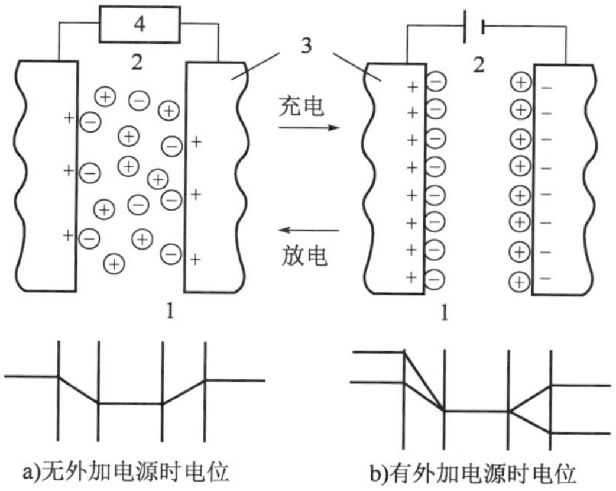

图 3-5-3　双电层超级电容工作原理

1-双电层;2-电解液;3-电极;4-负载

充电时电解液的正负离子聚集在电极材料与电解液的界面双层,以补偿电极表面的电子。尤其是在充电强制形成离子双层时,会有更多带相反电荷的离子积累在正负极界面双层,同时产生相当高的电场,从而实现能量的存储。

放电时,随着两极板间的电位差降低,正负离子电荷返回到电解液中,电子流入外电路的负载,从而实现能量的释放。

五、超级电容的特点

(1)输出功率密度高。超级电容器的内阻很小,输出功率密度高达数千瓦每千克。是一般蓄电池的数十倍。

(2)极长的充放电循环寿命。充放电过程中没有电化学反应。超级电容器循环寿命可达上万次。

(3)非常短的充电时间。完全充电时间只要 10 ~ 12min。

(4)储存寿命极长。理论上超级电容器的储存寿命几乎可以认为是无限的。

(5)能量密度低。这一缺陷制约了超级电容的应用。

六、超级电容在汽车上的应用

1. 储能

超级电容在新能源汽车上的应用：充电快、耐充电、能量转换效率高，同时存在高自放电的特性，完全可以作为新能源汽车的储能装置。其中最为丰硕的领域当属新能源客车，宇通、金龙、金旅、海格、中车等知名企业纷纷将超级电容成功应用于新能源客车。在新能源客车领域，超级电容器最为广泛的应用是城市混合动力客车制动能量回收系统。由超级电容器模块组成的制动能量回收系统能够吸收并存储车辆在制动时产生的全部动能，当客车起动或加速时将这些能量释放出来，从而使车辆节省油耗，减少废气排放。

超级电容器纯电动汽车每隔 3 ~5km 就会在指定的充电站（兼具公交车站的功能）进行充电，只需几分钟，位于公交车座位下的超级电容器就可以完成充电。超级电容器公交车也可以从制动系统中获取能量，这类公交车使用的电力比无轨电车少 40%，能耗仅为燃油车的 1/3。

混合动力电动汽车采用多能源系统提供动力，以燃油发动机作为主要动力，以二次电源作为辅助动力。混合动力电动汽车最大的优点就是在加速期间或爬坡时，要从由电池和超级电容组成的能量储存系统吸取电力，当车辆的动力需求较低时，该能量储存系统被充电。这样不仅增加了能量效率，而且车辆还可以通过再生制动回收车辆制动能量。

2. 车辆低温起动

超级电容器与蓄电池并联应用可以提高汽车的低温起动性能。提高汽车在冷天的起动性能（更高的起动转矩）。在 -20℃环境时，由于蓄电池的性能大大下降，很可能不能正常起动或需多次起动才能成功，而超级电容器可以在 -40C 与蓄电池并联使用时则仅需一次点火，就可以使汽车顺利起动，其低温优点非常明显。

3. 轨道车辆能量回收

在城市轨道交通工程中，车辆的制动方式为电制动（再生制动）加压缩空气制动，运行中以电制动为主，压缩空气制动为辅。超级电容器应用于轨道车辆中，在轨道车辆制动的时候，回收制动能量，存储于超级电容器中，当车辆再加速时，超级电容器将这些能量释放出来，节省了 30% 的运行能量。

知识拓展

如何提高超级电容储存电荷能力，增加续驶里程

近年来，随着全球能源结构的调整和可再生能源技术的快速发展，储能技术的市场需求持续增长。超级电容器作为一种高性能储能设备，将在未来市场中占据重要地位。预计未来几年内，超级电容器市场规模将继续保持高速增长。发改委发布的“十四五”新型储能发展实施方案中，兆瓦级超级电容是新型储能核心技术攻关重点，提高超级电容储存电荷能力至关重要。

专栏 3-5-1　“十四五”新型储能核心技术装备攻关重点方向

——多元化技术：百兆瓦级压缩空气储能关键技术，百兆瓦级高安全性、低成本、长寿命锂离子蓄电池储能技术，百兆瓦级液流电池技术，钠离子电池、固态锂离子蓄电池技术，高性能铅炭电池技术，兆瓦级超级电容器，液态金属电池、金属空气电池，氢（氨）储能，热（冷）储能等。

——全过程安全技术：储能电池智能传感技术，储能电池热失控阻隔技术，电池本质安全控制技术，基于大数据的故障诊断和预警技术，清洁高效灭火技术；储能电池循环寿命预测技术，可修复再生的新型电池技术，电池剩余价值评估技术。

——智慧调控技术：规模化储能与常规电源联合优化运行技术，规模化储能电网主动支撑控制技术；分布式储能设施聚合互动调控技术，分布式储能与分布式电源协同控制技术，区域能源调配管理技术。

为了提高超级电容储存电荷能力，我们来了解一下电容的计算公式。其电容（C）可以通过以下公式来计算：

$$C = \frac{\varepsilon A}{d}$$

式中：C——电容量（F）；

ε——电介质的介电常数（F）；

A——电极表面积（m^2）；

d——电容器间隙的距离（m）。

这个公式是电容学中最基本的公式之一，它表明电容的大小与极板面积成正比，与极板间的距离成反比，同时与填充材料的性质（即相对介电常数）有关。

请注意，对于其他类型的电容器（如球形电容器、圆柱形电容器等），其电容的计算公式将有所不同，但基本思路相似，即电容与几何形状、介质性质及尺寸有关。此外，对于包含多个电容器的复杂电路，可能还需要使用电容器的串联和并联规则来计算整体电容量。

通过学习，你知道我们可以有哪些方法提高超级电容器储存电荷的能力吗？

任务考核

学生在完成超级电容的工作原理学习任务后，由教师按照任务考核表 3-5-1 所列内容进行考核。

超级电容的工作原理任务考核表　　表 3-5-1

题型	考核题目（每题 10 分）	得分
判断题	1. 超级电容器是一种介于传统电容器和充电电池之间的新型储能装置，具有较大的容量、比能量或能力密度，较宽的工作温度范围和极长的使用寿命。（　）	
	2. 超级电容的储能过程是不可逆的。（　）	
	3. 超级电容的充电时间通常很长。（　）	

续上表

题型	考核题目(每题10分)	得分
判断题	4. 超级电容的储存寿命是无限的。 ( )	
	5. 超级电容器的容量是指电容器存储的容量,单位为法拉(F)。 ( )	
选择题	1. 下列不属于超级电容组成部分的是:( )。 A. 隔膜 B. 电解液 C. 电极 D. PN 结	
	2. 超级电容器与传统电容器相比,其储能能力( )。 A. 远低于传统电容器 B. 与传统电容器相当 C. 远高于传统电容器 D. 无法比较	
	3. 下面不属于超级电容器特点的是:( )。 A. 输出功率密度高 B. 非常短的充电时间 C. 储存寿命极短 D. 极长的充放电循环寿命	
	4. 水性电解质超级电容器即某些物质的水溶液,分为:酸性电解质、碱性电解质和( )。 A. 有机电解质 B. 中性电解质 C. 酸碱电解质 D. 以上选项都正确	
	5. 下列哪项是超级电容在汽车应用中的一个主要限制?( ) A. 输出功率密度低 B. 充放电循环寿命短 C. 能量密度低 D. 充电时间长	
总分		
教师评语:		

任务小结

在完成该任务的学习后,请对照本任务的学习目标,完成学习情况诊断。

本任务的学习目标回顾:______________________________

____

我的任务目标达成情况:______________________________

____

我今后的努力方向或改进方法:__________________________

____

项目四

动力蓄电池系统的使用

项目概述

蓄电池管理系统(Battery Management System,BMS)是用来对蓄电池组进行安全监控及有效管理,提高蓄电池使用效率和使用寿命的装置。对于新能源汽车而言,通过该系统对蓄电池组充、放电的有效控制,可以达到增加续驶里程,延长使用寿命,降低运行成本的目的,并保证动力蓄电池组应用的安全性和可靠性。如何正确使用动力蓄电池管理系统,已经成为新能源汽车车主或技术人员必须掌握的技能。本项目将重点介绍动力蓄电池管理系统的构成、功能和工作原理,以及如何正确地使用动力蓄电池。

本项目主要学习新能源汽车的动力蓄电池管理系统,分为以下内容:

任务一　动力蓄电池管理系统功能认知

任务二　动力蓄电池热管理功能测试

任务三　动力蓄电池电量管理功能测试

学习目标

知识目标:

(1)能够描述动力蓄电池管理系统具备的功能;

(2)能够描述蓄电池状态计算所包括的内容;

(3)能够描述蓄电池管理系统所采集的参数;

(4)能够口述参数的具体采集方法。

技能目标:

(1)能够在新能源汽车上识别蓄电池管理系统高低压部件;

(2)能够判断蓄电池管理系统的性能。

素质目标:

(1)培养一丝不苟、严肃认真的工作态度和工作作风;

(2)关注国家新能源事业,关注国产蓄电池的发展;

(3)提高学生安全意识,对新能源汽车进行操作时,做好自我防护。

任务一　动力蓄电池管理系统功能认知

任务描述

新能源汽车维修师傅小张的朋友，最近想购买一辆新能源汽车，询问小张哪个品牌的新能源汽车性能更好，哪个品牌的新能源汽车动力蓄电池有更高的续驶里程，如果你是小张，你怎么向朋友介绍？

知识准备

请预习后面的内容，完成下列填空题。

(1)早期动力蓄电池管理系统仅能实现为__________、__________和温度的采集。

(2)动力蓄电池状态的计算包括__________、__________两方面。

(3)蓄电池能量管理主要以__________、__________、温度、__________和 SOH 为输入进行充电过程控制。

(4)单体蓄电池电压采集方法包括：__________、__________、__________和压/频转换电路采集法四种。

(5)常用的蓄电池电流检测方式有__________、__________、霍尔元件电流传感器和__________等 4 种。

一、蓄电池管理系统的功能

早期的蓄电池管理系统仅仅进行蓄电池一次测量参数(电压、电流、温度等)的采集，之后发展到二次参数(SOC、SOH、内阻)的测量和预测，并根据极端参数进行蓄电池状态预警等。现阶段，蓄电池管理系统除完成数据测量和预警功能外，还通过数据总线直接参与车辆状态的控制。

在功能上，蓄电池能量管理系统主要包括：数据采集、蓄电池状态计算、能量管理、安全管理、热管理、均衡控制、通信功能和人机接口。图 4-1-1 为蓄电池管理系统功能示意。

1. 数据采集

蓄电池管理系统的所有算法都是以采集动力蓄电池数据作为输入，采样速率、精度和前置滤波特性是影响蓄电池管理系统性能的重要指标。蓄电池管理系统实时准确地采集动力蓄电池总电压、总电流及单体蓄电池的电压和温度等信息，是动力蓄电池管理系统中重要的功能之一，其采集精度和速率代表了蓄电池管理系统的优劣。

蓄电池管理系统功能及原理

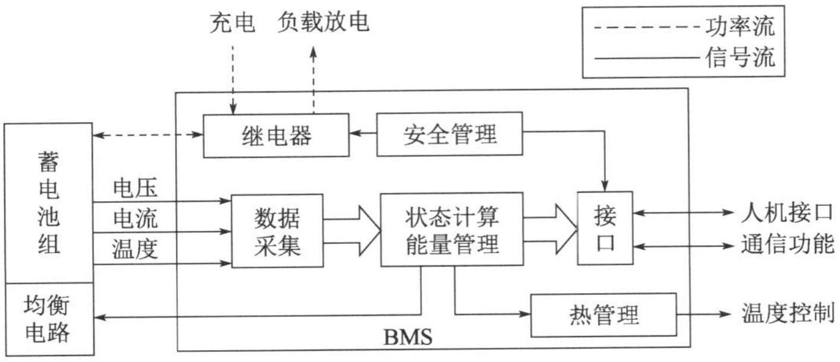

图 4-1-1　蓄电池管理系统功能示意

(1)单体蓄电池电压采集。采集单体蓄电池电压是蓄电池管理系统控制策略中的重要因素之一,要求采集精度在 3mV 以内。

(2)单体蓄电池温度信息采集。动力蓄电池的性能受单体蓄电池的温度影响较大,当单体蓄电池温度过高或过低时充、放电会对单体蓄电池的寿命产生直接的影响,对于单体蓄电池温度的精度要求一般在 1℃以内。

(3)动力蓄电池总电压采集。动力蓄电池总电压分为箱内电压和箱外电压两路。蓄电池管理系统通过箱内、外电压的比较,来判断是否完成预充电过程。动力蓄电池总电压既可直接测量也可通过分压电路采集得到。

(4)电流采集。动力蓄电池充、放电电流的采集对于评估动力蓄电池的荷电状态 SOC 及充、放电保护有重要的意义。在硬件电路设计中多采用霍尔式电流传感器或分流器采集电流,精度要求在 1%。为了保证测量精度,通常采用两路电流传感器来互相校正。

2. 蓄电池状态计算

蓄电池状态计算包括蓄电池组荷电状态(State of Charge,SOC)和蓄电池组健康状态(State of Health,SOH)两方面。SOC 用来提示动力蓄电池组剩余电量,是计算和估计电动汽车续驶里程的基础。SOH 用来提示蓄电池技术状态,预计可用寿命等健康状态的参数。

动力蓄电池荷电状态 SOC 描述动力蓄电池剩余电量的数量,是动力蓄电池使用过程中最重要的参数之一。由于 SOC 受充放电倍率、温度、自放电、老化等因素的影响,使得动力蓄电池在使用过程中表现出高度的非线性,这为准确估计 SOC 带来很大难度。到目前为止,虽然新的 SOC 估计方法不断出现,但新能源汽车动力蓄电池 SOC 的精确估计问题一直没有得到彻底解决。另外,新能源汽车使用的都是动力蓄电池,如何定义一致性不好的蓄电池模组或单体蓄电池的 SOC 仍然是一个课题。实际使用过程中常用的方法是将蓄电池模组等效为一个蓄电池单体。为了确保动力蓄电池的安全性,常使用能力最差单体蓄电池的 SOC 来定义蓄电池组的 SOC。

3. 能量管理

能量管理主要包括以电流、电压、温度、SOC 和 SOH 为输入进行充电过程控制,以 SOC、SOH 和温度等参数为条件,对蓄电池进行充、放电功率的控制。

4. 安全管理

监视蓄电池电压、电流、温度是否超过正常范围,防止蓄电池组过充、过放。现在,在对蓄电池组进行整组监控的同时,多数蓄电池管理系统已经发展到对极端单体蓄电池进行过充电、过放电、过热等安全状态管理。

5. 热管理

在蓄电池工作温度超高时进行冷却,低于适宜工作温度下限时进行蓄电池加热,使蓄电池处于适宜的工作温度范围内,并在蓄电池工作过程中总保持蓄电池单体间温度均衡。对于大功率放电和高温条件下使用的蓄电池,蓄电池的热管理尤为必要。

6. 均衡控制

由于蓄电池的一致性差异导致蓄电池组的工作状态是由最差单体蓄电池决定的。在蓄电池组各个单体蓄电池之间设置均衡电路,实施均衡控制是为了使各单体蓄电池充放电的工作情况尽量一致,提高整体蓄电池组的工作性能。

当多节单体蓄电池组成蓄电池模组时,由于单体蓄电池的不一致性,必须进行均衡处理来使动力蓄电池内各单体蓄电池的压差较小,以更好地延长动力蓄电池的使用寿命。目前,单体蓄电池均衡分为主动均衡和被动均衡两种方式。主动均衡是将能量高的单体蓄电池能量转移到能量低的单体蓄电池中,这是一种无损的均衡方式。被动均衡是通过在每一节单体蓄电池正、负极端并联一个可控电阻,在需要时把多余的能量消耗掉。目前主动均衡方式应用不广,国内厂商多采用被动均衡方式。

7. 通信功能

通过蓄电池管理系统实现电池参数和信息与车载设备或非车载设备的通信,为充放电控制、整车控制提供数据依据是蓄电池管理系统的重要功能之一,根据应用需要,数据交换可采用不同的通信接口,如模拟信号、PWM(脉宽调制)信号、CAN 总线或 IC(集成电路)串行接口。

在动力蓄电池的使用过程中,需按照要求将单体蓄电池电压、温度、电流和 SOC、SOH 等动力蓄电池运行的相关状态信息进行上报。对于使用多个单体蓄电池串、并联组成的动力蓄电池来说,这种上报的信息包含两个方面。一方面是上报信息到动力蓄电池管理系统之外,如整车控制器和驱动电机控制系统,为其提供所需要的数据;同时接收该系统所提供的信息,为制定合理的动力蓄电池管理方案提供依据。另一方面是各蓄电池模组之间的信息数据交换,为此制定通信方式和协议,实时了解单体蓄电池容量和性能、保证单体蓄电池安全可靠运行是蓄电池管理系统中一个关键的问题。

一般动力蓄电池管理系统厂商会选用 CAN-BUS 总线的通信方式,实现与整车或其他模块进行数据交换。

8. 人机接口

根据设计的需要设置显示信息以及控制按键、旋钮等。蓄电池管理系统的主要工作原理可简单归纳为,数据采集电路采集蓄电池状态信息数据后,由电子控制单元(ECU)进行数据处理和分析,然后蓄电池管理系统根据分析结果对系统内的相关功能模块发出控制指令,并向外界传递参数信息。

二、蓄电池管理系统的参数采集

1. 单体蓄电池电压的采集方法

单体蓄电池电压采集是动力蓄电池组管理系统中的重要一环，其性能好坏或精度高低决定了系统对蓄电池状态信息判断的准确程度，并进一步影响了后续的控制策略能否有效实施。常用的单体蓄电池电压检测方法有 4 种：

蓄电池管理控制器高压互锁导通性测量及总成安装

1）继电器阵列法

基于继电器阵列法的单体蓄电池电压采集电路原理，主要由端电压传感器、继电器阵列、A/D 转换芯片、光耦、多路模拟开关等组成。如果需要测量 n 块串联成组单体蓄电池的端电压，就需要将 $n+1$ 根导线引入蓄电池组中各节点。当测量第 m 块单体蓄电池的端电压时，单片机发出相应的控制信号，通过多路模拟开关、光耦合继电器驱动电路选通相应的继电器，将第 m 和 $m+1$ 根导线引入到 A/D 转换芯片。通常开关器件的电阻都比较小，配合分压电路之后由于开关器件的电阻所引起的误差几乎可以忽略不算，而且整个电路结构简单，只有分压电阻和模数转换芯片还有电压基准的精度能够影响最终结果的精度，通常电阻和芯片的误差都可以做得很小。所以，在所需要测量的单体蓄电池电压较高而且对精度要求也高的场合，最适合使用继电器阵列法。

2）恒流源法

恒流源电路进行单体蓄电池电压采集的基本原理是，在不使用转换电阻的前提下，将单体蓄电池端电压转化为与之呈线性变化关系的电流信号，以此提高系统的抗干扰能力。在串联蓄电池组中，由于单体蓄电池端电压也就是蓄电池组相邻两节点间的电压差，故要求恒流源电路具有很好的共模抑制能力，一般在设计过程中多选用集成运算放大器来达到此种目的。

3）隔离放大器采集法

隔离运算放大器是一种能够对模拟信号进行电气隔离的电子元件，广泛用作工业过程控制中的隔离器和各种电源设备中的隔离介质。一般由输入和输出两部分组成，二者单独供电，并以隔离层划分，信号经输入部分调制处理后经过隔离层，再由输出部分解调复现。隔离运算放大器非常适合应用于单体蓄电池电压采集电路中，它能将输入的单体蓄电池端电压信号与电路隔离，从而避免了外界干扰而使系统采集精度提高，可靠性增强。

4）压/频转换电路采集法

当利用压频（V/f）转换电路实现单体蓄电池电压采集功能时，压/频变换器的应用是关键，它是把电压信号转换为频率信号的元件，具有良好的精度、线性度和积分输入等特点。

2. 蓄电池温度采集方法

蓄电池的工作温度不仅影响蓄电池的性能，而且直接关系到新能源汽车使用的安全问题，因此，准确采集温度参数显得尤为重要。采集温度并不难，关键是如何选择合适的温度传感器。目前，使用的温度传感器很多，比如，热电偶、热敏电阻、热敏晶体管、集成温度传感器等。

1)热敏电阻采集法

热敏电阻采集法的原理是利用热敏电阻阻值随温度的变化而变化的特性,用一个定值电阻和热敏电阻串联起来构成一个分压器,从而把温度的高低转化为电压信号,再通过模/数转换得到温度的数字信息。热敏电阻成本低,但线性度不好,而且,制造误差一般也比较大。

2)热电偶采集法

热电偶的作用原理是双金属体在不同温度下会产生不同的热电动势,通过采集这个电动势的值就可以通过查表得到温度的值。由于热电动势的值仅和材料有关,所以热电偶的准确度很高。但是由于热电动势都是毫伏等级的信号,所以需要放大,外部电路比较复杂。一般来说金属的熔点都比较高,所以热电偶一般都用于高温的测量。

3)集成温度传感器采集法

由于温度的测量在日常生产、生活中用得越来越多,所以半导体生产商们都推出了很多集成温度传感器。这些温度传感器虽然很多都是基于热敏电阻式的,但都在生产的过程中进行校正,所以精度可以媲美热电偶,而且直接输出数字量,很适合在数字系统中使用。

3. 蓄电池工作电流采集方法

常用的蓄电池工作电流采集方式有分流器、互感器、霍尔元件电流传感器和光纤传感器等4种,其中,光纤传感器昂贵的价格影响了其在控制领域应用;分流器成本低、频响应好,但使用麻烦,必须接入电流回路;互感器只能用于交流测量;霍尔传感器性能好,使用方便。目前,在新能源汽车动力蓄电池管理系统中电流采集与监测方面应用较多的是分流器和霍尔传感器。

思考

查阅资料,叙述动力蓄电池管理系统应该具备哪些功能。

____

____

____

任务考核

学生在完成动力蓄电池管理系统功能认知的学习任务后,由教师按照任务考核表4-1-1所列内容进行考核。

动力蓄电池管理系统功能认知任务考核表　　表4-1-1

题型	考核题目(每题10分)	得分
判断题	1. 蓄电池管理系统主要包括:数据采集、蓄电池状态计算、能量管理、安全管理、热管理、均衡控制、通信功能和人机接口。　(　)	
	2. 蓄电池状态计算包括电池组荷电状态和电池组健康状态两方面。　(　)	

续上表

题型	考核题目(每题10分)	得分
判断题	3. 蓄电池的热管理是指在蓄电池工作温度超高时进行冷却,低于适宜工作温度下限时进行蓄电池加热,使蓄电池处于适宜的工作温度范围内。( )	
	4. 热敏电阻成本低,但线性度不好,而且,制造误差一般也比较大。( )	
	5. 目前,在新能源汽车动力蓄电池管理系统电流采集与监测方面应用较多的是分流器和霍尔传感器。( )	
选择题	1. 蓄电池管理系统的数据采集具体体现在( )。 A. 单体蓄电池电压采集 B. 单体蓄电池温度信息采集 C. 动力蓄电池总电压采集 D. 蓄电池电流采集	
	2. 单体蓄电池电压检测方法通常有( )。 A. 继电器阵列法 B. 恒流源法 C. 隔离放大器采集法 D. 压/频转换电路采集法	
	3. 常用的电池电流采集方式有( )等4种。 A. 分流器 B. 互感器 C. 霍尔元件电流传感器 D. 光纤传感器	
	4. 用于检测电池温度的传感器通常有( )等几种。 A. 热电偶 B. 热敏电阻 C. 热敏晶体管 D. 集成温度传感器	
	5. 目前国内在新能源汽车领域所谓的三电是指( )。 A. 电机 B. 电池 C. 电控 D. 电脑	
总分		
教师评语:		

任务小结

在完成该任务的学习后,请对照本任务的学习目标,完成学习情况诊断。

本任务的学习目标回顾:________________________

我的任务目标达成情况:________________________

我今后的努力方向或改进方法:________________________

任务二　动力蓄电池热管理功能测试

任务描述

新能源汽车维修师傅小张在维护一辆新能源汽车时，其徒弟指着一根似水管又非水管的管路问小张，这是一根什么管路，在新能源车上起到什么样的作用？如果你是小张，你怎么向你徒弟介绍这一根管路？

知识准备

请预习后面的内容，完成下列填空题。

(1)蓄电池的热传递方式主要有__________、__________和辐射换热3种。

(2)物质与物体直接接触而产生的热传递方式叫__________。

(3)蓄电池组冷却的方法主要有__________、__________、相变材料冷却以及__________等四种。

(4)蓄电池的外部加热主要采用__________加热、__________加热和珀耳贴效应热泵加热。

(5)对动力蓄电池进行绝缘检查的方法有__________、__________、和绝缘电阻表测量法。

一、动力蓄电池热管理系统的功能

由于过高或过低的温度都将直接影响动力蓄电池的使用寿命和性能，并有可能导致动力蓄电池系统出现安全问题，并且电池箱内温度场的长久不均匀分布，将造成各蓄电池模块、单体蓄电池间性能的不均衡，因此，动力蓄电池热管理系统对于新能源汽车动力蓄电池系统而言是必需的。可靠、高效的热管理系统对于新能源汽车的可靠安全应用意义重大。

动力蓄电池热管理系统有以下五项主要功能。

(1)动力蓄电池温度的准确测量和监控。

(2)动力蓄电池温度过高时的有效散热和通风。

(3)低温条件下的快速加热，使动力蓄电池能够正常工作。

(4)有害气体产生时的有效通风。

(5)保证动力蓄电池温度场的均匀分布。

动力蓄电池热管理系统传热介质对热管理系统的性能有很大影响。按照传热介质分类，热管理系统可分为风冷却、液体冷却及相变材料冷却三种方式。风冷却是最简单的方式，只需让空气流过单体蓄电池表面。液体冷却分为直接接触和非直接接触两种方式。矿物油可作为直接接触传热介质,水或者防冻液可作为典型的非直接接触传热介质。液体冷却必须通过水套等换热设施才能对动力蓄电池进行冷却,这在一定程度上降低了换热效率。动力蓄电池壁面和流体介质之间的换热率与流体流动的形态、流速、流体密度和流体热传导率等因素相关。

风冷却方式的主要优点有:结构简单,质量相对较小;没有发生漏液的可能;有害气体产生时能有效通风;成本较低。风冷却方式的缺点在于其与动力蓄电池壁面之间换热系数低,冷却、加热速度慢。

液体冷却方式的主要优点有:与动力蓄电池壁面之间换热系数高,冷却、加热速度快;体积较小。液体冷却方式的主要缺点有:存在漏液的可能;质量相对较大;维修比较复杂;需要水套、换热器等部件,结构相对复杂。

二、蓄电池传热的方式

蓄电池的热传递方式主要有传导换热、对流换热和辐射换热 3 种方式。蓄电池和环境交换的热量也是通过辐射、传导和对流 3 种方式进行。

热辐射主要发生在蓄电池表面,与蓄电池表面材料的性质相关。

热传导是指物质与物体直接接触而产生的热传递。蓄电池内部的电极、电解液、集流体等都是热传导介质,而将蓄电池作为整体,蓄电池与环境界面层的温度和环境热传导性质决定了环境中的热传导。

热对流是指蓄电池表面的热量通过环境介质(一般为流体)的流动交换热量,它也和温差成正比。对于单体蓄电池内部而言,热辐射和热对流的影响很小,热量的传递主要是由热传导决定的。蓄电池自身吸热的大小是与其材料的比热有关,比热越大,散热越多,蓄电池的温升越小。热量将会在蓄电池体内产生热积累,使蓄电池温度升高。

三、动力蓄电池组的冷却

从控制性的角度,热管理系统可以分为主动式、被动式两类。从传热介质的角度,热管理系统又可以分为:空气(风)冷却式热管理、液体冷却式热管理,以及相变蓄热式热管理。

早在 20 世纪 70 年代,就已有文献提出了铅酸动力蓄电池组的热管理问题。动力蓄电池组布置比较紧凑,如果没有合理的冷却措施,将导致蓄电池组局部温度上升,蓄电池组充放电性能下降,部分蓄电池过充或过放电,造成蓄电池使用寿命的缩短。蓄电池组冷却的方法主要有空气冷却、液体冷却、相变材料冷却以及热管冷却。

1. 空气冷却

空气冷却是利用空气作为冷却介质对蓄电池组进行冷却。空气冷却按照冷却系统所采用的结构不同,分为串行冷却和并行冷却,如图 4-2-1 所示。按照是否使用风扇,分为自然和强制两种冷却方式。

图 4-2-1 中 a)是串行式冷却,空气从蓄电池包的一侧吹入,从另一侧吹出,容易造成蓄电

池包内散热不均匀；图4-2-1中b）是并行式冷却，空气从蓄电池包底部吹入，从上部吹出，几乎相同的空气量流过各个单体蓄电池的表面，能够使单体蓄电池散热均匀。在相同条件下，并行冷却比较均匀，蓄电池包中最大值温度差为8℃，采用串行冷却时，虽然蓄电池包的最低温度有所下降，但是蓄电池包中温度差高达18℃。

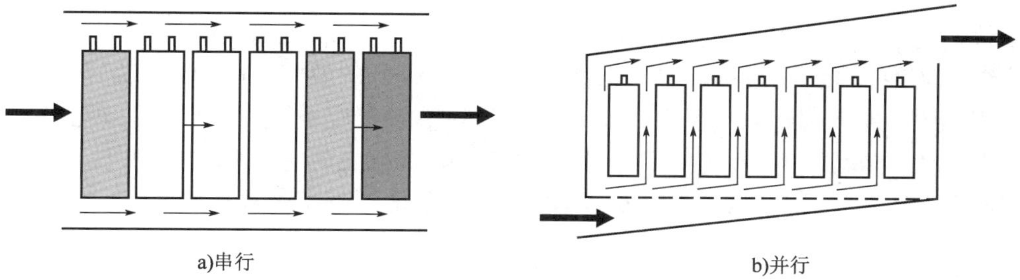

图4-2-1 串行和并行冷却方式

2. 液体冷却

虽然气体冷却比较简单，成本低，但是冷却效果有限，尤其在高温环境、高电流放电时，比较容易出现热失控，引发安全事故。与空气冷却相比，液体冷却具有高的热容量和导热系数，所以，在相同体积和流速下，液体的冷却效果要明显比空气冷却好。虽然液体冷却效果要明显优于空气冷却，但是，采用液体冷却必须考虑密封、绝缘、蓄电池包比能量降低以及成本等问题。

3. 相变材料冷却

近年来在国外和国内出现采用相变材料（PCM）冷却的蓄电池热管理系统，展现出良好的使用前景。利用PCM进行蓄电池冷却原理是：当蓄电池进行大电流放电时，PCM吸收蓄电池放出的热量，自身发生相变，而使蓄电池温度迅速降低。此过程是系统把热量以相变热的形式储存在PCM中。在蓄电池进行充电的时候，特别是在比较冷的天气环境下（亦即大气温度远低于相变温度PCT），PCM把热量排放到环境中去，给动力蓄电池加热。

相变材料用于蓄电池热管理系统中具有不需要运动部件、不需要耗费蓄电池额外能量等优势。具有高的相变潜热和导热率的相变材料，用于蓄电池组的热管理系统中可以有效吸收充放电过程中放出热量，降低蓄电池温升，保证蓄电池在正常温度下工作。可以使大电流循环前后蓄电池性能保持稳定。相变材料（PCM）以其无毒、不易燃、可储热、成本低以及应用方便等优点，已被广泛应用于电子设备的冷却系统，相变材料作为动力蓄电池的被动式冷却系统有其独特的优势：不需要冷却风扇、排气扇、冷凝器以及冷却管路设计。

4. 热管冷却

1942年美国人R. S. 高勒提出热管冷却，1967年热管冷却首次在航天上使用，并取得成功，许多电子设备上开始采用热管进行冷却。热管冷却能够降低蓄电池的最高温度，并且可以使蓄电池的温度分布均匀，但实验也表明热管冷却需配合散热片和风扇使用才能有比较好的冷却效果，同时应注意热管与蓄电池必须有良好的接触，否则热管的冷却效果将大大下降。热管冷却在动力蓄电池上的应用目前还处于初步阶段，随着研究的进一步深入，此项技术将有可能应用到电动汽车上。

四、动力蓄电池组的加热

与蓄电池组冷却相比，蓄电池组加热没有引起足够的重视，随着新能源汽车的逐步推广，蓄电池组的加热问题是不可回避的。当蓄电池处于比较低的温度下（－10℃以下），蓄电池的工作电压和放电能力都将大大下降，如图4-2-2所示。在低温放电时，电极的极化严重，电池内阻大大增加，电解液的活性物质不能得到充分利用，蓄电池的电压下降快，放电效率低，当环境温度低至－40℃时，蓄电池所输出的功率已无法使新能源汽车正常行驶。

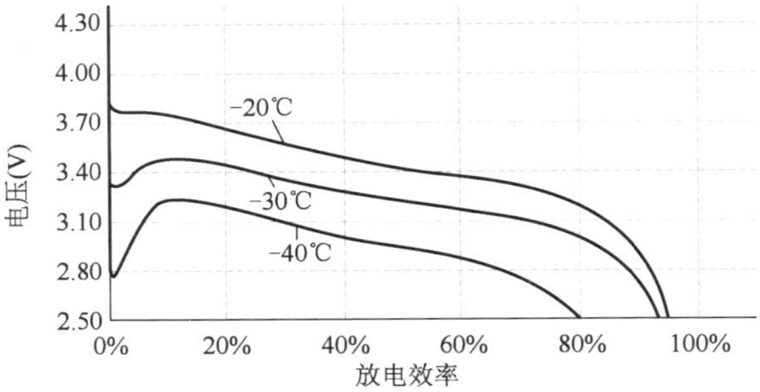

图4-2-2　不同温度下以1C恒流放电曲线

1. 蓄电池内部加热法

用交流电直接对蓄电池的电解液加热的方法，采用低频60Hz和高频10～20kHz交流电对铅酸蓄电池和镍氢蓄电池进行加热，实验表明两种加热方式只需要几分钟就可以将蓄电池从－40℃超低温加热到20℃。低频60Hz交流电的实现比高频10～20kHz交流电要简单，但是装置的体积大、质量重，实现装车使用比较困难，同时采用60Hz交流电加热，半个周期8.33×10^{-3}s的时间足够使蓄电池电解液产生大量电离，缩短蓄电池的使用寿命，目前暂未发现使用高频10～20kHz交流电会对蓄电池产生类似损害。高频10～20kHz交流电需要车载发电机才能实现，因此蓄电池自身无法提供加热所需的能量，所以高频交流电加热只适用于混合动力电动汽车，在纯电动汽车上无法使用。

2. 蓄电池外部加热法

与内部加热法相比，外部加热比较安全、容易实现，但是能量损失大，加热时间长。现在主要采用加热板加热、加热套加热和珀耳贴效应热泵加热。

1）加热板加热

加热板加热指在蓄电池组顶部或底部添加电加热板，对蓄电池加热时，将加热板通电，加热板的一部分热量通过热传导的方式直接传给蓄电池；还有一部分通过周围被加热的空气以对流方式对蓄电池进行加热。加热板所需的蓄电能由蓄电池组本身提供。

2）加热套加热

加热套加热指每个单体蓄电池加上一个加热套，加热套由电阻材料制成，这种加热方式可以使单体蓄电池受热均匀，能量损失比较少，加热时间相对比较短，但是，在高温环境中，加热套会造成蓄电池散热困难。

3）珀耳贴效应热泵加热

珀耳贴效应是指电流流过两种不同导体的界面时，从外界吸收热量，或向外界放出热量，通过改变电流的方向，可以实现加热和制冷两种功能，加热和制冷强度通过电流大小进行精确控制，如图4-2-3所示。该装置具有结构简单、温度控制精度高，能耗低等优点。如果将珀耳贴效应应用在汽车上，不仅可以对蓄电池加热和冷却，而且还可以替代汽车上的空调。此种效应已在欧洲装配到SAM EVII新能源汽车上，热管理系统可以有效地对蓄电池进行冷却和加热。

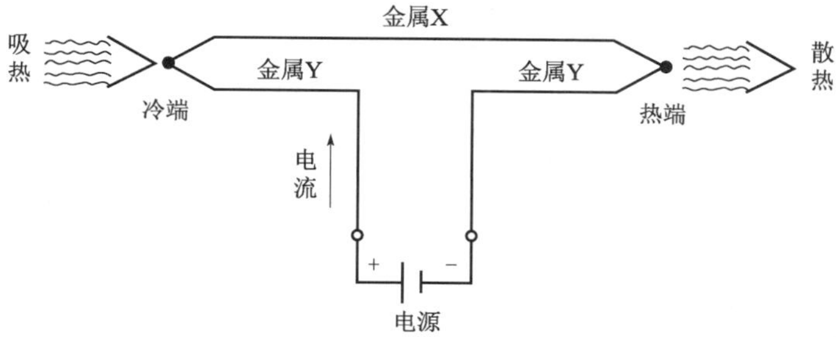

图4-2-3　珀尔帖效应原理图

五、动力蓄电池电安全管理系统的功能

动力蓄电池电安全管理系统主要包括烟雾报警、绝缘检测、自动灭火、过电压和过电流控制、过放电控制、防止温度过高、在发生碰撞的情况下关闭电源等功能。

新能源汽车动力蓄电池系统常用电压有288V、336V、384V以及544V等，已经大大超过了人体可以承受的安全电压。因此，电气绝缘性能是电安全管理重要的内容，绝缘性能的好坏不仅关系到电气设备和系统能否正常工作，更重要的是还关系到人的生命财产安全。

现阶段蓄电池包外壳多采用金属材料制成，要求在符合安全的电压条件下，蓄电池包正极和负极与金属外壳之间的绝缘电阻应大于10MΩ。

动力蓄电池在新能源汽车上安装应用，因此，必须满足车辆部件的耐振动、耐冲击、耐跌落、耐烟雾等强度和可靠性要求，保证可靠应用。为满足防水、防尘要求，蓄电池包应满足一定的IP防护等级，根据车辆的总体要求，一般的IP防护等级要求不低于IP55。在极端工况下，通过蓄电池安全管理系统应能实现蓄电池包的高压断电保护、过流断开保护、过放电保护、过充电保护等功能。

六、烟雾报警

在车辆行驶过程中由于路况复杂及蓄电池本身的工艺问题，可能由于过热、挤压和碰撞等原因而导致蓄电池出现冒烟或着火等极端恶劣的事故，若不能及时发现并得到有效处理，势必导致事故的进一步扩大,对周围蓄电池、车辆以及车上人员构成威胁,严重影响车辆运行的安全性。为防患于未然,近年来烟雾检测被引入蓄电池管理系统的监测中,并越来越受到重视。烟雾传感器种类繁多,从检测原理上可以分为三大类:

(1)利用物理、化学性质的烟雾传感器,如半导体烟雾传感器、接触燃烧烟雾传感器等。

(2)利用物理性质的烟雾传感器,如热导烟雾传感器、光干涉烟雾传感器、红外传感器等。

(3)利用电化学性质的烟雾传感器,如电流型烟雾传感器、电势型气体传感器等。

由于烟雾的种类繁多,一种类型的烟雾传感器不可能检测所有的气体,通常只能检测某一种或两种特定性质的烟雾。例如,氧化物半导体烟雾传感器主要检测各种还原性烟雾,如 CO、H_2、C_2H_5OH、CH_3OH 等;固体电解质烟雾传感器主要用于检测无机烟雾,如 O_2、CO_2、H_2、Cl_2、SO_2 等。

在动力蓄电池上应用,需要了解蓄电池燃烧产生的烟雾构成的基础上进行传感器的选择。一般蓄电池燃烧产生大量的 CO 和 CO_2,因此,可以选择对这两种气体敏感的传感器。在传感器的结构上,需要适应于车辆长期应用的振动工况,防止由于路面灰尘、振动引起的传感器误动作。

七、绝缘检测方法

1. 漏电直测法

在直流系统中,这是一种最简单也是最实用的方法。将万用表挡位开关置于电流挡,串在动力蓄电池组正极与设备外壳(或接地)之间,可检测到动力蓄电池组正极对壳体之间的漏电流,同样也可以串在负极与壳体之间检测动力蓄电池组负极对壳体之间的漏电流。该方法简单易行,在现场故障检测、车辆例行检查中常用。

2. 电流传感法

霍尔式电流传感器是检测高压直流系统的一种常见装置。将动力蓄电池系统的正极和负极动力总线一起同方向穿过电流传感器,当没有漏电流时,从正极流出的电流等于返回到电源负极的电流,因此,穿过电流传感器的电流为零,电流传感器输出电压为零。当发生漏电现象时,电流传感器的输出电压不为零。根据该电压的正负可以进一步判断该漏电电流是来自于电源正极还是负极。但是应用这种检测方法的前提是待测动力蓄电池组必须处于工作状态,要有工作电流的流入和流出,它无法在系统空载的情况下评价动力蓄电池系统对地的绝缘性能。

蓄电池管理控制器外观检查

3. 绝缘电阻表测量法

用绝缘电阻表测量绝缘电阻的阻值,绝缘电阻表俗称兆欧表。绝缘电阻表大多采用手摇发电机供电,故又称摇表。它的刻度以绝缘电阻为单位,是电工常用的一种测量仪表。

思考

动力蓄电池热管理系统具备哪些主要功能?

任务考核

学生在完成动力蓄电池热管理功能测试的学习任务后,由教师按照任务考核表4-2-1所列内容进行考核。

动力蓄电池热管理功能测试任务考核表　　表4-2-1

题型	考核题目(每题10分)	得分
判断题	1. 温度影响动力蓄电池的使用寿命和性能,并有可能导致蓄电池系统出现安全问题。(　　)	
	2. 蓄电池液体冷却方式的主要优点有:与动力蓄电池壁面之间换热系数高,冷却、加热速度快;体积较小。(　　)	
	3. 蓄电池加热板加热指在蓄电池组顶部或底部添加电加热板,对蓄电池进行加热。(　　)	
	4. 动力蓄电池电安全管理系统主要包括烟雾报警、绝缘检测、自动灭火、过电压和过电流控制、过放电控制、防止温度过高、在发生碰撞的情况下关闭电源等功能。(　　)	
	5. 蓄电池的绝缘性能常用绝缘电阻表测量蓄电池绝缘电阻的阻值。(　　)	
选择题	1. 蓄电池的热传递方式主要有(　　)等种方式。 A. 传导换热　B. 对流换热　C. 辐射换热	
	2. 从传热介质的角度,热管理系统可以分为(　　)等几种。 A. 空气(风)冷却式热管理　B. 液体冷却式热管理 C. 相变蓄热式热管理	
	3. 蓄电池采用的加热方式主要有(　　)等几种。 A. 加热板加热　B. 加热套加热 C. 珀耳贴效应热泵加热	
	4. 蓄电池的绝缘性能检测,常用的方法包括(　　)。 A. 漏电直测法　B. 电流传感器法 C. 绝缘电阻表测量法	
	5. 蓄电池的冷却方法包括(　　)。 A. 空气冷却　B. 液体冷却 C. 变相材料冷却　D. 热管冷却	
总分		
教师评语:		

任务小结

在完成该任务的学习后,请对照本任务的学习目标,完成学习情况诊断。

本任务的学习目标回顾:____

____

我的任务目标达成情况:____

____

我今后的努力方向或改进方法:____________________________________

____

任务三　动力蓄电池电量管理功能测试

任务描述

新能源汽车维修师傅小张在检查仪表时，其徒弟在副驾驶座位上指着仪表上的SOC值，询问SOC值代表什么意思，具备哪些指示功能？如果你是小张，你怎么向你徒弟介绍仪表上SOC值代表的含意，在车上有什么用处？

知识准备

请预习后面的内容，完成下列填空题。

(1)新能源汽车仪表上类似于传统燃油汽车油表的是__________表。

(2)仪表上用于防止动力蓄电池过充和过放电的主要依据__________。

(3)通过对单位时间内，流入流出蓄电池组的电流进行累积，从而获得蓄电池组每一轮放电能够放出的电量，确定蓄电池SOC值的变化的方法叫__________。

(4)蓄电池内阻有__________内阻(常称交流阻抗)和__________内阻之分，它们都与SOC值有密切关系。

一、动力蓄电池荷电状态估算精度的影响因素

动力蓄电池电量管理是动力蓄电池管理的核心内容之一，对于整个动力蓄电池状态的控制和新能源汽车续驶里程的预测具有重要的意义。同时，由于动力蓄电池荷电状态(SOC)的非线性，并且受到多种因素的影响，导致动力蓄电池电量估计和预测方法复杂，准确估计SOC值比较困难。SOC值估算精度的影响因素定性规律如下：

(1)充放电电流。相对于额定充放电工况，动力蓄电池一般表现为大电流可充放电容量低于额定容量，小电流可充放电容量大于额定容量。

(2)温度。不同温度下动力蓄电池组的容量存在着一定的变化，温度的选择及校正因素直接影响到动力蓄电池性能和可用电量。

(3)动力蓄电池容量衰减。动力蓄电池的容量在循环过程中会逐渐减少，因此，对电量的校正条件就需要不断地改变，这也是影响模型精度的一个重要因素。

(4)自放电。动力蓄电池内部的化学反应，产生自放电现象，使其在放置时，电量发生损失。自放电大小主要与环境温度有关，需要按实验数据进行修正。

(5)一致性。动力蓄电池组的建模和容量估算与单体蓄电池有一定的区别,动力蓄电池组的一致性差别对电量的估算有重要的影响。动力蓄电池组的电量估算是按照总体动力蓄电池的电压来估算和校正的,如果单体蓄电池电压差异较大,将导致估算的精度误差很大。

二、精确估计 SOC 的作用

SOC 是防止动力蓄电池过充和过放电的主要依据,只有准确估算动力蓄电池组的 SOC 才能有效提高动力蓄电池组的利用效率,保证其使用寿命。在新能源汽车中,准确估算动力蓄电池 SOC 的作用包括以下 4 点:

(1)保护动力蓄电池。对于动力蓄电池而言,过充电和过放电都可能对动力蓄电池造成永久性的损害,严重缩短其使用寿命。如果可以提供准确的 SOC 值,整车控制策略可以将 SOC 控制在一定的范围之内(如 20% ~80%),起到防止对动力蓄电池过充电或过放电的作用,从而保证动力蓄电池的正常使用,延长其使用寿命。

(2)提高整车性能。在没有提供准确的 SOC 值的情况下,为了保证动力蓄电池的安全使用,整车控制策略需要保守地使用动力蓄电池,防止动力蓄电池出现过充电和过放电的情况,这样不能充分发挥其性能,因而降低了整车的性能。

(3)降低对动力蓄电池的要求。在准确估算 SOC 的前提下,动力蓄电池的性能可以被充分使用。选用动力蓄电池时,针对动力蓄电池性能设计的余量可以大大减小。例如,在准确估算 SOC 的前提下,只需要使用容量为 40A · h 的动力蓄电池组。如果不能提供准确的 SOC 值,为了保证整车的性能和可靠性,可能需要选择 60A · h 甚至更高容量的动力蓄电池组。

(4)提高经济性。选择较低容量的动力蓄电池组可以降低整车的制造成本。同时,由于提高了系统的可靠性,后期的维护成本也大大降低。

三、SOC 估计常用的算法

1. 开路电压法

开路电压法是最简单的测量方法,主要根据动力蓄电池组开路电压判断 SOC 的大小。由动力蓄电池的工作特性可知,动力蓄电池组的开路电压和动力蓄电池的剩余容量存在着一定的对应关系。某动力蓄电池组的电压与容量的对应关系如图 4-3-1 所示。随着动力蓄电池放电容量的增加,动力蓄电池的开路电压降低。由此,可以根据一定的充放电倍率时动力蓄电池组的开路电压和 SOC 的对应曲线,通过测量动力蓄电池组开路电压的大小,插值估算出动力蓄电池 SOC 的值。

该方法简单易行,但由于不同充放电倍率时动力蓄电池组的电压不一致,因此,在电流波动比较大的场合,这种方式的计量将失去意义。另外,不同应用工况下动力蓄电池组的内阻大小不一样,导致了同样充放电倍率下不同时期的动力蓄电池组的电压不一致,使得该测量方式的测量精度很低。同时,温度对动力蓄电池组的放电平台影响也较大,因此,单靠电压来估算 SOC 的方法难以满足实际需求。

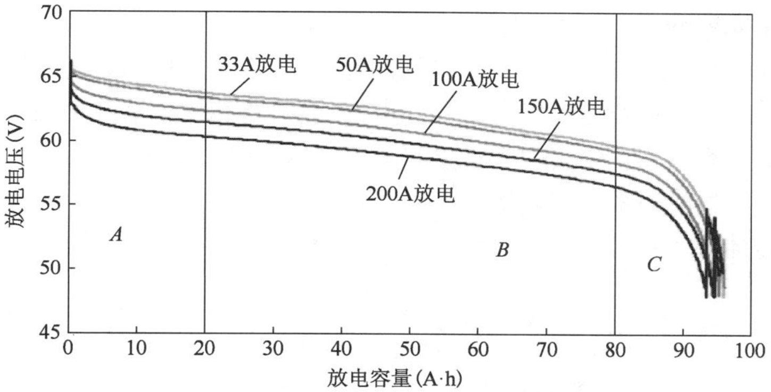

图 4-3-1　某动力蓄电池组电压与容量的对应关系

还有一种是在动力蓄电池组充放电状态转换时通过电压对其容量进行估算,根据经验模型,在充放电状态改变时用模型来估计容量。相当于引入动力蓄电池的内阻进行校正,比普通的电压和容量相对应的方式精确度稍高一些。

开路电压法对单体蓄电池的估计要优于动力蓄电池组,当动力蓄电池组中出现单体蓄电池不均衡,会导致动力蓄电池组的可用容量降低时电压仍很高,因此,该方法不适合个体差异大的动力蓄电池组。

2. 容量积分法

容量积分法是通过对单位时间内,流入流出动力蓄电池组的电流进行累积,从而获得动力蓄电池组每一轮放电能够放出的电量,确定动力蓄电池 SOC 的变化。

电流积分法存在着一定的误差,多次循环之后会出现一些误差积累,使该误差越来越大,因此需要校正。目前的方法大多利用动力蓄电池组电压来校正因电流积分导致的累积误差。通过动力蓄电池组放电到放电终止电压时,无论 SOC 值为多少都置为 0,这样可以避免长时间积分的累积误差。有的在动力蓄电池组静态时采用电压法来校正 SOC,而在工作时用电流积分的方法。然而由于电压和容量的对应关系,受到了温度、放电电流、动力蓄电池组均衡性的影响,因此,仅仅通过电压法校正 SOC 的精度仍然较低,需要做进一步的改进。

3. 蓄电池内阻法

蓄电池内阻法有交流内阻(常称交流阻抗)和直流内阻之分,它们都与 SOC 有密切关系。蓄电池交流阻抗为蓄电池电压与电流之间的传递函数,是一个复数变量,表示蓄电池对交流电的反抗能力,要用交流阻抗仪来测量。蓄电池交流阻抗受温度影响大,是对蓄电池处于静置后的开路状态,还是对蓄电池在充放电过程中进行交流阻抗测量,存在争议,所以很少在实车测量中使用直流内阻表示蓄电池对直流电的反抗能力,等于在同一很短的时间段内,蓄电池电压变化量与电流变化量的比值。

直流内阻的大小受计算时间段影响,若时间段短于 10ms,只有欧姆内阻能够检测到;若时间段较长,内阻将变得复杂。准确测量单体蓄电池内阻比较困难,这是直流内阻法的缺点。在某些动力蓄电池管理系统中,内阻法与容量积分法组合使用来提高 SOC 估算的精度。

4. 模糊逻辑推理和神经网络法

模糊逻辑推理和神经网络是人工智能领域的两个分支,模糊逻辑接近人的形象思维方式,擅长定性分析和推理,具有较强的自然语言处理能力;神经网络采用分布式存储信息,具有很好的自组织、自学习能力。它们共同的特点就均采用并行处理结构,可从系统的输入、输出样本中获得系统输入、输出关系。蓄电池是高度非线性的系统,可利用模糊推理和神经网络的并行结构和学习能力估算 SOC。采用神经网络预测 SOC 的典型结构如图 4-3-2 所示。

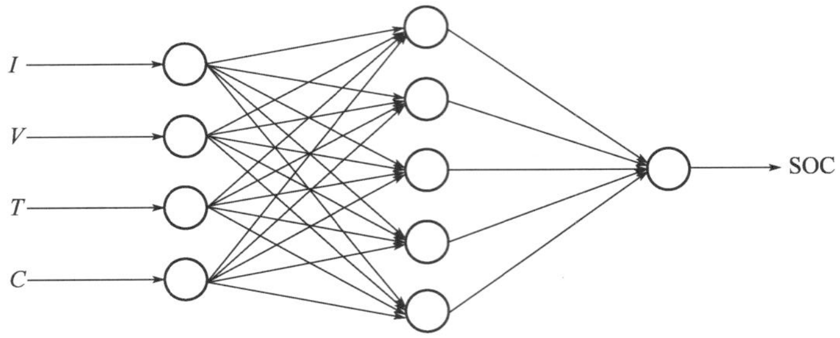

图 4-3-2 估算 SOC 神经网络结构图

输入量为电流、电压、温度、充放电容量、内阻等,输出量为 SOC 值。中间层神经元个数取决于问题的复杂程度及分析精度。神经网络输入变量的选择是否合适,变量数量是否恰当,直接影响模型的准确性和计算量。神经网络法适用于各种蓄电池,其缺点是需要大量的参考数据进行训练,估计误差受训练数据和训练方法的影响很大。

5. 卡尔曼滤波法

卡尔曼滤波理论的核心思想是对动力系统的状态做出最小方差意义上的最优估算。卡尔曼滤波法应用于蓄电池 SOC 估算,蓄电池被称动力系统,估计 SOC 算法的核心,是一套包括 SOC 估计值和反映估计误差的协方差矩阵的递归方程,协方差矩阵用来给出估计误差范围。

卡尔曼滤波方法适用于各种蓄电池,与其他方法相比,尤其适合于电流波动比较剧烈的混合动力电动汽车蓄电池 SOC 的估计,它不仅给出了 SOC 的估计值,还给出了 SOC 的估计误差。该方法的缺点是要求蓄电池 SOC 估计精度越高,蓄电池模型越复杂,涉及大量矩阵运算,工程上难以实现,且该方法对于温度、自放电率以及放电倍率对容量的影响考虑的不够全面。

知识拓展

电源系统常规维护

常规维护是对影响电源使用过程中的安全隐患进行检查和排除,避免发生危险性事故。通过制订常规的预防性维护计划,可以更好地了解所使用新能源汽车蓄电池的健康状况和终止寿命,确定蓄电池的更换或重点维护计划。常规维护一般每月进行一次。

1. 维护程序

(1)电源系统在使用 1 ~2 个月后,维护人员需要对动力电源系统的外观和绝缘进行检查和维护。

(2)电源系统在使用 3 个月后,有条件的话对电源系统进行一次充放电维护。

(3)维护人员在进行操作时必须戴好绝缘手套等防护用品,使用前必须熟悉电源产品的结构、工作原理和使用说明书。

(4)在进行充放电维护时,将电源系统按正常工作要求连接到位,接通管理系统的电源,监测蓄电池的状态,根据监测的数据判定蓄电池所处的环境温度、蓄电池温度及蓄电池电压等状态是否正常。

(5)进行充放电维护前,操作者应先检查电源系统各部分的情况,在确保各部分正常的情况下才能进行充放电维护。

(6)维护均应在温度 15 ~30℃、相对湿度 45% ~75%、大气压 86 ~106kPa 的环境中进行。

(7)在充放电维护过程中,检查蓄电池管理系统的功能是否运转正常。

(8)在充放电维护过程中,检查风扇是否在规定的温度下开启和关闭,是否运转正常。

(9)产品在充放电维护结束后,检测对蓄电池包的绝缘电阻,测得的绝缘电阻应满足指标要求。用电压表分别测试蓄电池包的正极端子、负极端子与蓄电池包的最大电压,同时测得的电压值应不超过上限要求。

2. 维护内容

(1)检查电源系统的状态。

(2)检查管理系统的功能是否正常。

(3)对蓄电池进行充放电维护。

3. 维护方法

1)外观维护

对电源系统的外观做如下检查,如有故障应及时排除,如无法排除,需要到该车型授权的服务中心修理。

(1)检查蓄电池包箱体是否完好,有无损坏或腐蚀。

(2)检查各紧固件螺栓、螺母是否松动。

(3)检查蓄电池包之间的连接线是否松动。

(4)检查插头是否完好,各种线束有无损坏擦伤,有无金属部分外露。

(5)检查蓄电池包的冷却通道是否有异常。

2)新能源汽车蓄电池及管理系统维护

(1)接通蓄电池管理系统,采集并记录开路状态下蓄电池组的总电压、各个单体蓄电池的电压和温度。

(2)按厂家推荐的充放电制度对系统进行充放电测试。

(3)在充放电过程中检查蓄电池管理系统显示的电流、电压、温度和 SOC 是否正确;车辆常运行过程中,检查蓄电池管理系统数据显示是否正常;否则进行故障排除。

(4)接通辅助电源,运行车辆直至冷却系统工作,观察冷却通道是否通畅。

(5)检查管理系统与各部分连接是否有松动。

注意:在气温较高的情况下,在充放电过程中应打开车内空调,并开启蓄电池包冷却风扇通风。充电过程中应注意监测各电池模块的电压和温度,如温度超过

蓄电池管理控制器总成拆解及 CAN 总线终端电阻测量

温度上限，应停止充电。

思考

动力蓄电池SOC估算的方法有哪些？

任务考核

学生在完成动力蓄电池的电量管理功能测试的学习任务后，由教师按照任务考核表4-3-1所列内容进行考核。

动力蓄电池的电量管理功能测试任务考核表　表4-3-1

题型	考核题目(每题10分)	得分
判断题	1. 蓄电池组的一致性差别对电量的估算有重要的影响。（　）	
	2. 蓄电池的自放电大小与环境温度、时间长短无关。（　）	
	3. 开路电压法是最简单的测量方法，主要根据蓄电池组开路电压判断SOC的大小。（　）	
	4. 选择较低容量的动力蓄电池组可以降低整车的制造成本。（　）	
	5. 蓄电池组的开路电压和蓄电池的剩余容量存在着一定的对应关系。（　）	
选择题	1. 准确估算蓄电池SOC，其作用包括（　）。 A. 保护蓄电池　B. 提高整车性能 C. 降低对动力蓄电池的要求　D. 提高经济性	
	2. SOC估算精度的影响因素有（　）。 A. 充放电电流　B. 温度　C. 蓄电池容量衰减　D. 自放电 E. 一致性	
	3. SOC估计常用的算法包括（　） A. 开路电压法　B. 容量积分法 C. 蓄电池内阻法　D. 卡尔曼滤波法	
	4. 蓄电池的内阻通常包括（　）。 A. 交流内阻　B. 直流内阻　C. 接触内阻　D. 液体内阻	
	5. 目前新能源汽车上使用的动力蓄电池主要有（　）。 A. 磷酸铁锂电池　B. 三元锂电池 C. 硫电池　D. 固态电池	
总分		
教师评语：		

任务小结

在完成该任务的学习后，请对照本任务的学习目标，完成学习情况诊断。

本任务的学习目标回顾：______________________________

____

我的任务目标达成情况：______________________________

____

我今后的努力方向或改进方法：______________________________

____

项目五

动力蓄电池充电系统的使用与维护

项目概述

动力蓄电池作为纯电动汽车的唯一能量来源,需要进行能量补给。当动力蓄电池剩余电量低于30%时,充电系统会提醒操作者对动力蓄电池进行充电。充电系统是维持纯电动汽车运行的能量补给设备,是从供电电源获取能量对动力蓄电池充电时使用的有特定功能的电力转换装置。

本项目主要学习新能源汽车的充电系统,分为以下内容:

任务　充电系统常见故障与排除

学习目标

知识目标:

(1)能够叙述新能源汽车充电系统的组成及工作原理;

(2)能够列举新能源汽车充电系统常见故障;

(3)能够识别新能源汽车充电系统的部件。

技能目标:

(1)能够进行充电操作;

(2)能够对快充及慢充设备进行检查与维护;

(3)能够排除充电系统常见故障。

素质目标:

(1)关注充电技术发展动态,更新知识体系;

(2)关注国家新能源汽车事业发展,并能参与绿色出行;

(3)提高安全意识,注意安全用电。

任务　充电系统常见故障与排除

任务描述

小张在一家新能源汽车4S店工作,客户买了一辆新能源汽车,车辆显示无法充电,你能帮他解决这个问题吗?

知识准备

参照后面的内容,并查阅实训车型的相关资料,完成以下各题。

(1)指出慢充口的充电路径:__________→__________→__________→__________→__________。

(2)指出快口的充电路径:__________→__________→__________→__________。

(3)在车上找到慢充口,它的位置在__________。观察慢充口端子,共有__________个端子。

(4)在车上找到快充口,它的位置在__________。观察快充口端子,共有__________个端子。

(5)用交流充电桩慢充线给车辆充电时,应先连接__________端,再连接__________端;充电结束后,应先断开__________端,再断开__________端。

一、新能源汽车能量补给方式

新能源汽车特别是纯电动汽车,蓄电池能量消耗后的补给方式主要有换电和充电两种,下面分别叙述。

1.新能源汽车的充电模式

新能源汽车动力蓄电池充电的方式主要有直流快充和交流慢充两种。

直流快充与交流慢充方式的区别是:

直流充电(快充)主要是通过充电站的充电桩将直流高压电直接通过直流充电口给动力蓄电池充电。

交流充电(慢充)主要是通过家用电源插座或交流充电桩接入汽车交流充电口,通过车载充电机将220V交流电转为330V直流电(比亚迪e6为例)给动力蓄电池进行充电。

2.直流快充方式

直流快充又称快速充电或应急充电,是以较大直流电流短时间在新能源汽车停车的

20min 至 2h 内，为其提供短时间充电服务，一般充电电流为 150 ~ 400A。

直流快充模式的优点是充电时间短。

但是，相对交流慢充模式，直流快充也存在一定的缺点：

直流充电桩介绍

1)"快充"实际并不快，而且降低动力蓄电池使用寿命

由于受蓄电池技术影响，目前电动汽车使用最多的就是锂离子蓄电池。锂元素是比钠还要活跃的金属元素之一，快充易使锂元素太过活跃，从而使蓄电池中的电解液发生沉淀，产生气泡现象，也就是平常人们所看到的蓄电池身上易凸起"小包"，摸上去有手感发热等情况，严重的会导致蓄电池爆炸等安全事故。因此，充电电流不宜过大。目前市面上各大厂商都在鼓吹其电动汽车直流快充时间在 10min 左右，实际上以目前技术来看都不现实。以 BYD E6 纯电动汽车为例，这款电动汽车采用磷酸铁锂电池，其快速安全充电模式的充电时间仍然需要 2h。

电动汽车充电快慢与充电器功率、蓄电池充电特性和温度等紧密相关。当前电池技术水平下，即使快充也需要 30min 充电到蓄电池容量的 80%，超过 80% 后，为保护蓄电池安全，充电电流必须变小，充到 100% 的时间将较长。此外，在冬天气温较低时，蓄电池要求充电电流变小，充电时间会变得更长些。

传统加油站汽车加油整个流程为 5 ~ 8min 左右。相较之下，电动汽车至少需要 30min 才能将蓄电池容量恢复到 80% 以上，这对充电技术提出了巨大的挑战。

2)充电站成本较高，盈利模式有待完善

目前直流充电方式的充电价格在 2 元/W 左右。以一个充电站 1000kW 的容量计算，加上送变电设施、铺设专用电缆以及新建监控系统等，不包括建设用地成本，一个充电站的成本在 300 万 ~ 500 万元人民币。

直流充电关键技术如下：

(1)高性能直流充电器技术：效率、谐波、使用寿命。

(2)直流充电环境适应性技术：宽的温度范围、户外使用时凝露、风沙防护等。

(3)安全防护技术：漏电、短路防护、误插拔防护、断线防护、倾倒防护、防误操作、防止带电插拔等。

(4)充电器的高互换性技术：物理接口、电气接口、通信协议的高度兼容互换。

(5)直流充电与电网的接口、有序充电以及与电网的互动技术。

3. 交流慢充方式

动力蓄电池在放电终止后，应立即充电(在特殊情况下也不应超过 24h)。交流慢充电流相当低，约为 15A，这种充电叫作交流慢充常规充电。动力蓄电池的充电方法都采用小电流的恒压或恒流充电，一般充电时间为 5 ~ 8h，甚至长达 10 ~ 20h。这种充电方式是利用车载充电机，接 220V 交流电即可。

1)交流慢充适用情况

交流慢充的方式适用情况主要有：

(1)用户对电动汽车的续驶里程要求相对较低，车辆续驶里程能满足用户 1 天使用需要，利用晚间停运时间可以完成充电。

(2)由于交流慢充充电电流和充电功率比较小,因此在居民区、停车场和公共充电站都可以进行充电。

(3)规模较大的集中充电站,能够同时为多辆电动乘用车提供停车场地并进行充电。

交流充电装置介绍

2)交流慢充优点

交流慢充模式的优点如下:

(1)尽管充电时间较长,但因为所用功率和充电电流的额定值并不大,因此充电器和安装成本比较低。如图 5-1-1 为壁挂式交流充电桩,可安装在车库内使用。

(2)可充分利用电力低谷时段进行充电,降低充电成本。

(3)可提高充电效率和延长电池的使用寿命。

4. 换电模式

充电难、充电时间长、续驶里程短的问题,一直困扰着新能源汽车用户。与新能源汽车充电模式相比,蓄电池更换方式具有更换时间快,电能补充速度快,自动化程度高等特点,如图 5-1-2 所示。蓄电池换电站一般包括配电系统、充电系统、换电系统、监控系统等部分,根据其主要服务的车辆类型和服务能力可划分为三类:第一类蓄电池换电站指具备商用车和乘用车更换蓄电池能力,并具备辐射本地的蓄电池配送功能;第二类蓄电池换电站指具备乘用车或商用车蓄电池更换能力,并具备一定的蓄电池配送功能;第三类蓄电池换电站指通过第一类、第二类蓄电池换电站配送获得的蓄电池,具备乘用车蓄电池更换能力。总体而言,蓄电池换电站所要具备的核心功能就是为新能源汽车进行蓄电池箱的快速更换。

图 5-1-1　挂壁式交流充电桩

图 5-1-2　蔚来汽车换电站

北汽新能源提出"嫌充电慢不如去换电"的想法,与北京石油签订战略合作协议,双方合作开展新技术、新产业在企业生产和管理的应用。第一步就是利用加油站场地资源建设换电站,最先受益的是北京电动出租车。

直接更换电动汽车的蓄电池组时需要考虑的是:由于动力蓄电池组质量较大,更换电池的专业化要求较强,需配备专业人员借助专业机械来快速完成动力蓄电池的更换、充电和维护。

二、新能源汽车充电系统的组成及工作原理

1. 充电系统的组成

新能源汽车充电系统主要由充电桩、充电线束、车载充电机、高压控制盒、动力蓄电池、DC/DC 变换器、低压蓄电池以及各种高压线束和低压控制线束等组成。图 5-1-3 是新能源汽车充电系统示意图。

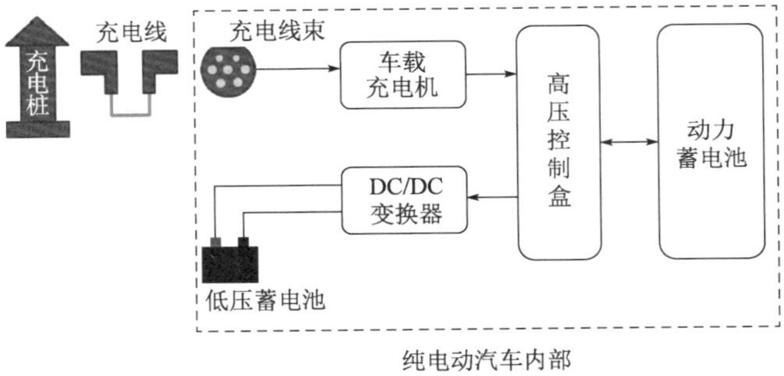

图 5-1-3　新能源汽车充电系统示意图

下面介绍新能源汽车充电系统的主要组成部分:充电桩和车载充电机。

1) 充电桩

充电桩作为新能源汽车充电系统的配套设施,有交流充电桩和直流充电桩两种。

(1) 交流充电桩。

如图 5-1-4 所示,交流电动汽车充电桩俗称“慢充”,固定安装在电动汽车停车场地,与交流电网连接,为电动汽车车载充电机(即固定安装在电动汽车上的充电器)提供交流电源的供电装置。交流充电桩只提供电力输出,没有充电功能,需连接车载充电机为电动汽车充电,相当于只是起了一个控制电源的作用。

(2) 直流充电桩。

如图 5-1-5 所示,直流电动汽车充电桩俗称“快充”,固定安装在电动汽车充电站,与交流电网连接,可以为车载电动汽车动力蓄电池提供直流电源的供电装置。直流充电桩的输入电压采用三相四线 AC380V ±15% ,频率 50Hz,输出为可调直流电,直接为电动汽车的动力蓄电池充电。

2) 车载充电机

车载充电机(On-board Charger)如图 5-1-6 所示。车载充电机是充电系统的重要组成部件。

(1) 车载充电机的功能。

①车载充电机将输入的 220V 交流电转换成直流电输出,为动力蓄电池充电,实现动力蓄电池电量的补给。

②车载充电机工作过程需要与充电桩、BMS(蓄电池管理系统)、VCU(车辆控制单元)等部件进行通信。

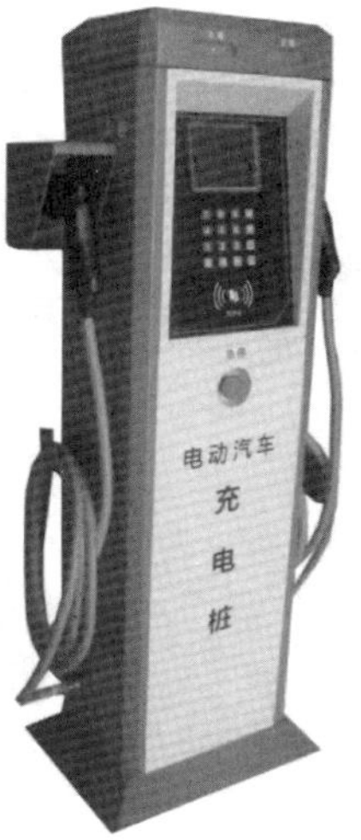

图 5-1-4 交流充电桩

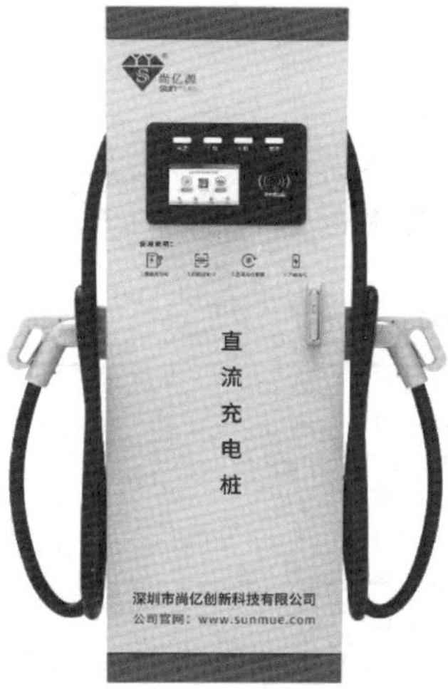

图 5-1-5 直流充电桩

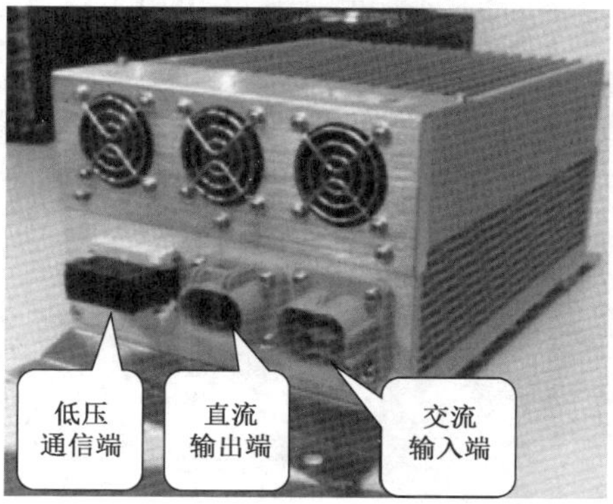

图 5-1-6 车载充电机

③车载充电机根据动力蓄电池需求可调节输出功率。

④软关断功能。为了保证电源切断时，避免立即断电对电器模块造成大电压的冲击，增加了软关断控制器。给高压负载一个卸载时间。在钥匙从 ON 挡关闭时，高压电源会延迟 3s 断电。

(2)车载充电机的安装位置。

目前多数新款车型的车载充电机均采用一体化的集成方式安装，如北汽新能源生产的 EU7，将车载充电机、DC/DC 变换器、高压控制盒集成为一体，集成控制器 PEU 安装在汽车前舱盖下方，如图 5-1-7 所示。

图 5-1-7 北汽新能源 PEU

下面以北汽新能源纯电动汽车为例，介绍充电系统的工作原理。

2. 充电系统低压设计的功能

纯电动汽车充电系统的低压部分主要是用于低压供电及控制信号。

1)车载充电机低压部分

(1)12V 电源(低压蓄电池)供电。

用于在供充电过程中的 BMS、VCU、仪表等用电。

(2)CAN 通信。

BMS 通过 CAN 通信控制车载充电机工作状态。CAN 网络系统如图 5-1-8 所示。

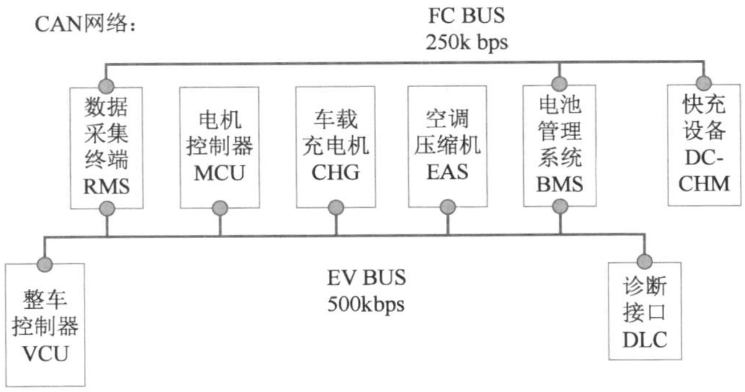

图 5-1-8　充电系统相关的 CAN 网络结构示意图

2)DC/DC 变换器低压部分

通过控制 DC/DC 变换器开关机,12V 电源提供整车低压系统用电。低压充电系统控制方式如图 5-1-9 所示。

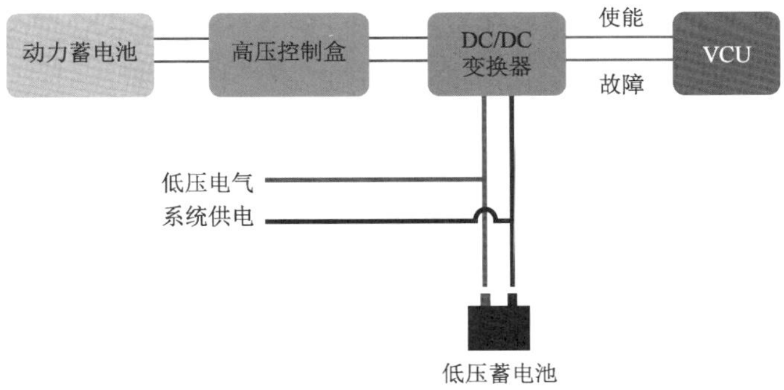

图 5-1-9　低压充电系统控制方式

3)其他相关的低压部分

如充电接口相关低压部分等。

3. 快充模式充电系统组成和原理

1)组成

在快充模式下,充电系统主要由充电桩(直流快充桩)、快充接口、高压控制盒、动力蓄电池、整车控制器、高压线束和低压控制线束等组成。

2)快充模式充电系统结构原理图

快充模式充电系统结构原理如图 5-1-10 所示。

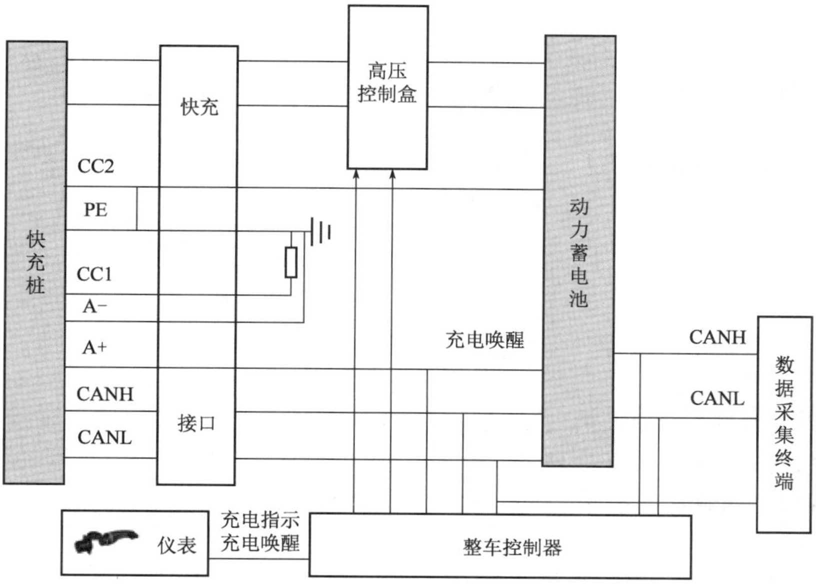

图 5-1-10　快充模式充电系统结构原理图

整车控制器是直流快充功能的主控模块。将直流快充接口由充电桩连接至车辆快充接口以后，整车控制器通过 CC 线判断充电接口已经正确连接，并启用唤醒线路唤醒车辆内部充电系统电路及部件。

整车控制器通过输出高压接通指令至高压控制盒，实现直流快充桩与动力蓄电池之间高压电路的接通。接通并实现充电时，整车控制器向仪表输出正在充电信息。

3）快充充电条件要求

（1）充电线连接确认信号正常。

（2）BMS 供电电源正常（12V）。

（3）充电唤醒信号输出正常（12V）。

（4）充电桩、VCU、BMS 之间通信正常（主继电器闭合、发送电流强度需求）。

（5）动力蓄电池电芯温度（T）>5℃ T<45℃。

（6）单体蓄电池最高电压与最低电压差<0.3V（300mV）。

（7）单体蓄电池最高温度与最低温度差<15℃。

（8）绝缘性能>20MΩ。

（9）实际单体蓄电池最高电压不大于额定单体蓄电池电压 0.4V。

（10）高、低压电路连接正常（远程开关关闭状态）。

4. 慢充模式充电系统组成和原理

1）组成

在慢充模式下，充电系统主要由供电设备（充电桩）、慢充接口、车载充电机、高压控制盒、动力蓄电池、整车控制器（VCU）、高压线束和低压控制线束等组成。

2）慢充模式充电系统结构原理图

慢充模式充电系统结构原理如图 5-1-11 所示。

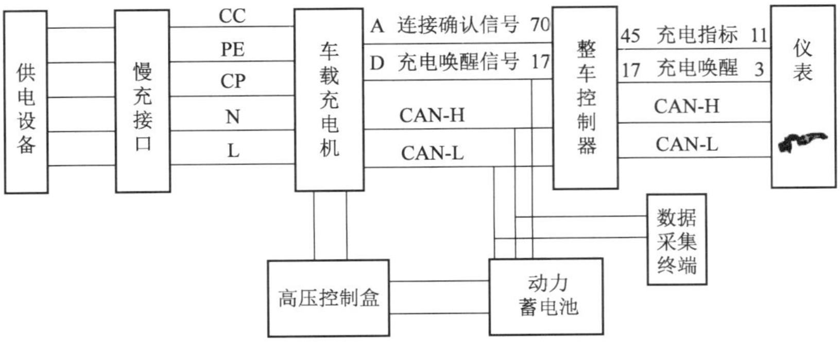

图 5-1-11　慢充模式充电系统结构原理图

充电枪连接通过车载充电机(充电器)反馈到整车控制器,再唤醒仪表显示连接状态(负触发);充电机同时唤醒整车控制器和动力蓄电池管理模块(正触发),整车控制器唤醒仪表启动显示充电状态(负触发);正、负主继电器由整车控制器发出指令被动力蓄电池管理模块控制闭合。

如图 5-1-12 慢充模式充电系统工作电路所示,充电桩通过 CC 连接确认信号后,把 S1 开关从 12V 端切换到 PWM 端;当检测点 1 电压降到 6V 时,充电桩 K1/K2 开关闭合输出电流。

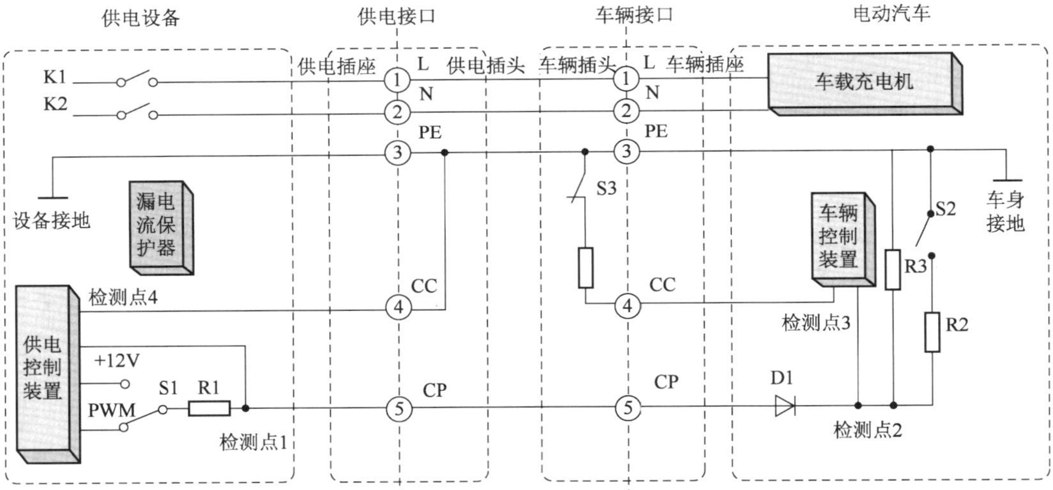

图 5-1-12　慢充模式充电系统工作电路图

3)慢充充电控制过程

慢充充电控制过程如图 5-1-13 所示。

(1)交流供电。

(2)充电唤醒。

(3)BMS 检测充电需求。

(4)BMS 给车载充电机发送工作指令并闭合继电器。

(5)车载充电机开始工作,进行充电。

(6)动力蓄电池管理系统检测充电完成后,给车载充电机发送停止充电指令。

(7)车载充电机停止充电工作。

(8)蓄电池管理系统断开继电器。

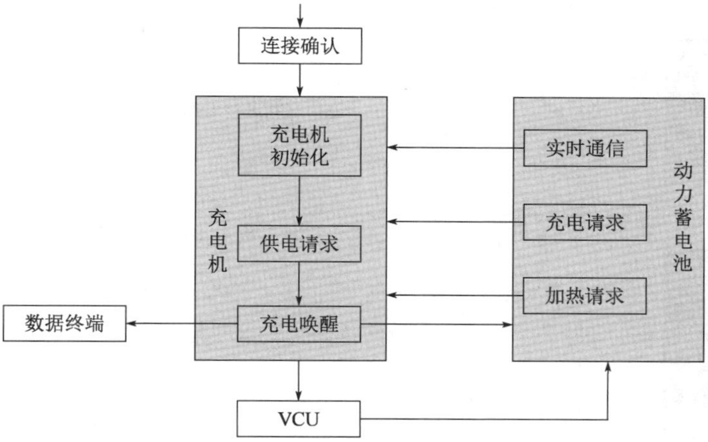

图 5-1-13　慢充模式充电控制过程

4)慢充充电条件要求

(1)充电线连接确认信号正常。

(2)充电机供电电源正常(含 220V 和 12V),充电机工作正常。

(3)充电唤醒信号输出正常(12V)。

(4)充电机、VCU、BMS 之间通信正常(主继电器闭合、发送电流强度需求)。

(5)动力蓄电池电芯温度(T) >0℃ T <45℃。

(6)单体蓄电池最高温度与最低温度差 <15℃。

(7)绝缘性能 >20MΩ。

(8)实际单体蓄电池最高电压不大于额定单体蓄电池电压 0.4V。

(9)高、低压电路连接正常(远程控制开关关闭状态)。

三、新能源汽车充电系统常见故障

1.充电系统指示灯

以北汽新能源 EV 系列汽车为例,仪表充电系统相关的指示灯见表 5-1-1。

充电系统指示灯说明　　表 5-1-1

序号	显示	名称	指示说明
1	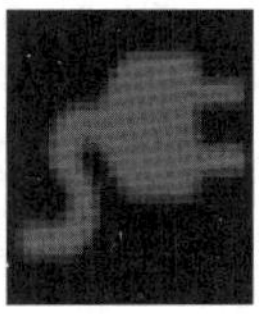	充电线连接指示灯	点亮表示充电线连接。信号来源是 VCU 给出的硬性信号,低有效

续上表

<table>
<tr><th>序号</th><th>显示</th><th>名称</th><th colspan="2">指示说明</th></tr>
<tr><td>2</td><td></td><td>充电提醒灯</td><td colspan="2">电量过低时点亮，信号来自 VCU 的 CAN 信号</td></tr>
<tr><td rowspan="7">3</td><td rowspan="7">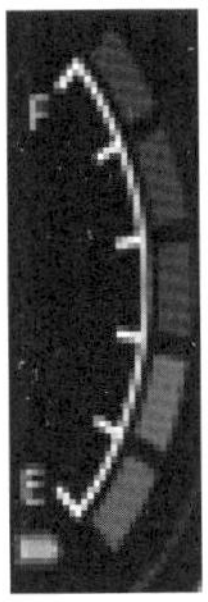</td><td rowspan="7">剩余电量表</td><td>当前 SOC 范围</td><td>剩余电量表 LED 灯点亮数</td></tr>
<tr><td>SOC > 82%</td><td>5</td></tr>
<tr><td>62% < SOC≤82%</td><td>4</td></tr>
<tr><td>42% < SOC≤62%</td><td>3</td></tr>
<tr><td>22% < SOC≤42%</td><td>2</td></tr>
<tr><td>5% < SOC≤22%</td><td>1</td></tr>
<tr><td>SOC < 5%</td><td>0</td></tr>
</table>

2. 车载充电机常见的故障与检修

车载充电机故障信息将通过 CAN 总线报至整车控制器（VCU）上，通过 CAN 总线可以找出发生的故障信息。

车载充电机常见的故障如下：

1）12V 低压供电异常

当充电器 12V 模块异常时，BMS、仪表等由于没有唤醒信号，无法与充电器进行通信。

当 12V 未上电，最简单的判断方式就是交流上电的时候，电池没有发出继电器闭合的声音，一般都是 12V 异常。需要检查低压保险盒内充电唤醒的熔断丝及继电器，以及充电器端子是否出现退针的情况。

2）充电器检测的电池电压不满足要求

此问题是在充电过程中，BMS 可以正常工作，但充电器工作开始前需要检测动力蓄电池电压，当动力蓄电池电压在工作范围内，车载充电机可以正常工作，否则充电器认为蓄电池不满足充电的要求。此情况常见的为高压插件端子退针或高压熔断丝熔断，或者蓄电池电压超过工作范围。

3）充电器检测与充电桩握手不正常

充电器工作过程中会检测与充电桩之间的握手信号，当判断到 CC 的开关断开，充电器认为此时将要拔掉充电枪，此时会停止工作，防止带电插拔充电枪，提升充电枪端子寿命。当充电枪未插到位，可能出现此情况。图 5-1-14 是充电器显示的状态。

4）充电桩输入电压正常，由于施工时电源线不符合标准所引起的无法充电故障

车辆在低温环境下，充电桩开始时与充电器连接正常，由于车辆动力蓄电池低温下需将电

芯加热至 0～5℃时，才能进行正常充电，加热过程时，负载较小，电压下降并不多；进入充电过程时，负载加大，输入电压下降，充电桩为充电器提供的电源电压低于 187V 时，充电器无法正常工作，充电器停止工作后，负载减小，测量时电压又恢复正常，这种情况一定要在充电器进入充电过程时测量当时准确电压，来找到故障所在。

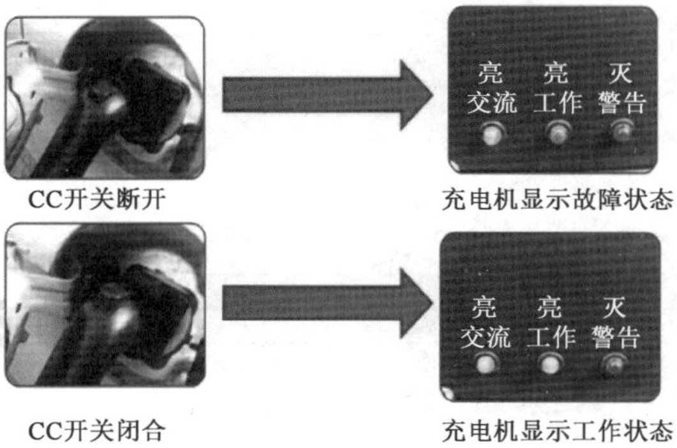

图 5-1-14　充电器显示的状态

另外，外接的充电电源接地线接触不良，是造成新能源汽车无法充电的常见原因。

3. 快充常见的故障与检修

1）充电桩显示车辆未连接

检修方法如下：

（1）检查快充口 CC1 端与 PE 端是否有 1000Ω 电阻。

（2）检查快充口导电层是否脱落。

（3）检查充电枪 CC2 与 PE 端是否导通。

2）动力蓄电池继电器未闭合

检修方法如下：

（1）检查充电桩输出正极唤醒信号是否正常。

（2）检查充电桩输出负极唤醒信号与 PE 端是否导通。

（3）检查充电桩 CAN 通信是否正常。

3）动力蓄电池继电器正常闭合，但无输出电流

检修方法如下：

（1）检查充电桩与动力蓄电池 BMS 软件版本是否匹配。

（2）检查高压连接器及线缆是否正确连接。

（3）用诊断仪查看充电监控状态。以北汽新能源 EV 系列车辆为例，充电监控项目如图 5-1-15 所示。

4）DC/DC 变换器不工作

检修方法如下：

（1）检查连接器是否正常连接。

（2）检查高压熔断丝是否熔断。

（3）检查使能信号输入是否正常（12V）。

北汽新能源>>车辆选择>>E150EV>>系统选择>>动力蓄电池充电状态监控

名称	当前值	单位
动力蓄电池充电请求	请求充电	
动力蓄电池加热状态	未加热	
动力蓄电池当前充电状态	充电状态	
动力蓄电池允许最大充电电流	10.0	A
动力蓄电池加热电流请求值	6.0	A
动力蓄电池允许最高充电端电压	370.00	V
剩余充电时间	0	min
CHG初始化状态	已完成	
动力蓄电池加热状态	停止加热	
充电机当前充电状态	正在充电	
充电机输出端电流	7.5	A
充电机输出端电压	335.3	V
充电机输出端过压保护故障	正常	
充电机输出端欠压保护故障	正常	
充电机输出电流过流保护故障	正常	
充电机过温保护故障	正常	

图 5-1-15　充电监控状态监控项目

4. 慢充常见的故障与检修

以下以北汽 E150EV 车辆实例介绍慢充常见的故障诊断与排除方法。

1) 车辆无法充电

故障现象：

车辆在使用充电桩充电时，充电桩指示灯亮，充电器电源工作灯亮，车辆无法正常充电。

可能原因：

动力蓄电池控制器故障、动力蓄电池故障、通信故障。

故障诊断与排除：

根据上述故障现象充电桩和充电器工作指示灯正常，第一个检查对象应该放在通信和动力蓄电池内部。用故障检测仪检测故障码及数据流，读出故障码：P1048（SOC 过低保护故障）、P1040（单体蓄电池电压欠压故障）、P1046（电池电压不均衡保护故障）、P0275（电池电压不均衡保护故障）；读出数据流：动力蓄电池单体蓄电池最低电压为 2.56V、动力蓄电池单体蓄电池最高电压为 3.2V，单体蓄电池电压差大于 500mV 时动力蓄电池管理系统（BMS）启动充、放电保护而无法充电，经过更换有故障的动力蓄电池单体蓄电池，动力蓄电池无法正常充电的故障解除，车辆恢复充电。

故障分析：

通过以上故障诊断与排除过程，总结一下动力蓄电池具备充电的条件：

(1) 充电桩与充电器或快充桩与动力蓄电池的通信要匹配。

(2) 车载充电机要能正常工作，无故障。

(3) 整车控制器与充电器、动力蓄电池控制器之间通信要正常。

(4) 唤醒信号要正常。

(5) 整车控制器和动力蓄电池控制器的信号要正常。

(6)单体蓄电池之间电压差小于500mV。

(7)高压电路无绝缘故障。

(8)动力蓄电池内部温度在充电的允许温度范围内。

2)充电时充电桩跳闸

故障现象:

车辆在使用充电桩充电时、出现充电桩跳闸,充电器无法充电。

可能原因:

充电器内部短路。

故障诊断与排除:

检查了充电桩交流220V电压、充电桩CP线与充电器连接正常,再检查充电线束、高压线束、充电器、动力蓄电池的绝缘均正常,更换充电器,故障排除。

故障分析:

因为此车的故障现象是充电桩跳闸,说明唤醒信号和互锁电路正常;基本可以断定是充电器内部短路故障。

3)充电器指示灯不亮

故障现象:

车辆在使用充电桩充电时,充电器指示灯不亮,车辆无法充电。

可能原因:

充电器内部故障、充电唤醒信号中断或互锁电路故障。

故障诊断与排除:

检查FU低压保险盒内的电池充电熔断丝和充电器低压电源,将万用表旋到直流电压挡测量充电器低压电源正常,再检查充电系统连接插件无退针、锈蚀现象,更换充电器故障排除。

故障分析:

此故障经检查充电器低压供电正常,而充电工作指示灯都不亮,基本确定为充电器内部故障。

思考

根据前面的学习及查阅资料,当快充桩显示车辆未连接时,可能的原因是?

____

____

____

____

____

____

知识拓展

手机或电动车电池如何充电才更好?

在日常生活中,我们经常会听到这样的疑问:厂家提供的锂离子蓄电池规格书中一般都会标注电池的可充放电次数,比如 CATL 280Ah 电池为 6000 次。那么,我们在使用手机或电动车时,是不是应该每次都等电池用完电后再充电,以延长电池的使用寿命呢?或者说,没有用完电就充电会不会导致电池更快达到充电次数,从而使手机或电动车的电池使用时间变短?

首先,我们需要了解电池的使用寿命是如何衡量的。锂离子蓄电池的性能会随着使用出现不同程度的下降,这是一个缓慢、不可逆的变化过程。使用寿命是锂离子蓄电池的一个重要性能参数。现行相关标准通常以标准的充放电循环试验中的全寿命(80%容量保持率)周期循环次数的形式规定锂离子蓄电池的使用寿命,电池的循环曲线如图 5-1-16 所示,当容量衰减至初始容量的 80%时对应的循环次数就是电池的使用寿命。

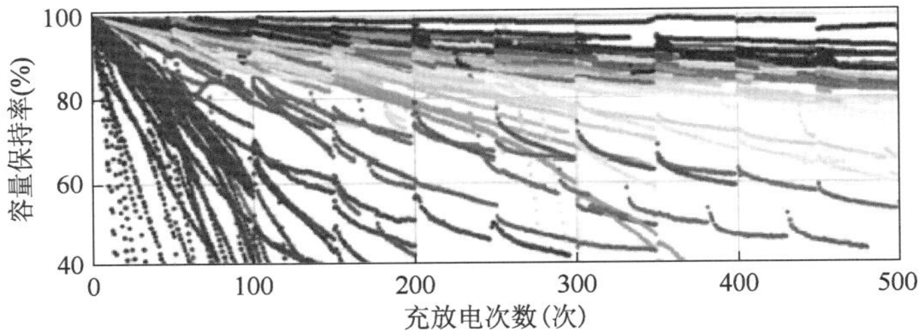

图 5-1-16　NCA(镍钴铝酸锂)电池循环曲线

实际运行中的工作条件与标准的充放电循环试验差别很大,环境条件、工作倍率、充放电深度等常出现波动,因此在实际运行中无法直接以循环次数衡量锂离子蓄电池的使用寿命。

比如一块手机电池有 100%的电量,一次把它用光到 0%,然后再充电到 100%,这就是一次充放电循环。此时电池循环次数为 1 次,充电次数为 1 次。

而我们第一次把它用到剩余电量 40%、然后充电到 100%,第二次又用到剩余电量 60%、再充电到 100%。这两次使用,合起来也是一次完整的充放电循环。此时电池循环次数为 1 次,但是充电次数为 2 次。

因此,锂离子蓄电池的等效全循环次数定义为电池在各种工况条件下累积的容量除以电池的标称容量所得到的计数值。一个完整的 100%用电/充电循环过程,可以仅充电 1 次,也可以是充电 2 次、3 次甚至更多次。但最终决定锂电池寿命的,是 80%初始容量时的等效全循环次数,而不是充电次数。

实际使用中,我们并不需要每次都等到电池完全耗尽才进行充电,这样的使用模式并不科学,也可能对电池造成不必要的损害。锂离子蓄电池并不像早期的镍镉蓄电池那样存在“记忆效应”,所以不需要每次都彻底放电。实际上,锂离子蓄电池的寿命与其经历的充放电深度(DoD)有关。

充放电深度(DoD)是指电池从满电状态放电到某一电量的比例。例如,如果一个电池从100%放电到50%,那么它的DoD就是50%。电池的寿命与其经历的总DoD成正比。也就是说,电池的总DoD越小,其寿命就越长。

因此,为了延长电池的使用寿命,我们应该避免频繁地进行深度放电和充电。例如,如果你每次使用手机直到电量几乎耗尽,然后再充满电,这样会累积较大的DoD,从而缩短电池的使用寿命。

一个科学的充电习惯是,尽量保持电池的电量在20%到80%之间。这样可以有效减少每次充电的DoD,从而延长电池的使用寿命。例如,当手机电量降到20%左右时充电,充到80%左右就停止,这样可以减少单次充电的DoD,同时也避免了过度充电。

此外,不同类型的电池(如LFP、NCA和NMC)在不同的操作条件下表现出不同的循环寿命。例如,LFP电池的循环寿命最长,而NCA电池寿命较短。此外,电池的容量衰减率也会受到温度、放电深度和放电倍率的影响。因此,在使用电池时,我们还应该考虑这些因素,以优化电池的性能和寿命。目前很多电气产品在电池管理系统中也已经对充放电深度进行了一定的管理,以延长电池使用寿命。

总之,为了延长手机或电动车电池的使用寿命,我们应该避免频繁的深度放电和充满电。合理的充电习惯,如在电量较低时开始充电,并在电量较高时停止充电,可以有效减少充放电深度,从而延长电池的使用寿命。

任务考核

学生在完成充电系统常见故障与排除的学习任务后,由教师按照任务考核表5-1-2所列内容进行考核。

充电系统常见故障与排除任务考核表 表5-1-2

题型	考核题目(每题10分)	得分
判断题	1.充电系统是新能源汽车主要的能源补给系统。新能源汽车,特别是纯电动汽车的充电技术,最关键的问题是如何能实现高效率的直流快充。( )	
	2.新能源汽车充电系统主要由充电桩、充电线束、车载充电机、高压控制盒、动力蓄电池、DC/DC变换器、低压蓄电池以及各种高压线束和低压控制线束等组成。( )	
	3.充电桩作为新能源汽车充电系统的配套设施,有交流充电桩和直流充电桩。其中交流充电桩,俗称“快充”;直流充电桩,俗称“慢充”。( )	
	4.新能源汽车动力蓄电池充电的方式主要有直流快充(交流快充)和交流慢充(直流慢充)。( )	
	5.纯电动汽车充电系统的低压部分主要是用于低压供电及控制信号。( )	
选择题	1.新能源汽车充电系统主要组成部分是( )。 A.充电桩、车载充电机 B.充电桩、DC/DC变换器 C.车载充电机、DC/DC变换器 D.DC/DC变换器、高压共轨	

续上表

题型	考核题目(每题 10 分)	得分
选择题	2. 下面有误的一项是(　　)。 A. 直流充电(快充)主要是通过充电站的充电桩将直流高压电直接通过直流充电口给动力蓄电池充电 B. 交流充电(慢充)主要是通过家用电源插头和交流充电桩接入交流充电口,通过车载充电机将 220V 交流电转为 330V 直流电(以比亚迪 e6 为例)给动力蓄电池进行充电 C. 直流快充模式的优点:是充电时间短;缺点:是降低动力蓄电池使用寿命 D. 蓄电池在放电终止后,应立即充电(在特殊情况下也不应超过 24h)。交流慢充电流相当低,约为 5A,这种充电叫作交流慢充(交流慢充或慢速充电)	
	3. 下面属于交流慢充模式的特点是(　　)。 A. 可充分利用电力低谷时段进行充电,降低充电成本 B. 充电时间短 C. 充电时间长 D. 可提高充电效率和延长动力蓄电池的使用寿命	
	4. 不属于低压部分的是(　　)。 A. 灯光　　B. BMS 通过 CAN 通信控制车载充电机工作状态 C. 动力蓄电池　　D. 12V 电源供电	
	5. 下列不属于充电为连接的检修方法是(　　)。 A. 检查快充口 CC1 端与 PE 端是否有 1000Ω 电阻 B. 检查快充口导电层是否脱落 C. 检查充电枪 CC2 与 PE 端是否导通 D. 检查充电桩与动力蓄电池 BMS 软件版本是否匹配	
总分		
教师评语:		

任务小结

在完成该任务的学习后,请对照本任务的学习目标,完成学习情况诊断。

本任务的学习目标回顾:______________________________

____

我的任务目标达成情况:______________________________

____

我今后的努力方向或改进方法:______________________________

____

项目六

动力蓄电池的维护与故障检测

项目概述

动力蓄电池作为新能源汽车的动力来源，要保障汽车能够正常且可靠的运行，需保证动力蓄电池处于良好的状态下，需对动力蓄电池进行定期的检测和维护，保证动力蓄电池能够健康、可靠的运行。另外，当动力蓄电池出现故障时，能够借助相应的检测方法和设备对其检测，及时、有效地排除故障，保证动力蓄电池安全且工作可靠。

本项目主要学习动力蓄电池的维护与故障检测，分为以下内容：

任务一　动力蓄电池的检测与维护

任务二　动力蓄电池常见故障诊断与排除

学习目标

知识目标：

(1)能够描述新能源汽车维护的等级划分；

(2)能够描述不同等级维护的项目、内容及技术要求；

(3)能够描述维护项目、操作方法和步骤。

技能目标：

(1)能够根据车辆状态确定车辆的维护项目；

(2)能够根据维护项目内容及技术要求，完成车辆的维护；

(3)能够正确使用常用动力蓄电池检测与诊断仪器完成动力蓄电池的检测与诊断。

素质目标：

(1)树立高压安全操作意识，掌握绝缘防护装备使用方法及应急处理规范；

(2)通过分组操作训练，提高沟通协作能力，适应团队工作。

任务一　动力蓄电池的检测与维护

任务描述

你的亲戚问你新能源汽车是否需要维护,与传统燃油汽车相比维护项目有什么区别,需要维护那些项目?作为新能源汽车专业的学生你能向亲戚进行详细说明吗?

知识准备

请预习后面的内容,完成下列填空题。

(1)纯电动汽车和传统燃油汽车最大的区别在于__________的不同。

(2)新能源汽车的维护主要分为__________、__________、__________三个等级。

(3)新能源汽车的日常维护以__________、__________、__________为主要项目。

(4)新能源汽车维护周期根据__________和__________的使用频率进行区分。

(5)新能源汽车一级维护以__________、__________、__________、__________、__________为主的维护作业。

新能源汽车与传统燃油汽车一样,为了新能源汽车能够较好地服务于驾驶人,就需要对新能源汽车进行定期的维护。纯电动汽车和传统燃油汽车最大的区别在于动力系统的不同,所以传统燃油汽车针对发动机的维护,如机油、“三滤”、火花塞等的更换,纯电动汽车都不需要。纯电动汽车主要是对动力蓄电池、高压线束、驱动电机等高压部件进行日常维护,一般都是以检查、排除问题为主。除了上述的新能源汽车的专属维护外,如制动系统、冷却系统、减振系统等也与传统燃油汽车类似,也要定期进行检查与维护,不过这些项目维护周期较长,也是以日常检查为主。而混合动力电动汽车的维护则和传统燃油汽车大同小异,传统燃油汽车对发动机的维护项目一样也不能少,同时也需要关注高压供电系统的日常维护和检查。

一、动力蓄电池系统的维护项目及要求

1.维护的定义与分级

汽车维护是汽车维修和养护的泛称。是指对出现故障的汽车通过技术手段排查,找出故障原因,并采取一定措施使其排除故障并恢复达到一定的性能和安全标准。汽车维护是指根据车辆各部位不同材料、不同工作环境所需的护理条件,采用不同性质的专用护理材料和产品,对汽车进行全新护理的工艺过程。

新能源汽车由于与传统燃油汽车的不同,需要具有维护资质的专业维修人员对其进行维

护。一般新能源汽车动力蓄电池系统的维护主要分为日常维护、一级维护、二级维护以及动力蓄电池的封存、启用维护。

新能源汽车的日常维护主要以清洁、调整、安全检查为主要项目的维护作业，其中，动力蓄电池系统方面主要包括动力蓄电池电量的调整等。一级维护以清洁、润滑、紧固、调整和仪器检测为主的维护作业，应由二级技能技师执行。动力蓄电池系统方面主要包括动力蓄电池系统（设备）冷却风道滤网拆卸、清洁、检查，用专用动力蓄电池维护设备（或外接充电）对单体蓄电池一致性进行维护，采用动力蓄电池专用诊断设备（或外接充电）对系统 SOC 值校准等。二级维护是指在一级维护的基础上对新能源汽车相关部件进行更为细致的调整、检测和维修，如动力蓄电池系统总电压、单体蓄电池电压等的检查。

2. 维护周期

电动汽车维护周期根据营运及非营运电动汽车的使用频率进行区分，具体内容见表 6-1-1。

电动汽车维护周期 表 6-1-1

序号	维护类别	营运电动汽车	非营运电动汽车
1	日常维护	每个营运工作日	—
2	一级维护	5000 ~ 10000km 或者 1 个月	5000 ~ 10000km 或者 6 个月
3	二级维护	20000 ~ 30000km 或者 6 个月	20000 ~ 30000km 或 1 年
4	诊断维修	（1）更换高压系统总成部件（如控制模块、高压空调压缩机等）； （2）维修仅限于蓄电池内独立部件更换（如高压蓄电池单体蓄电池）； （3）高压系统部件外观损坏、变形时，严禁维修更换，应报备相应主机厂	

注：维护周期中依据电动车行驶里程和维护作业间隔时间，以先到者为准。

3. 维护项目及要求

1）日常维护

日常维护是指以清洁、调整和安检为主要作业内容的车辆维护作业，包括对动力蓄电池外观的清洁，车辆报警灯的检查，动力蓄电池电量的补给等项目。

2）一级维护

新能源汽车一级维护，除了常规的日常维护项目外，高压系统维护项目主要以清洁、润滑、紧固、调整和仪器检测为主的维护作业，动力蓄电池系统方面的维护包括动力蓄电池冷却系统的拆卸、清洁，动力蓄电池系统状态维护，动力蓄电池系统 SOC 值校准等，具体内容见表 6-1-2。

动力蓄电池系统一级维护项目及要求 表 6-1-2

序号	维护项目	维护内容	技术要求
1	动力蓄电池系统（设备）冷却风道滤网	拆卸、清洁、检查滤网	清除积尘，如有损坏或达到产品说明书要求更换条件的，更换滤网
2	动力蓄电池系统状态	用专用动力蓄电池维护设备（或外接充电）对单体蓄电池一致性进行维护	动力蓄电池系统中单体蓄电池一致性应满足产品技术要求

续上表

序号	维护项目	维护内容	技术要求
3	动力蓄电池系统SOC值校准	采用动力蓄电池专用诊断设备(或外接充电)对系统SOC值校准	系统SOC误差值小于8%
4	动力蓄电池安装	目视检查动力蓄电池外观与安装支架	动力蓄电池外观无裂纹、无破损,安装支架无歪斜、开裂等故障现象,支架固定螺栓扭矩符合出厂标准
5	外接充电互锁	外接充电检查	当车辆与外部电路(例如:电网、外部充电器)连接时,不能通过其自身的驱动系统使车辆移动
6	维修开关	手动检查维修开关	确保可靠安装并清理表面灰尘

3)二级维护项目及要求

新能源汽车动力蓄电池系统二级维护项目是在一级维护的基础上,对动力蓄电池系统的参数、蓄电池箱的各个部件、绝缘进行检查,具体项目内容见表6-1-3。

动力蓄电池系统的二级维护项目及要求　　表6-1-3

序号	维护项目	维护内容	技术要求
1	动力蓄电池系统	系统连线	各部位线路固定可靠、整齐
		温度	温度采集数据正常
		单体蓄电池电压	单体蓄电池电压采集数据正常,电压在规定范围内
		总电压	系统总电压在规定范围内
2	蓄电池箱	冷却风扇工作状态	工作正常
		通风冷却滤网除尘	滤网无堵塞,箱体内无灰尘
		高压线束联接端紧固	联接牢固、可靠
		箱体安装固定检查	螺栓紧固力矩符合要求
3	绝缘检查	正级(输入、输出)对车体绝缘电阻	≥5MΩ
		负极(输入、输出)对车体绝缘电阻	≥5MΩ
4	高压配电箱	高压零部件工作状态	高压零部件工作正常
		绝缘电阻	≥5MΩ

新能源汽车二级维护完成后,在交付客户使用前,需对车辆进行竣工检验。竣工检验标准应满足相关技术文件要求,如有不满足的项目,需进一步维修,然后再进行竣工检查,满足竣工检查技术要求后,方可交付客户使用。二级维护竣工检查项目及要求具体内容见表6-1-4。

二级维护竣工检查项目及要求　　表 6-1-4

序号	检测部位	检测项目	技术要求
1	动力蓄电池系统	总电压	符合原厂出厂标准
		外接充电状态	使用直流充电机外接充电时，无充电中断现象，充电 SOC 值显示 100%，系统应自动终止充电
		动力蓄电池工作状态	正常，专用诊断仪检查，无动力蓄电池故障指示
		动力蓄电池通风工作状态	正常
		高压配电箱中各电器件状态	电器件安装牢固、无烧蚀或损坏
		动力蓄电池绝缘	绝缘电阻≥5MΩ
2	高压附件系统	DC/AC 逆变器工作状态	符合规定
		DC/DC 直流电源变换器工作状态	符合规定
		车载充电机工作状态	交流外接充电时，无充电中断现象，充电 SOC 值显示 100%，系统应自动终止充电
3	高压系统绝缘	检查整车高压系统输入、输出端与车体之间的绝缘电阻	绝缘电阻≥5MΩ

二、新能源汽车动力蓄电池系统的维护

1. 维护安全注意事项

1）维护前的准备

检查车辆安全行驶操作状况，确保新能源汽车维护能顺利进行。

检查仪器设备使用安全状况，如检查举升机、千斤顶等。

如有需要，操作人员应穿戴劳保鞋、工作手套和护目镜等。

确保工作场地通风干净，工具仪器摆放整齐，需要时配备灭火器等。

2）维护过程中的注意事项

举升车辆时，必须选择正确的举升点。

举升车辆前，确保车重不超过举升机额定载重。

操作人员在维护过程中要严格遵守各项安全规则与使用规则。

车辆在驶入举升机架前，确保车辆底部和两侧与举升机架之间有足够的距离，避免刮蹭。

举升车辆过程中，不允许在有驱动轮着地的情况下启动车辆和挂入挡位，否则会威胁到操作人员与车辆安全。

更换零部件和耗损品时要使用厂家提供的原厂配件或其认可的产品，以保证车辆的安全与性能。

3）维护后的注意事项

车辆必须清除故障存储器中的故障码后才能转交客户。

维护结束后，根据维护项目决定是否进行试车检查，特别要注意制动系统和乘员保护系统的检查。

2. 维护使用的工具

新能源汽车动力蓄电池的维护所使用的工具，除了拆装、清洁使用的普通工具外，还包括电压、电流、电阻检测使用的万用表，绝缘阻值检测用的兆欧表，以及其他检测用的专用工具，例如内阻测试仪、电池性能测试仪、电池在线均衡仪。另外，动力蓄电池系统维护还涉及高电压，工作前还需要准备高压防护用具，例如绝缘手套、绝缘鞋、隔离带、护目镜等，同时维修技术人员还应持有高压电工证，并具备高压防护技术。

3. 维护方法及项目

动力蓄电池系统的维护往往与其他部件，如DC/DC变换器、车载充电机、低压蓄电池的维护共同进行，下面以某新能源汽车相关部件的维护介绍新能源汽车动力蓄电池系统的维护方法以及工艺流程。

1）低压蓄电池的维护

在进行低压蓄电池的检测前，需关闭车辆电源开关，并关闭所有用电器。

方法及项目：首先是目检。检查蓄电池外围部件以及蓄电池本身是否有破损、漏液情况。检查蓄电池正负极端头是否有烧蚀、松动等现象，导线是否有破损现象。此处应注意，如果蓄电池正极电缆端头松动，为避免发生事故，必须首先将蓄电池负极电缆端头断开，再将蓄电池正极紧固，然后再紧固蓄电池负极。如图6-1-1所示。

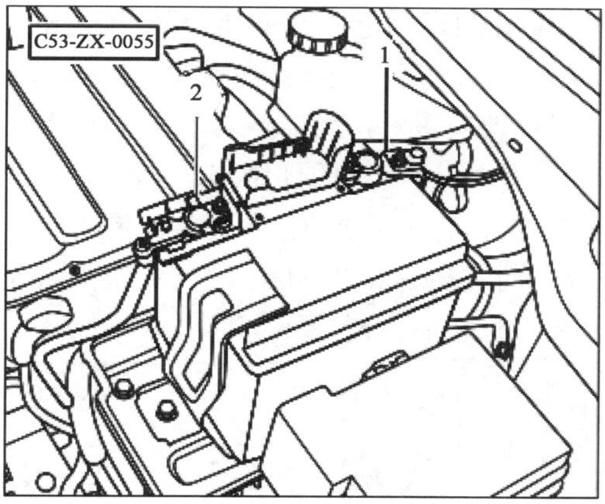

图6-1-1　低压蓄电池维护

1-蓄电池负极端头；2-蓄电池正极端头

2）动力蓄电池的维护

在进行动力蓄电池维护前，首先应关闭车辆电源开关，断开低压蓄电池负极电缆进行操作。

方法及项目：检查动力蓄电池高压线束固定螺栓是否有松动现象，检查高压线束、低压线束插头是否有松动现象，检查高压线束、低压线束是否有破损现象，检查高压插头、低压插头及插座内是否有歪针、退针、断针。检查动力蓄电池包外观是否有泥巴异物，若有及时清洁。检查蓄电池通风口是否有堵塞，若有及时清理。检查动力蓄电池外观是否有裂痕若有及时更换。检查动力蓄电池安装是否牢靠，紧固螺栓是否松动，按照标准力矩拧紧。如图6-1-2所示。

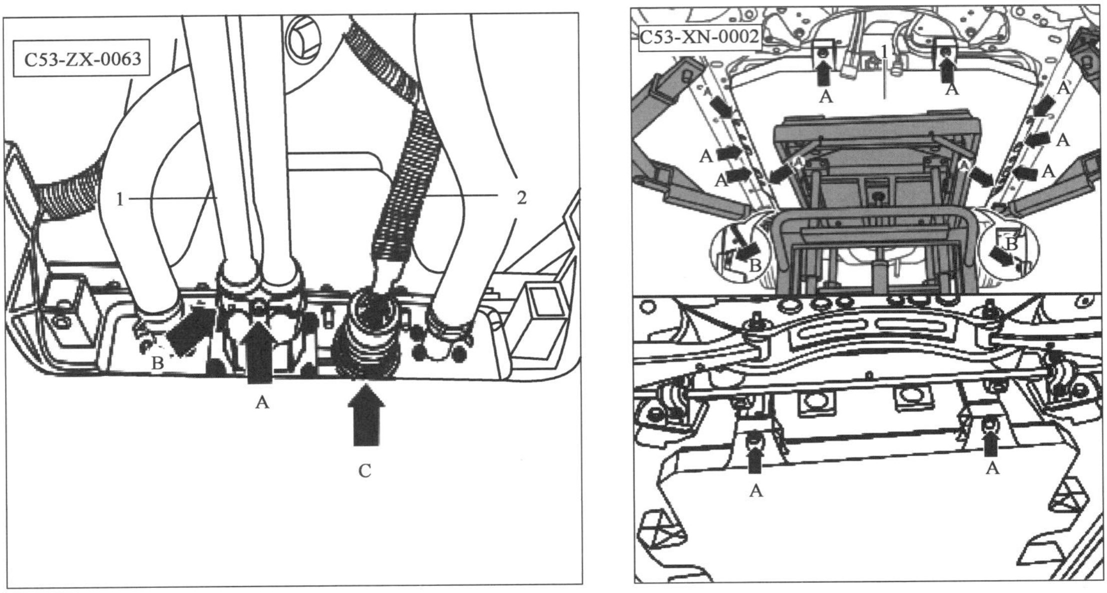

a)检查插头

1-高压线束；2-低压线束；A-电池高压线束连接插头固定螺栓；B-电池高压线束连接插头；C-低压信号连接插头

b)检查紧固螺栓

1-动力蓄电池系统总成；A、B-固定螺栓

图 6-1-2　动力蓄电池的维护

3)PEU(电力电子单元)的维护

在进行 PEU 维护前，首先应关闭车辆电源开关，断开低压蓄电池负极电缆后进行操作。

方法及项目：检查低压线束插件到高压线束插件是否插接牢靠，是否有退针情况，及时修正。检查高低压线束表层是否有破损，是否存在绝缘老化问题，及时更换。检查低压接、插座内针脚有无歪针、退针、断针，若有歪针，使用插件维修工具轻轻扶正，若有退针、断针，则更换相应部件。检查冷却水管与 PEU 是否卡接到位，水管是否有老化，若有及时更换。检查 PEU 安装是否牢靠，紧固螺栓是否松动，按照标准力矩拧紧。检查外观是否有泥巴异物，若有及时清洁。检查动力蓄电池外观是否有裂痕，若有及时更换。如图 6-1-3 所示。

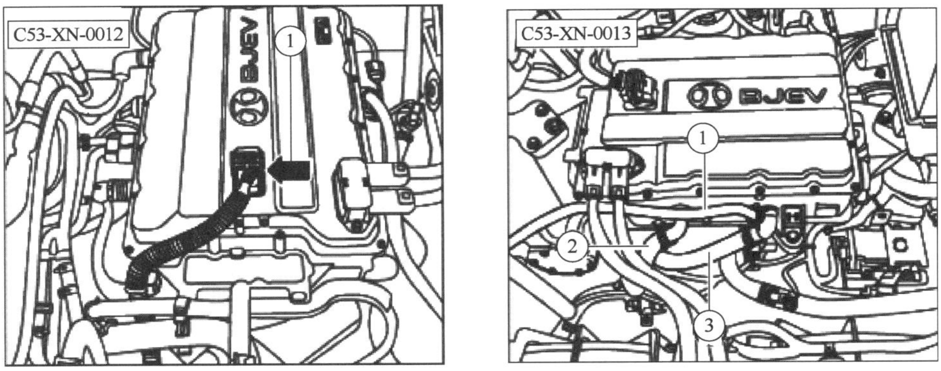

a)PEU低压控制模块连接插头检查示意图

1-低压控制模块连接插头

b) PEU冷却管路检查示意图

1-水泵出水管；2-通气管；3-驱动电机进水管

图　6-1-3

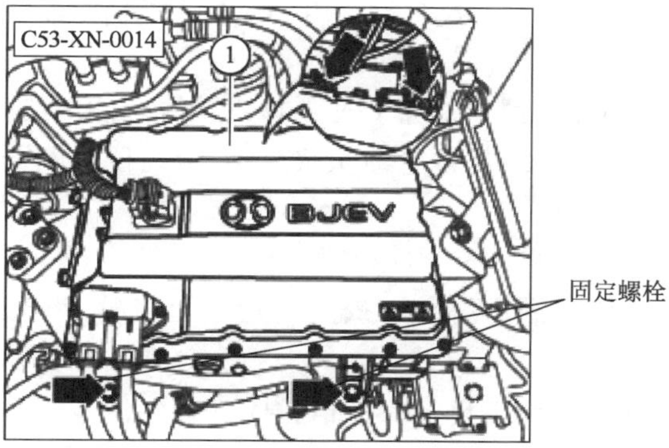

c)PEU固定螺栓检查示意图

1-动力电子单元总成

图 6-1-3　PEU 的维护

4）高压线束维护

主要是检查高压线束的导电性和绝缘性。

高压线束的好坏直接决定着这辆车能不能正常行驶、安全与否等问题。检测的仪器是万用表，检测过程是将连接动力蓄电池的线束与电源控制器分离，然后用探针逐个测试，如果电阻在规定数值内则判定为合格。检测绝缘性时，检测过程是将连接动力蓄电池的线束与电源控制器分离，根据动力蓄电池的电压，将绝缘电阻表置于适当的位置（绝缘电阻表的模拟电压挡位为（250V、500V、1000V）），检测高压部件的绝缘阻值是否正常。

5）充电接口维护

注意检查充电接口有无脏物堵塞，如有脏物要及时清理。检查充电接口螺栓是否紧固，插口金属连接处是否有烧蚀现象，如有及时清理，必要时进行更换。

4. 维护作业步骤

除了上述日常维护中目检的一些项目外，对于动力蓄电池系统的维护还有其他项目需要开展，以用来解决目测出现的一些故障，具体如下。

1）清理低压蓄电池接线柱

清理低压蓄电池接线柱的步骤如下：

（1）关闭车辆电源开关并拔掉起动钥匙。

（2）用扳手从接线柱上松开并拆卸蓄电池电缆卡夹。务必首先断开蓄电池负极（—）接线柱

（3）用钢丝刷或接线柱清理工具清理接线柱

（4）检查蓄电池接线柱上是否有白色或浅蓝色粉末，如果有，证明接线柱已经腐蚀。

（5）用碳酸氢钠水溶液清除腐蚀物。碳酸氢钠水溶液将起泡并变为棕色。

（6）当停止起泡时，用清水将碳酸氢钠水溶液冲干净，然后用布或纸巾将蓄电池擦干。

（7）重新连接并紧固正极（+）接线柱，然后连接负极（–）接线柱。

2）蓄电池的维护

维修装配蓄电池时注意轻拿轻放，避免蓄电池电解液外泄或者爆炸产生安全事故，蓄电池

装配前应首先检查是否有电。为了延长车辆蓄电池的使用寿命,必须遵守以下做法:

(1)保持蓄电池顶面清洁、干燥。

(2)保持接线柱和接头清洁、紧固并涂上凡士林或接线柱润滑脂。

(3)如果车辆将长时间不用,应从蓄电池负极(—)接线柱上断开电缆并每6周给断开的蓄电池充一次电。

3)PEU的检查维护

(1)配电箱固定螺栓连接牢固,无松动,减振垫完好无破损,外壳接地线端头无锈蚀、固定螺栓牢固无松动。

(2)外部接线牢固,无松动,线束自带保护罩且应安装到位。

(3)用干布或鸡毛掸除尘,保持干燥、干净。内部各部位接线桩铜排的连接紧固无松动,清除接线桩表面的氧化物。线束捆扎牢靠和无破损及刮擦。

(4)内部各熔断丝电阻值正确,连接部位无明显锈蚀痕迹。

(5)检测铜排对底盘绝缘电阻,测量使用500V兆欧表,绝缘电阻均应大于20MΩ。

4)动力蓄电池舱的检查与维护

(1)用干布或鸡毛掸除尘,保持干燥、干净。电池箱体清洁、密封以及电池绝缘性能检测合格。

(2)蓄电池管理系统性能检测与精度校正。

(3)蓄电池模块均衡充电。由于动力蓄电池组使用一段时间后单体蓄电池容量会有所差异,影响整个动力蓄电池组的总容量,因此新能源汽车每行驶5000km将车进行一次均衡充电维护(最好在蓄电池电量快耗尽时维护)。

三、动力蓄电池的运输与储存

1.动力蓄电池运输的要求

装有废旧动力蓄电池的容器必须贴有国家标准所要求的分类标识。

动力蓄电池报废后要根据其种类,用符合国家标准的专门容器分类收集运输。

对储存、装运动力蓄电池的容器应根据动力蓄电池的特性而设计,不易破损、变形,其所用材料能有效地防止渗漏、扩散。

在废旧动力蓄电池的包装运输前和运输过程中应保证其结构完整,不得将废旧动力蓄电池破碎、粉碎,以防止电池中有害成分的泄漏造成污染。

2.动力蓄电池的储存要求

(1)动力蓄电池储存时必须平放于包装箱内。

(2)请勿摔落电池系统并避免表面撞击。

(3)必须远离可使电池系统外部升温60℃的热源。

(4)储存于通风良好的干净环境,不可放置于阳光直晒区域。

(5)禁止将废旧动力蓄电池堆放在露天场地,避免废旧动力蓄电池遭受雨淋水浸。

(6)批量废弃锂离子蓄电池的储存,储存设施所使用的容器应确保满足其储存要求,保证废弃锂离子蓄电池的外壳完整，排除对环境造成不利影响，建立安全管理和出现危险时的应急机制。

动力蓄电池在储存时，也要定期对动力蓄电池进行检查，具体检查项目、要求及处理措施见表 6-1-5。

动力蓄电池储存的检查项目、要求及处理措施　　表 6-1-5

检查项目	标准和要求	处理措施
蓄电池的防护	放在专用绝缘托架上，避免在潮湿、灰尘、高温状态下存放	要有专用蓄电池存放与修理车间，车间地面要配有绝缘垫，存放地点要避免潮湿、高温，库房要配有消防栓，水基灭火器，沙袋以及消防铁锹
定期检查要求	经销商在接受车辆或单独动力蓄电池时，要对动力蓄电池进行仔细检查，是否有磕碰、刮伤、变形现象，避免对安全及使用留有隐患	发现动力蓄电池有磕碰刮伤，请联系厂家对故障蓄电池进行处理
长时间存储蓄电池的要求	动力蓄电池长时间放置不使用时，应确保每月正常放电、满充一次，保持蓄电池包状态良好，避免因长时间闲置，蓄电池包自放电发生单体蓄电池电压不一致故障	应确保每月正常放电、满充一次，长时间停放时 SOC 值应保持 50% ~60% 之间
定期充电	充电时电芯的温度范围在 5 ~ 55℃ 之间，才可以充电，当有温度点高于 55℃ 或低于 5℃时，电池管理系统将自动切断充电回路，此时将无法充电	充电前检测箱体内部温度，若有低于 5℃ 的温度点时，启动蓄电池加热模式，闭合加热片，进行加热内循环，待所有温度点大于等于 7℃，停止加热，启动充电程序，过程中出现加热片温度大于等于 25℃，则间歇停止加热，待加热片温度小于等于 15℃，则重启加热片。如果充电过程中电芯最低温度低于 5℃，则停止充电模式，也不启动加热模式
		快充中，电流显示值为：13 ~ 46A 之间，快充充电的电流，受动力蓄电池内部温度影响而变化

知识拓展

新能源汽车动力蓄电池使用注意事项

一、避免动力蓄电池包发生碰撞

新能源汽车的动力蓄电池一般布置在车身底部，当车辆在行驶过程中，应尽量避免车底与地面擦碰，虽然车企针对动力蓄电池都做了相应的保护措施，但是如果动力蓄电池与地面擦碰力度过大，可能会导致动力蓄电池模组或者单体蓄电池变形，从而发生短路导致动力蓄电池故障甚至着火。另外，在车辆发生碰撞后，一定要按照维修手册的要求，对动力蓄电池外观、性能、安全等方面进行全面检查，确保动力蓄电池能够安全、正常使用。

二、避免动力蓄电池进水

新能源汽车在出厂时，对动力蓄电池进行了气密性测试，保证车辆正常使用过程中的密封性良好。但是车辆在使用过程中，动力蓄电池如果使用不当可能会导致进水产生绝缘故障，尤其是在对车辆进行清洗时，严谨使用高压水枪对动力蓄电池进行直接冲洗。

三、关注动力蓄电池使用温度

动力蓄电池的温度与其性能有着较大的关联性，温度过高或者过低都会影响电池的性能甚至使用寿命，一般动力蓄电池的最佳工作温度在 10～30℃。所以在充/放电过程中，温度高时要保证其散热良好，温度低时要给动力蓄电池进行加热。因此对于车辆的冷却系统和加热系统要进行定期的检查，保证其工作良好。另外车辆行驶过程中，如果出现动力蓄电池过热报警，一定要停车冷却，必要时到修理厂进行检查维修，防止车辆发生热失控而自燃。在动力蓄电池使用的过程中，使用者更多关注的是过热情况，因此国内相关学者针对动力蓄电池的热管理系统进行了大量的研究。根据相关学者的观点，动力蓄电池热管理技术的未来趋势主要有 3 个方向，分别是浸没式冷却、本征抗泄漏相变高分子材料、阻燃相变材料，为动力蓄电池热管理技术进一步发展提供了方向，进一步促进动力蓄电池的发展。

四、避免动力蓄电池过充或过放电

动力蓄电池在使用的过程中应避免过充、过放电。在车辆行驶的过程中，应将及时关注动力蓄电池的剩余电量 SOC 值。一般车辆的剩余电量低于 20% 时，车辆会在组合仪表中显示电量较低的提示或者以指示灯的方式提示，此时应尽快给动力蓄电池进行充电，如果电池电量过低，可能会损坏正负极材料，导致动力蓄电池发生故障，影响动力蓄电池的使用寿命。充电时，也应避免动力蓄电池过充，一般车辆的充电电量阈值设置为 80%，一方面保证动力蓄电池的充电速度，另一方面防止车辆在行驶过程中制动能量回收导致动力蓄电池过充电，影响动力蓄电池使用寿命。另外，车辆在长时间停放时，应定期给动力蓄电池进行充电，防止动力蓄电池由于自放电导致过放电，影响电池使用寿命。

任务考核

学生在完成动力蓄电池的检测与维护的学习任务后，由教师按照任务考核表 6-1-6 所列内容进行考核。

动力蓄电池的检测与维护任务考核表　　表 6-1-6

题型	考核题目（每题 10 分）	得分
判断题	1. 一般新能源汽车动力蓄电池系统的维护主要分为日常维护、一级维护、二级维护以及动力蓄电池的封存、启用维护。（　）	

续上表

题型	考核题目(每题 10 分)	得分
判断题	2. 营运新能源汽车二级维护周期依据车辆行驶 20000～30000km 或者维护作业间隔 6 个月。　(　　)	
	3. 新能源汽车二级维护完成后,可直接交付客户使用,无需对车辆进行竣工检验。　(　　)	
	4. 在进行动力蓄电池维护作业前,首先应关闭车辆电源开关,断开低压蓄电池负极电缆后进行操作。　(　　)	
	5. 在废旧动力蓄电池的包装运输前和运输过程中应保证其结构完整,不得将废旧动力蓄电池破碎、粉碎,以防止蓄电池中有害成分的泄漏污染。　(　　)	
选择题	1. 动力蓄电池系统 SOC 值的误差值应该小于(　　)。 A. 5%　B. 8%　C. 10%　D. 12%	
	2. 下列属于动力蓄电池一级维护的项目是(　　)。 A. 清洁　B. 安全性能检视　C. SOC 校准　D. 绝缘检查	
	3. 下列属于动力蓄电池二级维护项目的是(　　)。(多选) A. 动力蓄电池系统状态　B. 高压绝缘状态 C. 外接充电互锁　D. 高压配电箱工作状态	
	4. 动力蓄电池长时间放置不使用时,应确保(　　)正常放电、满充一次,保持电池包状态良好,避免因长时间闲置,蓄电池包自放电发生单体蓄电池电压不一致故障(　　)。 A. 每星期　B. 每月　C. 每季度　D. 每半年	
	5. 由于动力蓄电池组使用一段时间后单体蓄电池容量会有所差异,影响整个蓄电池组的总容量,因此每(　　)将车进行一次均衡充电维护。 A. 5000km　B. 10000km　C. 15000km　D. 20000km	
总分		
教师评语:		

任务小结

在完成该任务的学习后,请对照本任务的学习目标,完成学习情况诊断。

本任务的学习目标回顾:____

____

我的任务目标达成情况:____

____

我今后的努力方向或改进方法:__________________________________

____

任务二　动力蓄电池常见故障诊断与排除

任务描述

你的亲戚问你新能源汽车动力蓄电池系统有哪些常见故障,新能源汽车动力蓄电池系统的检测方法有哪些,如何排除这些故障?作为新能源汽车专业的学生你能向亲戚讲清楚吗?

知识准备

请预习后面的内容,完成下列填空题。

(1)动力蓄电池系统检测与诊断常用的仪器有__________、__________、__________、__________、__________等。

(2)万用表有一个公用表头,是集__________、__________、__________于一体的仪表,示波器可以应用于测量__________、__________、__________、__________、__________等电参数。

(3)动力蓄电池内阻的增大,必然伴随实际输出能量的降低,从而表现为动力蓄电池的__________减小。

(4)动力蓄电池电压类故障主要有__________、__________、__________、__________;动力蓄电池温度类故障主要有__________、__________、__________、__________。

(5)充电时 SOC 值等于__________除以__________。SOC 值跳变报警可能的原因是__________、__________、__________。

一、动力蓄电池故障等级

动力蓄电池的故障根据其严重程度一般分为三个等级。

1. 一级故障

一级故障表明动力蓄电池在此状态下功能已经丧失,请求其他控制器立即(1s 内)停止充电或放电。如果其他控制器在指定时间内未作出响应,电池管理系统将在 2s 后主动停止充电或放电(即断开高压继电器)。

2. 二级故障

二级故障表明动力蓄电池在此状态下功能已经丧失,请求其他控制器停止充电或者放电,其他控制器应在一定的延时时间内响应动力蓄电池停止充电或放电请求。

3. 三级故障

三级故障表明动力蓄电池性能下降,蓄电池管理系统降低最大允许充、放电电流。

二、动力蓄电池系统检测与诊断设备介绍

随着汽车电控系统的日益复杂,单凭简单的自诊断工具和方法已经不能满足电器系统诊断维修的需求。如何让维修人员借助检测工具,使用合适的检测方法在车辆繁杂的机械、电器系统中准确、快速找到故障点,是现在汽车维修技术人员所必须掌握的一项技能。

动力蓄电池系统作为新能源汽车的能量来源,其性能好坏直接影响车辆的正常使用。要想准确掌握动力蓄电池系统的性能,就需要对动力蓄电池系统使用一些检测工具,例如万用表、兆欧表、示波器、诊断仪等,再通过相应的检测方法,如电压法、电流法、电阻法等,来掌握动力蓄电池系统的性能,确定其是否能够满足使用要求。

1. 万用表介绍及使用方法

1)万用表介绍

万用表不仅可以用来测量被测量物体的电阻、交流电压,还可以测量直流电压。甚至有的万用表还可以测量晶体管的主要参数以及电容器的电容量等。充分熟练掌握万用表的使用方法是电子技术的最基本技能之一。常见的万用表有指针式万用表和数字式万用表。指针式万用表是一表头为核心部件的多功能测量仪表,测量值由表头指针指示读取。数字式万用表的测量值由液晶显示屏直接以数字的形式显示,读取方便,有些还带有语音提示功能。万用表有一个公用表头,集电压表、电流表和欧姆表于一体的仪表,如图 6-2-1 所示。

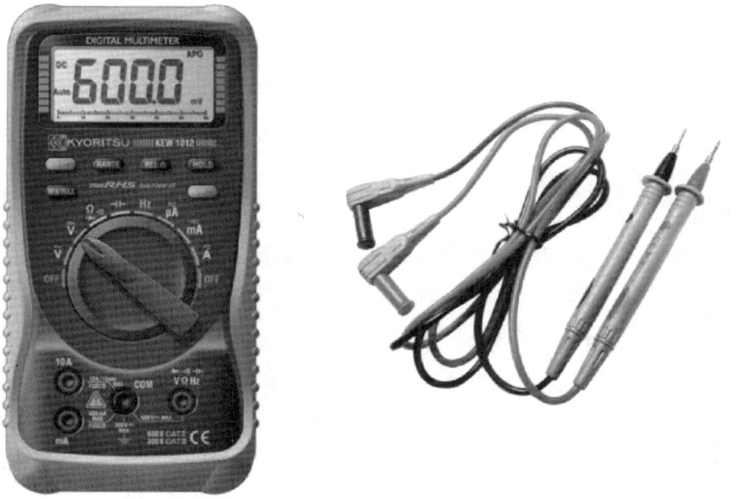

图 6-2-1　万用表示意图

万用表的直流电流挡是多量程的直流电压表。表头并联闭路式分压电阻即可扩大其电压量程。万用表的直流电压挡是多量程的直流电压表。表头串联分压电阻即可扩大其电压量程。分压电阻不同,相应的量程也不同。万用表的表头为磁电系测量机构,它只能通过直流,

利用二极管将交流变为直流,从而实现交流电的测量。

2)万用表的使用方法

(1)使用前,应认真阅读有关的使用说明书,熟悉电源开关、量程开关、插孔、特殊插口的作用。

(2)将电源开关置于 ON 位置。

(3)交直流电压的测量:根据需要将量程开关拨至 DCV(直流)或 ACV(交流)的合适量程,红表笔插入 V/Ω 孔,黑表笔插入 COM 孔,并将表笔与被测线路并联,读数即显示。

(4)交直流电流的测量:将量程开关拨至 DCA(直流)或 ACA(交流)的合适量程,红表笔插入 mA 孔(<200mA 时)或 10A 孔(>200mA 时),黑表笔插入 COM 孔,并将万用表串联在被测电路中即可。测量直流电时,数字万用表能自动显示极性。

(5)电阻的测量:将量程开关拨至 Ω 的合适量程,红表笔插入 V/Ω 孔,黑表笔插入 COM 孔。如果被测电阻值超出所选择量程的最大值,万用表将显示"1",这时应选择更高的量程。测量电阻时,红表笔为正极,黑表笔为负极,这与指针式万用表正好相反。因此,测量晶体管、电解电容器等有极性的元器件时,必须注意表笔的极性。

3)使用注意事项

(1)如果无法预先估计被测电压或电流的大小,则应先拨至最高量程挡测量一次,再视情况逐渐把量程减小到合适位置。测量完毕,应将量程开关拨到最高电压挡,并关闭电源。

(2)满量程时,仪表仅在最高位显示数字"1",其他位均消失,这时应选择更高的量程。

(3)测量电压时,应将数字万用表与被测电路并联。测电流时应与被测电路串联,测直流时不必考虑正、负极性。

(4)当误用交流电压挡去测量直流电压,或者误用直流电压挡去测量交流电压时,显示屏将显示"000",或低位上的数字出现跳动。

(5)禁止在测量高电压(220V 以上)或大电流(0.5A 以上)时换量程,以防止产生电弧,烧毁开关触点。

2. 示波器介绍及使用方法

1)示波器介绍

示波器是一种用途十分广泛的电子测量仪器。它能把肉眼看不见的电信号变换成看得见的图像,便于人们研究各种电现象的变化过程。示波器利用狭窄的、由高速电子组成的电子束,打在涂有荧光物质的屏面上,就可产生细小的光点(这是传统的模拟示波器的工作原理)。在被测信号的作用下,电子束就好像一支笔的笔尖,可以在屏面上描绘出被测信号的瞬时值的变化曲线。用示波器能观察各种不同电信号幅度随时间变化的波形曲线,在这个基础上示波器可以应用于测量电压、时间、频率、相位差和调幅度等电参数。如图 6-2-2 所示。

图 6-2-2　示波器示意图

2)示波器的使用方法

(1)使用前,应认真阅读有关的使用说明书,熟悉示波器电源开关、按键、插孔的作用。

（2）示波器测量时：一般都是将红表笔接信号端，黑表笔接搭铁。

3）使用注意事项

（1）禁止蓄电池正负极短路。

（2）在车辆运转情况下测试时应将变速器操纵杆置于空挡，制动杆置于停车位。

（3）维修人员不要一边操作车辆一边使用仪器，如需操作车辆，应有两位维修人员分别操作。

（4）防止仪器接触蓄电池电解液、冷却液、水、油或其他液体。

（5）使用时一定要安装防滑护套，防止仪器滑脱。

（6）防止人体或仪器接触电动汽车高压部位、高温部位、运转件等。

（7）禁止将仪器用于非汽修车辆。

（8）禁止使用非指定的或绝缘破损的测试线及测试探头。

（9）禁止在信号输入端施加超过规定电压值的直流或交流电压。

3. 兆欧表介绍及使用方法

1）兆欧表介绍

兆欧表是电工常用的一种测量仪表，主要用来检查电器设备、家用电器或电器线路对地及相间的绝缘电阻，以保证这些设备、电器和线路工作在正常状态，避免发生触电伤亡及设备损坏等事故。如图6-2-3所示。

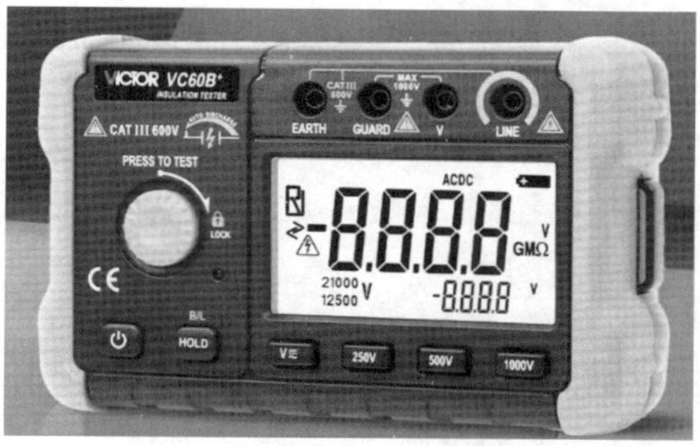

图6-2-3　兆欧表示意图

2）兆欧表使用方法

（1）测量前必须将被测设备电源切断，并对地短路放电。决不能让设备带电进行测量，以保证人身和设备的安全。对可能感应出高压电的设备，必须消除这种可能性后，才能进行测量。

（2）被测物表面要清洁，减少接触电阻，确保测量结果的正确性。

（3）测量前应将兆欧表进行一次开路和短路试验，检查兆欧表是否良好。

（4）兆欧表使用时应放在平稳、牢固的地方，且远离大的外电流导体和外磁场。

（5）必须正确接线。兆欧表上一般有三个接线柱，其中L接在被测物或大地绝缘的导体部分，E接被测物的外壳或大地。G接在被测物的屏蔽上或不需要测量的部分。测量绝缘电阻时，一般只用“L”和“E”端. 但在测量电缆对地的绝缘电阻或被测设备的漏电流较严重时，就要使用“G”端，并将“G”端接屏蔽层或外壳。

（6）读数完毕，将被测设备放电。放电方法是将测量时使用的地线从兆欧表上取下来与被测设备短接一下即可（不是兆欧表放电）。

3）使用注意事项

（1）禁止在有雷电时或高压设备附近测绝缘电阻，只能在设备不带电，也没有感应电的情况下测量。

(2)测试过程中,被测设备上不能有人工作。

(3)兆欧表线不能绞在一起,要分开。

(4)被测设备未放电之前,严禁用手触及。拆线时,也不要触及引线的金属部分。

(5)测量结束时.对于大电容设备要放电。

(6)兆欧表接线柱引出的测量软线绝缘应良好,两根导线之间和导线与接地之间应保持适当距离,以免影响测量精度。

(7)为了防止被测设备表面泄漏电阻,使用兆欧表时,应将被测设备的中间层(如电缆壳芯之间的内层绝缘物)接于保护环。

(8)要定期校验其准确度。

4.诊断测试仪介绍及使用方法

1)诊断测试仪的介绍

诊断测试仪是指能够连接数据通信连接器 DLC,与 EMS 及其他系统控制模块进行通信,查询控制模块内部随车诊断系统存储的故障码和各种数据信息,并能够进行双向通信的仪器。诊断测试仪是诊断微机控制系统最重要的工具。

诊断测试仪功能较多,主要功能如下:

读取故障码:可以读取 EMS(能量管理系统)及其他系统控制模块存储的故障码,故障码信息及冻结帧数据。

读取数据流:可以读取大量的车辆运行参数,有数字显示或图线显示两种方式,可以定制数据,观察选定的数据。

清除故障码:可以清除 EMS 及其他系统控制模块存储的故障码及冻结帧数据。

输出控制:维修人员通过诊断仪向 EMS 及其他系统控制模块发指令,控制执行器动作,检查执行器的状态。

2)诊断测试仪的使用

(1)使用前,应认真阅读有关的使用说明书,熟悉各按键的作用。

(2)起动车辆,连接诊断测试仪。

(3)选择相应车型。

(4)读取故障码

3)使用注意事项

(1)维修技师不要一边操作车辆一边使用诊断仪器,如需操作车辆,需另一位维修技师协助操作。

(2)防止仪器接触蓄电池电解液、冷却液、水、油或其他液体。

(3)使用时一定要安装防滑护套,防止仪器滑脱摔坏。

三、动力蓄电池系统检测与诊断方法

动力蓄电池系统的检测与诊断可以借助上述检测与诊断仪器开展多项检测,例如电压检测、电阻检测、绝缘阻值检测、故障码读取等检测与诊断。

1. 电压检测法

电压测量是动力蓄电池系统最常用的一种方法，电压测试能比较直观的反馈动力蓄电池系统状态的一种方法，主要分为动力蓄电池端电压的离线测量和在线测量。

离线测量动力蓄电池的端电压是指动力蓄电池在脱离原连接线路的情况下，使用万用表的DC电压挡或电压表直接测量动力蓄电池两端的电压。被测动力蓄电池端电压在额定电压左右，不能低于额定电压的5%，不足额定电压5%即为欠压或可能已失效的动力蓄电池。若经过充电或激活充电后端电压仍达不到上述参数，即为失效动力蓄电池。

在线测量动力蓄电池的端电压是指在动力蓄电池正常充放电情况下，使用万用表的DC电压挡或电压表测量动力蓄电池两端的电压。当动力蓄电池在充电状态时，一般端电压大于额定电压。当动力蓄电池处于放电工作状态时，动力蓄电池的端电压下降约5%（开始工作瞬间）。

2. 电流测试

这里所说的电流测试指的是车辆起动瞬间输出大电流的测试。动力蓄电池是否具有起动瞬间输出大电流的特性。一般情况下，要求动力蓄电池瞬间电流达到峰值的时间小于7ms，一般设计为4～5ms，这就是说，动力蓄电池为达到驱动电动机瞬间起动的电流要求，动力蓄电池必须在小于4～5ms时间内输出负载所需的电流，失效的动力蓄电池虽然能够满足端电压和容量的要求，但不能在4～5ms内达到最大放电电流的要求。

3. 电阻测试

动力蓄电池系统的电阻测试主要是指通过电阻的测试来判断电路和部件质量的好坏。例如可以通过万用表的欧姆挡测试线束的通断，如果线束短路，那么万用表测出的电阻值将会接近于0；如果断路，则电阻值将为无穷大。同时使用万用表欧姆挡还可以检测总线系统的好坏，可以通过检测总线的终端电阻从而判断总线的状态，可以排除一些总线故障。

4. 内阻测试

动力蓄电池的内阻根据蓄电池单元种类的不同而有所不同，但基本在一个数量级范围内。以镍氢蓄电池电源为例，其内阻一般在20～30mΩ之间，当内阻超过80mΩ时，需要对动力蓄电池做均衡充电处理或活化处理。动力蓄电池内阻的增大，必然伴随实际输出能量的降低，从而表现为动力蓄电池的容量减小。

测试动力蓄电池的内阻是否增大，决不可用万用表的电阻挡直接测量，应采用间接测量计算的方法，实际测量时可用简单方法判断动力蓄电池的内阻是否增大，即用一组正常动力蓄电池和一组被测动力蓄电池做串联充电，在充电过程中同时测量对比两组动力蓄电池的端电压，内阻增大的动力蓄电池获得的充电电压比正常动力蓄电池的高，充电电压差别的大小反映出内阻差别的程度。动力蓄电池的寿命以标定的年限为标准是不科学的，其正确含义应是：在正常环境下以同深度（100%，50%或20%等）放电，再恢复可使用的次数。一般是通过对实际使用充放电的计算，将动力蓄电池的寿命变成一个可以估计的年限。

5. 均衡测试

动力蓄电池电量均衡就是“削峰添谷”，使各个单体蓄电池的电压达到较好的一致性，提高车辆的续驶里程和蓄电池组的使用寿命。电池均衡仪的主要功能是通过采集并判断蓄电池组单体蓄电池的电压参数,采用“串充补齐”的方式,对蓄电池组进行相关的维护。把蓄电池组内的单体蓄电池电压维护到电池出厂时的水平,使其处于最佳工作状态,用以解决蓄电池组一致性差异。

在实际使用中,由于单体蓄电池之间的差异,蓄电池组的容量只能达到最弱的电池容量。在串联蓄电池组中,虽然通过单体蓄电池的电流相同,但是由于其容量不同,蓄电池的放电深度也会不同,容量大的总会欠充欠放,而容量小的总会过充过放,这就造成容量大的单体蓄电池衰减缓慢、寿命长,容量小的单体蓄电池衰减加快、寿命缩短,两者之间的差异会越来越大,最终小容量单体蓄电池的失效会导致电池组的提前失效。

6. 动力蓄电池系统诊断

动力蓄电池系统诊断主要是利用厂家提供的专用诊断仪来对动力蓄电池系统的故障码进行读取,从而进一步判断故障点,从而消除故障。诊断流程如图 6-2-4 所示。

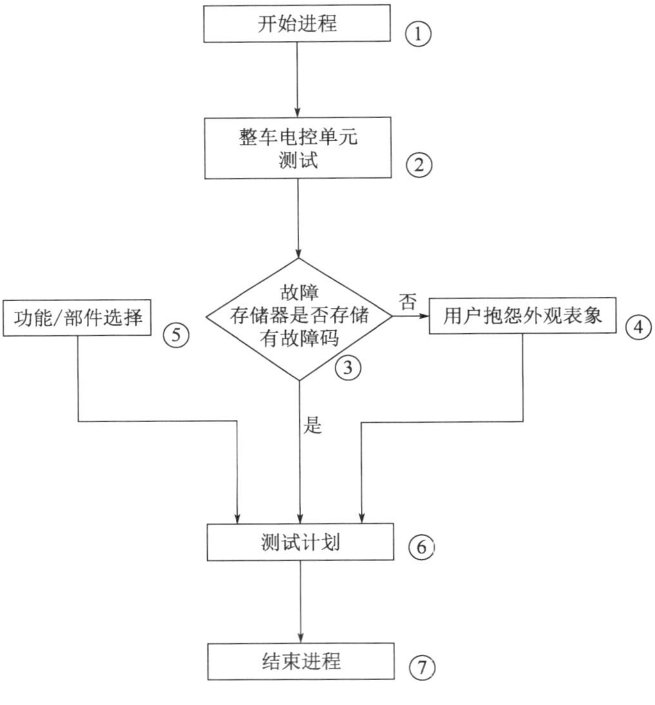

图 6-2-4　诊断流程示意图

故障码诊断步骤如下:

在进行诊断之前,首先应确认低压蓄电池电压为正常电压。确定电压正常后,请按下列步骤进行诊断。

关闭启动停止按键及所有用电器。

(1)将诊断仪 BDS(Beijing Diagnostic Tool,北京汽车诊断仪)连接至车辆诊断接口上。

(2)打开启动停止按键至 RUN 挡。

(3)用诊断仪读取和清除 DTC(Diagnostic Trouble Code,诊断故障代码)。

(4)关闭启动停止按键及所有用电器,3 ~5s 后重新打开启动停止按键。

(5)用诊断仪读取 DTC。

(6)如果检测到 DTC,则说明车辆有故障,请进行相应的诊断步骤。如果没有检测到 DTC,则说明先前检测到的故障为偶发性故障。

某电动汽车的动力蓄电池系统相关故障代码见表 6-2-1。

某电动汽车的动力蓄电池系统相关故障代码 表 6-2-1

故障代码	定义	故障代码	定义
P101327	SOC 跳变报警	U025482	蓄电池系统内部通信故障(单通道)
P101221	SOC 太低报警	P119C21	单体蓄电池过放失效故障
P101101	动力蓄电池包不匹配	P119121	蓄电池总电压欠压
P118822	电池单体过压	P11D729	绝缘检测电路故障
P119022	总电压过压	P0A0A94	高低压互锁故障
P118522	单体蓄电池电压不均衡(故障)	P120301	动力蓄电池能量回馈故障
P118501	单体蓄电池电压不均衡(预警)	P12051C	BMS 低压供电电源异常故障
P118111	蓄电池外部短路(过流故障)	P12044B	被动均衡电路过温故障
P118312	蓄电池内部短路	P120454	被动均衡模式异常故障
P0A7E22	蓄电池温度过高(故障)		

动力蓄电池的检测与诊断除了上述的方法外,还可以利用人体的感官来进行,例如利用眼睛观察,线束是否有烧蚀、断裂现象;螺栓是否有松动现象。利用触感,用手触摸电池包绝缘外壳,可以初步判断是否存在温度异常,振动异常的现象。利用嗅觉,闻一闻是否有异味产生,判断是否有烧蚀或者漏液等现象出现。所以再进行动力蓄电池系统检测与诊断时,要综合分析,以便于快速找到故障点。

四、动力蓄电池常见故障及处理

1. 电压类故障

1)蓄电池电压高

满电静置后,蓄电池单串或几串电压明显偏高,其他单体蓄电池电压正常。

故障原因:

(1)采集误差。

(2)LMU(模组管理单元)均衡功能差或失效。

(3)电芯容量低,充电时电压上升较快。

处理方法:

(1)单体蓄电池电压显示值较其余单体蓄电池偏高,测量单体蓄电池实际电压值进行比对,若实际电压值较显示值低,且与其他单体蓄电池电压相同,则以实际电压值为标准对 LMU 单体蓄电池电压进行校准;若测量值与显示值相符,则人工对单体蓄电池电压进行放电均衡。

(2)检查电压采样线是否断裂,虚接;

(3)更换 LMU。

2)蓄电池电压低

满电静置后,某个单体蓄电池或几个单体蓄电池电压明显偏低,其他单体蓄电池电压正常。

故障原因:

(1)采集误差;

(2)LMU 均衡功能差或失效;

(3)电芯自放电率大;

(4)电芯容量低,放电时电压下降较快。

处理方法:

(1)单体蓄电池电压显示值较其余单体蓄电池电压偏低,测量单体蓄电池实际电压值进行比对,若实际电压值较显示值高,且与其他单体蓄电池电压相同,则以实际值为标准对 LMU 单体蓄电池电压进行校准;若测量值与显示值相符,则人工对单体蓄电池电压进行充电均衡。

(2)检查电压采样线是否断裂,虚接;

(3)更换 LMU;

(4)对故障蓄电池包进行更换。

3)压差

动态压差/静态压差。充电时单体蓄电池电压迅速至满电截止电压跳枪;踩加速踏板时,单体蓄电池电压比其他模组电压下降迅速;踩制动踏板时,单体蓄电池电压比其他模组电压上升迅速。

故障原因:

(1)连接单体蓄电池铜牌紧固螺母松动;

(2)连接面有污物;

(3)电芯自放电率大;

(4)电芯焊接连接铜牌开焊(造成该模组单体容量低);

(5)个别单体电芯漏液。

处理方法:

(1)对铜牌螺母进行紧固;

(2)清除连接面异物;

(3)对该模组蓄电池进行充/放电均衡;

(4)对问题蓄电池包进行更换。

4)电压跳变

车辆运行或充电时,单体蓄电池电压跳变。

故障原因:

(1)电压采集线连接点松动;

(2)LMU 故障。

处理方法:

(1)对电压采集线连接点进行紧固;

(2)更换 LMU。

2. 温度类故障

1)热管理故障

加热故障(加热片);温度低于某一数值时,在充电时,蓄电池加热系统不开启。

故障原因:

(1)加热继电器或 BMU 故障;

(2)加热片或继电器供电电路异常。

处理方法:

(1)修复或更换加热继电器或 BMU;

(2)检查修复供电电路。

2)散热故障(风扇)

温度高于某数值后,风扇未工作。

故障原因:

(1)风扇继电器或 BMU 故障;

(2)风扇或继电器供电电路异常。

处理方法:

(1)修复或更换风扇继电器或 BMU 故障;

(2)检查修复供电电路异常。

3)温度高

电池系统中某个或者某几个点温度偏高,运行或充电中达到报警阈值。

故障原因:

(1)温度传感器故障;

(2)LMU 故障;

(3)电路连接异常局部发热;

(4)风扇未开启,散热差;

(5)靠近电机等热源;

(6)过充电。

处理方法:

(1)测量温度传感器电阻值与显示值进行比对,若实际测量的电阻值较显示值低,且与其他传感器温度值相同,则以实际测量的电阻值为标准对 LMU 温度值进行校准;

(2)紧固电路连接点,清楚连接点异物;

(3)确保风扇开启;

(4)增加隔热材料与热源进行隔离;

(5)暂停运营进行散热;

(6)立即停止充电;

(7)更换 LMU。

4)温度低

电池系统中某个或者某几个点温度偏低,运行或充电中达到报警阈值。

故障原因:

(1)温度传感器故障;

(2)LMU 故障;

(3)局部加热片异常。

处理方法:

(1)测量温度传感器电阻值与显示值进行比对,若实际测量的电阻值较显示值高,且与其他传感器温度值相同,则以实际测量的电阻值为标准对 LMU 温度值进行校准;

(2)检查修复加热片;

(3)更换 LMU。

(4)温差;参照高低温排查方法。电芯发热差异。

3. 充电故障

1)直流充电故障

充电无法启动,充电跳枪,充电结束后 SOC 不复位。

故障原因:

(1)蓄电池故障(电压、温度、绝缘等异常);

(2)BMU 故障(充电模块或充电 CAN 异常);

(3)主、负充电继电器异常;

(4)CC1 对地电阻、CC2 对地电压异常;

(5)PE 端对地异常。

处理方法:

(1)排除电池故障;

(2)修复或更换失效部件;

(3)截存充电报文,分析故障原因。

2)交流充电故障

充电指示灯异常无法正常充电,充电过程中出现错误提示。

故障原因:

(1)电池故障(电压、温度、绝缘等异常);

(2)BMU 故障(充电模块或充电 CAN 异常);

(3)主、负充电继电器异常;

(4)CC 端对地电阻、CP 端对地电压异常;

(5)PE 端对地异常。

处理方法:

(1)排除电池故障;

(2)修复或更换失效部件;

(3)截存充电报文,分析故障原因。

4. 绝缘故障

故障原因：

蓄电池箱或插件进水，电芯漏液，环境湿度大，绝缘监测系统误报，整车其他高压部件（控制器、压缩机等）绝缘不良。

处理方法：

蓄电池正极接地，如果有电压或绝缘阻值小于规定值，则判处蓄电池负极电路漏电；蓄电池负极对地，如果有电压或绝缘阻值小于规定值，则判处蓄电池正极电路漏电。根据其漏电电压大小除以此时的模组电压值就可以计算出漏电点位，然后根据不同情况分析处理。

5. 通信故障

LMU 通信故障，BMU 通信故障；整车只有 1 个或几个 LMU 信息，或整车没有 BMS 信息。

故障原因：

（1）LMU 或 BMU 故障；

（2）LMU 或 BMU 供电电路或通信线路接触不良故障；

（3）信号干扰。

处理方法：

（1）更换 LMU 或 BMU；

（2）检查修复供电电路或通信线路；

（3）检查屏蔽线，查找消除干扰源。

6. SOC 异常

1）不准确

根据公式

$$\frac{\text{充电电量}}{\text{标称容量}} = \text{充电的 SOC}$$

可知，若“充电的 SOC”与“剩余的 SOC”之和较实际显示值有偏差或者根据 SOC 与 OCV（开路电压）的对应关系估算实际电量与 SOC 不对应，我们则认为 SOC 不准确。

2）不变化

故障原因：

（1）通信异常（数据缺失）；

（2）电流异常（霍尔传感器及其输入输出电路）；

（3）BMU 故障；

（4）其他蓄电池报警。

处理方法：

（1）确保数据完整；

（2）修复或更换失效部件；

（3）消除所有蓄电池报警。

3）下降快

故障原因：

(1)通信周期异常;
(2)电流异常(霍尔传感器正向电流大、反馈电流小);
(3)单体蓄电池电压偏低,下降快;
(4)BMU 故障;
(5)低温。
处理方法:
(1)更新 BMU 程序;
(2)修复或更换失效部件;
4)下降慢
故障原因:
(1)通信周期异常;
(2)电流异常(霍尔传感器正向电流小、反馈电流大);
(3)BMU 故障。
处理方法:
(1)更新 BMU 程序;
(2)修复或更换失效部件。
5)跳动
确认程序版本号是否正确。

7. 电流异常

故障原因:
(1)霍尔传感器及其输入输出电路故障;
(2)霍尔传感器反装;
(3)直流充电时如果 BMS 需求电压或电流为 0 时,充电机按输出能力输出。
处理方法:
(1)更新 BMU 程序;
(2)修复或更换失效部件。

8. 其他非典型故障及处理

1)动力蓄电池发生碰撞
新能源车辆发生碰撞,请根据实际情况按照以下方法对车辆进行操作:
(1)在有绝缘防护的条件下,将车辆的车门打开;
(2)检查车辆是否在 OFF 挡;
(3)断开车辆前舱 12V 蓄电池;
(4)断开维修开关;
(5)查看动力蓄电池托盘边缘是否开裂,有无明显液体流出;
(6)若有漏电、漏液现象,应拆下动力蓄电池并断开各模组采样线、高压连接线。
2)新能源汽车动力蓄电池水淹处理方法
若新能源车辆浸入深水中(深度超过动力蓄电池托盘),请根据实际情况按照以下方法对车辆进行操作：

(1)在有绝缘防护的条件下，将车辆从水中移出并打开车门；

(2)检查车辆是否在OFF挡；

(3)断开车辆前舱12V蓄电池；

(4)断开维修开关(比亚迪唐车型已取消)；

(5)清除车辆内部水迹，检查车辆动力蓄电池是否漏电；

(6)若漏电及时拆下动力蓄电池及断开各模组采样线、高压连接线。

3)动力蓄电池发生泄漏

如果动力蓄电池发生泄漏(有明显液体流出)，请按照以下方法对车辆进行操作：

(1)请将车辆退电至OFF挡，断开电动车前舱12V蓄电池。

(2)断开维修开关。

(3)及时拆下动力蓄电池并断开各模组采样线、高压连接线。

发生少量泄漏时，请远离火源，使用吸液垫吸附后置于密闭容器中，或采用焚烧方式处理。操作前请佩戴防腐蚀手套。

发生大量泄漏时，请统一收集，按照危险化学品处理，可加入葡萄糖酸钙溶液来处理有毒气体HF。

当人体不慎接触泄漏液体时，应立即用大量水冲洗10～15min，如果有疼痛感可用2.5%的葡萄糖酸钙软膏涂敷，或用2%～2.5%的葡萄糖酸钙溶液浸泡止痛。若无改善或出现不适症状，请立即就医。

4)动力蓄电池冒烟起火

如果车辆起火，请根据实际情况按照以下方法继续对车辆进行操作：

(1)条件允许将车辆退电至OFF挡、断开前舱12V蓄电池、断开维修开关；

(2)使用灭火器(请勿使用水基型灭火器)灭火，并立即拨打119电话救援；

(3)如果火势较大，发展较快，请立即远离车辆。并立即拨打119电话救援。

五、动力蓄电池系统检测与故障诊断处理举例

1.举例一：动力蓄电池的漏电检测

以BYD e6动力蓄电池的漏电检测为例对动力蓄电池系统检测与诊断进行说明。

1)工具准备

(1)万用表(能精确到小数点后4位)。

(2)100kΩ电阻。

2)动力蓄电池的漏电检测原理

动力蓄电池的漏电检测原理如图6-2-5所示。

3)检测步骤

检测步骤一：使用万用表测量动力蓄电池总正与外壳之间的电压，如图6-2-6所示。

检测步骤二：使用万用表测量总负与外壳之间的电压，如图6-2-7所示。

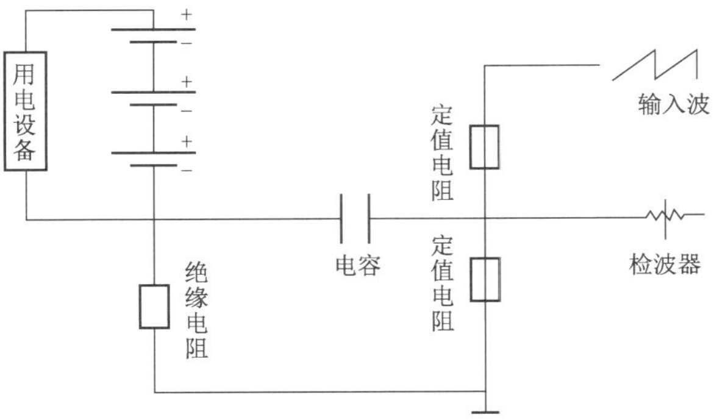

图 6-2-5　动力蓄电池的漏电检测原理图

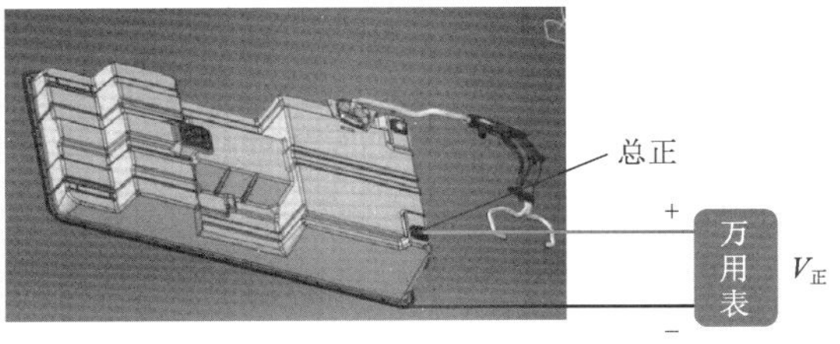

图 6-2-6　总正与外壳之间的电压测量

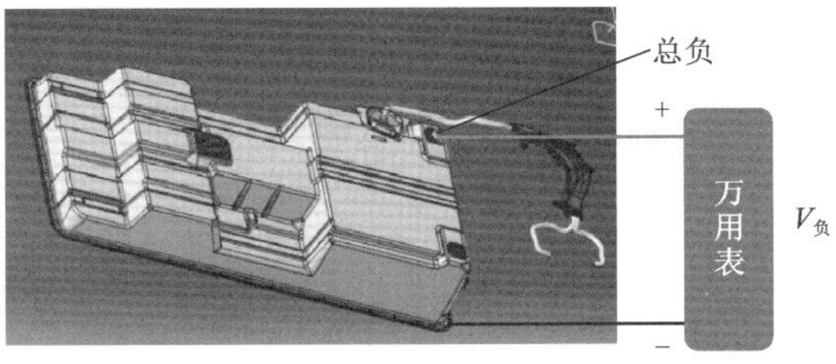

图 6-2-7　总负与外壳之间的电压测量

检测步骤三：比较 $V_正$ 和 $V_负$，选择电压大的进行下一步（例如 $V_正 > V_负$），将 100kΩ 的电阻并在总正和外壳之间，并进行电压测量，如图 6-2-8 所示。

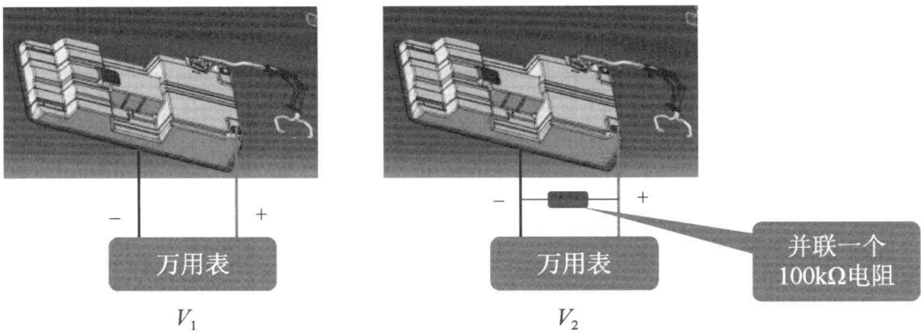

图 6-2-8　并联电阻示意图

检测步骤四：

计算：

当 $\dfrac{\dfrac{V_1 - V_2}{V_2}}{316} > 500\Omega/\mathrm{V}$，则判断不漏电；

当 $\dfrac{\dfrac{V_1 - V_2}{V_2}}{316} \leqslant 500\Omega/\mathrm{V}$，则判断漏电。

其中，316 为蓄电池包的标称电压。

2. 举例二：蓄电池温度过高故障诊断与排除

动力蓄电池故障有很多，种类也很繁杂，作为新能源汽车维修技术人员，要学会使用已有工具以及相关电路知识，快速的排除和处理故障，下面将举例说明。

1)故障代码及可能的原因

通过诊断仪对车辆进行诊断,读取其故障码见表 6-2-2。

故障代码、定义及可能的故障原因　表 6-2-2

故障代码	故障代码定义	可能的故障原因
P0A7E98	蓄电池温度过高(预警)	通风装置堵塞 电池热管理系统有问题
P0A7E22	蓄电池温度过高(故障)	通风装置堵塞 电池热管理系统有问题
P118722	蓄电池温升过快	通风装置堵塞 电池热管理系统有问题
P118427	加热元件故障	通风装置堵塞 电池热管理系统有问题

其部件电路图如图 6-2-9 所示。

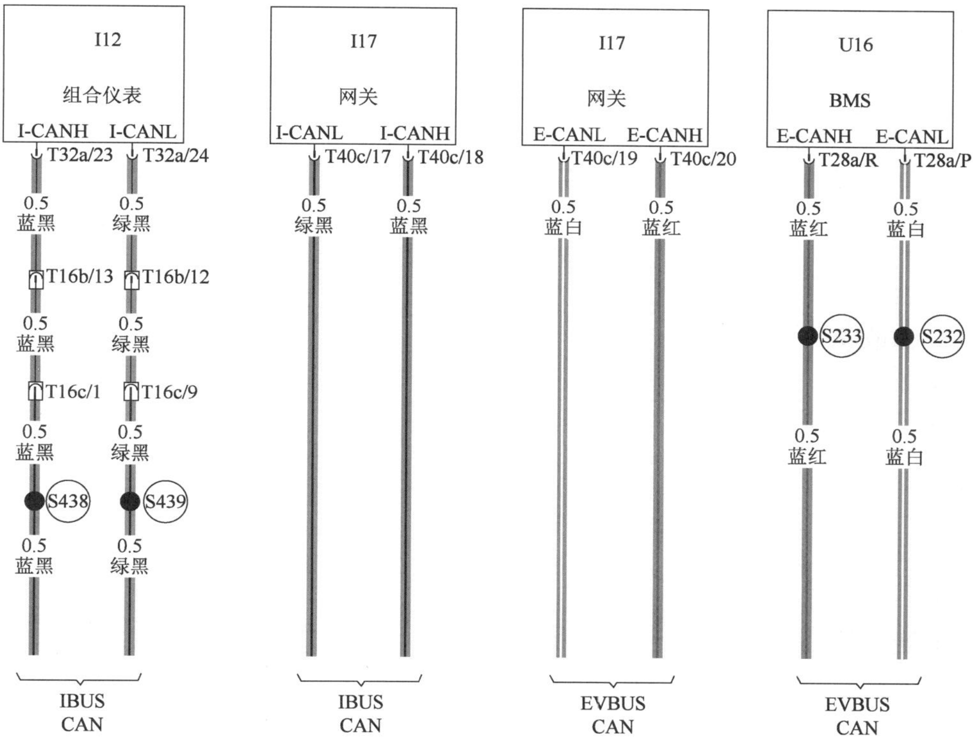

图 6-2-9　部件电路图

技术参数:

组合仪表连接端子 T32a/23 和 T32a/24 针脚之间额定电阻:123.4Ω。

2)DTC 检测步骤

在进行下列步骤之前,确认蓄电池电压为正常电压。

(1)关闭车辆启动停止按键及所有用电器。

(2)将诊断仪 BDS 连接至车辆诊断接口上。

(3)打开车辆启动停止按键至 RUN 挡。

(4)用诊断仪读取和清除 DTC。

(5)关闭车辆启动停止按键及所有用电器,3 ~5s 后重新打开启动停止按键。

(6)用诊断仪读取 DTC。

(7)如果检测到 DTC,则说明车辆有故障,请进行相应的诊断步骤。如果没有检测到 DTC,则说明先前检测到的故障为偶发性故障。

3)诊断步骤

(1)重新上电检查车辆是否恢复正常。

是,重新上电即可。

否,进行下一步检查。

(2)检查 BMS 系统通风口是否堵塞

是,疏通风口。

否,进行下一步检查。

(3)启动停止按键置于 OFF 状态,断开蓄电池负极电缆。

(4)断开网关控制器连接插头 T40c、组合仪表连接插头 T32a 和 BMS 连接插头 T28a,检查连接插头是否有裂痕异常,针脚是否腐蚀、生锈。

是,清洁插头及针脚。

否,进行下一步检查。

(5)测量组合仪表连接插头 T32a/23 针脚和 T32a/24 针脚与网关控制器连接插头 T40c/18 针脚和 T40c/17 针脚之间导线是否导通。针脚示意如图 6-2-10 所示。

是,进行下一步检查。

否,维修故障导线。

(6)测量网关控制器连接插头 T40c/20 针脚和 T40c/19 针脚与 BMS 连接插头 T28a/R 针脚与 T28a/P 针脚之间是否导通。针脚示意如图 6-2-11 所示。

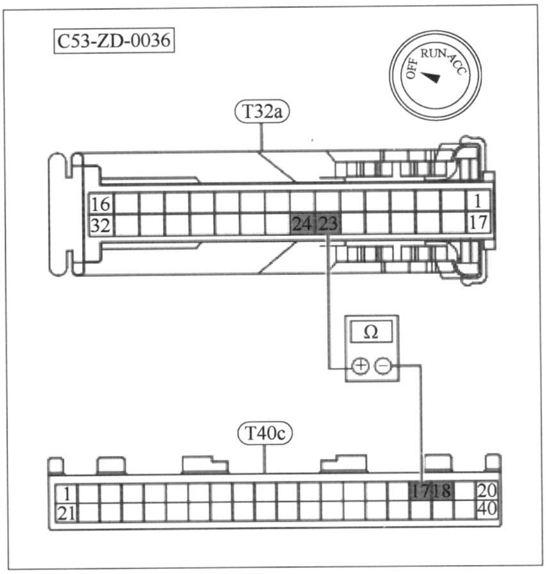

图 6-2-10　针脚示意图

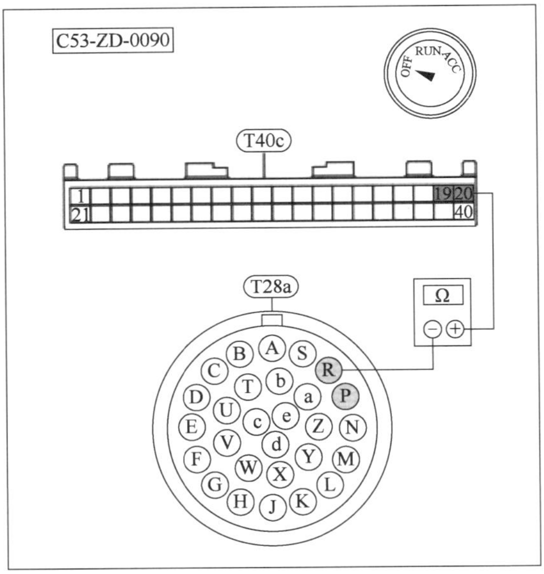

图 6-2-11　针脚示意图

是,进行下一步检查。

否,维修故障导线。

(7)连接网关控制器连接插头 T40c、组合仪表连接插头 T32a 和 BMS 连接插头 T28a。

(8)连接蓄电池负极电缆,车辆启动停止按键置于 RUN 状态。

(9)测量 BMS 连接插头 T28a/A 针脚和 T28a/F 针脚与车身接地之间是否有蓄电池电压。针脚示意如图 6-2-12 所示。

是,进行下一步检查。

否,维修故障导线。

(10)测量 BMS 连接插头 T28a/C 针脚和 T28a/H 针脚与车身接地之间是否导通。针脚示意如图 6-2-13 所示。

是,进行下一步检查。

否,维修故障导线。

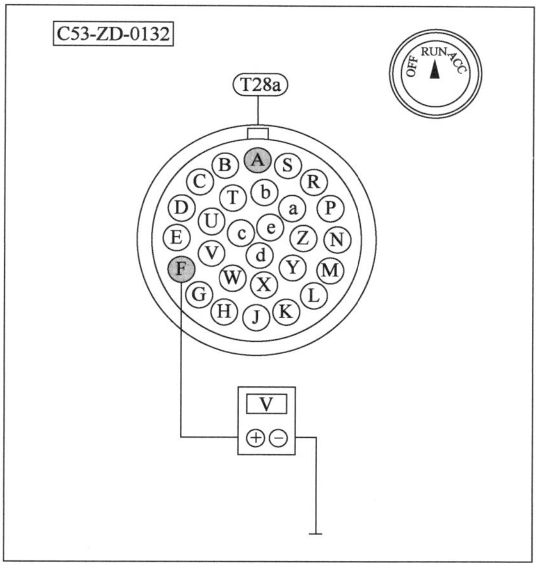

图 6-2-12　针脚示意图

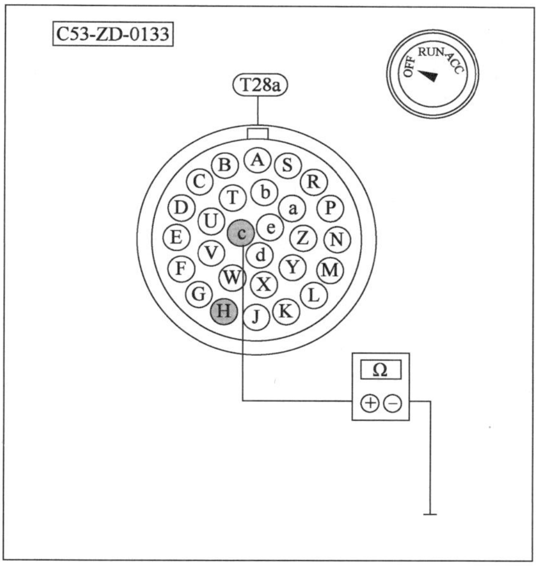

图 6-2-13　针脚示意图

(11)重新配置 BMS、组合仪表和网关控制器,重新进行诊断,读取故障码,确认故障码及症状是否存在。

是,进行下一步检查。

否,故障排除。

(12)更换组合仪表,重新进行诊断,读取故障码,确认故障码及症状是否存在。

是,进行下一步检查。

否,更换组合仪表。

(13)更换网关控制器,重新进行诊断,读取故障码,确认故障码及症状是否存在。

是,进行下一步检查。

否,更换网关控制器。

(14)更换 BMS,重新进行诊断,读取故障码,确认故障码及症状是否存在。

是,从其他症状查找原因。

否,更换 BMS。

知识拓展

动力蓄电池的均衡

动力蓄电池的均衡对于动力蓄电池容量至关重要,而容量又是影响车辆续驶里程的关键因素。然而,容量本身并不是一个能够短时间内直接测量出来的参数。通过实践经验发现,单体电芯的容量与它的开路电压之间存在着一一对应的关系。因此,在评估已经装车并投入运营的动力蓄电池系统中电芯的一致性时,最终的关注点落在了单体电芯电压上。

单体电芯电压是一个可以直接测量的值,并且能够实现实时在线监测,这使得它成为衡量蓄电池系统中电芯一致性水平的一个有利指标。不仅如此,在常见的蓄电池管理系统(BMS)策略中,单体电芯电压值常常被用作触发条件,例如放电终止条件和充电终止条件等。如果单体电芯电压的一致性差异过大,那么就会直接影响蓄电池包在充电和放电过程中的电量。基于这一点,采用蓄电池均衡方法来解决已经处于运营状态的蓄电池组中单体电芯电压差异过大的问题,从而提高整个蓄电池组的容量。由此也可以推断出,均衡手段能够延长车辆的续驶里程,并且有助于延长蓄电池的使用寿命。图 6-2-14 生动地展示了主动均衡的原理,从图 6-2-14 中可以看出,虽然均衡并非完美无缺,但在目前阶段,由于缺乏更好的替代方法,它仍然是一个必要的手段。

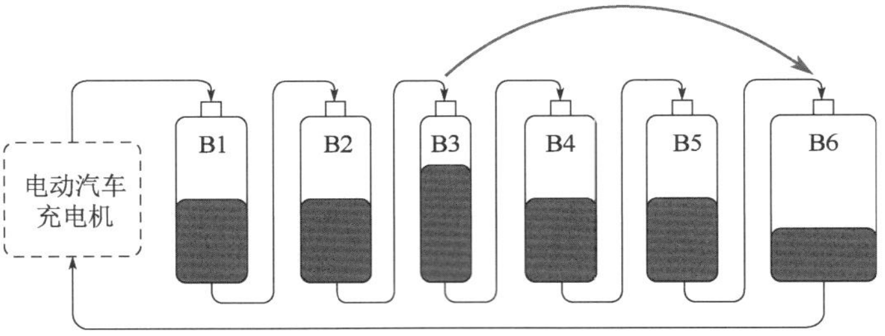

图 6-2-14 均衡示意图

一般而言,能量消耗型的均衡方式被称为被动均衡,而其他类型的均衡则被归为主动均衡。在实际应用中,虽然人为干预的均衡方式常常不在理论讨论的范畴之内,但它却是不可或缺的。例如,单体电芯充电均衡就是一种通过人工单独对电压过低的电芯进行充电,以解决电池组中电芯电压不一致性问题的方法。主动均衡的具体实施方法多种多样,从理念上可以进一步划分为两大类:削高填低型和并联均衡型。通常,当人们质疑主动均衡可能会影响蓄电池寿命时,所指的往往是削高填低这类主动均衡方式。图 6-2-15 展示了几种典型的主动均衡电路,这些电路的设计和应用都是为了实现蓄电池组的均衡目标,尽管它们在具体的工作原理和效果上可能存在差异。

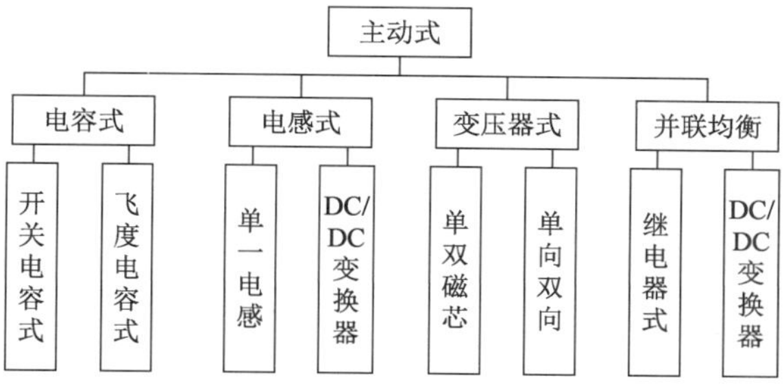

图 6-2-15　几种典型主动均衡电路

削高填低型均衡是将电压高的电芯能量转移给电压低的电芯，以推迟最低单体电芯电压达到放电截止阈值和最高单体电芯电压达到充电终止阈值的时间，从而提升蓄电池组的充放电量。然而，这一过程使高电压和低电压单体电芯都经历了额外的充放电，而蓄电池寿命受“循环寿命”影响，额外的充放电无疑会消耗电芯寿命。尽管如此，对于整个蓄电池包系统而言，这种均衡方式是延长还是缩短系统寿命，目前尚无明确实验数据定论。削高填低型均衡涵盖电容式、电感式和变压器式三种方式，它们既可在充电过程中实施，也可在静置时进行。此外，并联式均衡作为另一种主动均衡方式，仅在充电阶段发挥作用。部分观点认为，应在车辆运行中及放电末尾加入均衡，但因系统电流波动大，以单体电芯电压为依据易误判，影响均衡效果。不过，随着技术进步，若能通过其他手段精准推算 SOC(电池荷电状态)，则基于 SOC 的均衡将不再受此困扰，有望实现更精准、高效的电池管理。

任务考核

学生在完成动力蓄电池常见故障诊断与排除的学习任务后，由教师按照任务考核表 6-2-3 所列内容进行考核。

动力蓄电池常见故障诊断与排除任务考核表　　表 6-2-3

题型	考核题目(每题 10 分)	得分
判断题	1. 使用万用表时，如果无法预先估计被测电压或电流的大小，则应先拨至最高量程挡测量一次，再视情况逐渐把量程减小到合适位置。　(　　)	
	2. 一级故障表明动力蓄电池在此状态下功能已经丧失，请求其他控制器立即(1s 内)停止充电或放电。　(　　)	
	3. 当动力蓄电池在充电状态时，一般端电压大于额定电压。　(　　)	
	4. 蓄电池均衡仪的主要功能是通过采集并判断蓄电池组单体蓄电池电压参数，采用“串充补齐”的方式，对蓄电池组进行相关的充电均衡维护。　(　　)	
	5. 充电无法启动，充电跳枪，充电结束后 SOC 不复位，可能是由于主、负充电继电器异常而引起的。　(　　)	
选择题	1. 动力蓄电池端电压测量时，电压不能低于额定电压的(　　)。 A. 3%　B. 5%　C. 10%　D. 20%	

续上表

题型	考核题目(每题10分)	得分
选择题	2. 下列不是蓄电池温度过高的原因的是(　　)。 A. 温度传感器故障　B. 风扇未开启,散热差 C. 过充电　D. 散热风扇开启时间过长	
	3. 一般情况下,要求动力蓄电池瞬间电流达到峰值的时间小于(　　),一般设计为(　　)。 A. 7ms　4~5ms　B. 10ms　7~8ms　C. 3ms　1~2ms　D. 15ms　11~13ms	
	4. 动力蓄电池在漏电检测时选用的电阻值为(　　)。 A. 1000Ω　B. 10kΩ　C. 100kΩ　D. 1000kΩ	
	5. 下列不是蓄电池包总电压过压故障的可能原因是(　　)。 A. 蓄电池包故障　B. 电机系统失控　C. 充电机失控　D. 蓄电池包装错	
总分		
教师评语:		

任务小结

在完成该任务的学习后,请对照本任务的学习目标,完成学习情况诊断。

本任务的学习目标回顾:________________________________

____

我的任务目标达成情况:________________________________

____

我今后的努力方向或改进方法:________________________________

____

项目七

动力蓄电池的回收处理

项目概述

锂离子蓄电池作为重点发展的蓄电池，具有广泛应用的特点。本项目讨论的动力蓄电池回收处理的范围仅限于锂离子蓄电池。锂离子蓄电池的回收处理是一个复杂且重要的过程，主要目的是将废旧锂离子蓄电池中有价值的材料回收利用，同时减少对环境的污染。当锂离子蓄电池容量下降到50%以下无法继续使用时，需要对锂离子蓄电池进行拆解并进行资源化回收利用。梯次利用是指在锂离子蓄电池性能尚可满足某些低功率应用场合时，将其应用于这些场合，如储能电站等，以延长蓄电池的使用寿命。即使是经过梯次利用后报废的蓄电池，也免不了拆解及资源化回收的命运。拆解过程旨在运用机械、物理、化学等多种方法，将这些组成部件大程度地分离，以提高回收利用率，实现经济效益和社会效益的最大化，并减少对环境的污染。

本项目主要学习锂离子蓄电池的回收处理，分为以下内容：

任务　动力蓄电池的梯次利用认知

学习目标

知识目标：

(1)能够描述蓄电池梯次利用的定义；

(2)能够描述蓄电池梯次利用各阶段的特点；

(3)能够描述退役动力蓄电池的回收流程。

技能目标：

(1)能够正确拆卸锂离子蓄电池；

(2)能够进行单体蓄电池的检测。

素质目标：

(1)树立正确的环保意识，意识到动力蓄电池回收处理对环境保护的重要性，严格遵守环保法规；

(2)提高安全操作意识，安全回收处理废旧蓄电池。

任务　动力蓄电池的梯次利用认知

任务描述

你的朋友问你新能源汽车动力蓄电池退役后，还能利用吗？能用到哪些地方？作为新能源汽车专业的学生你能向朋友解释清楚吗？

知识准备

请预习后面的内容，完成下列填空题。

(1)梯次利用是指新能源汽车动力蓄电池退役后，一般仍有＿＿＿＿＿的剩余容量，将不能达到新能源汽车的＿＿＿＿＿。

(2)当蓄电池可用容量再次衰减至＿＿＿＿＿时，还可继续转入家用储能、照明使用。

(3)车载充电机容量在＿＿＿＿＿左右。

(4)梯次利用的成本主要包括＿＿＿＿＿成本、＿＿＿＿＿成本、＿＿＿＿＿成本、＿＿＿＿＿成本、＿＿＿＿＿成本、＿＿＿＿＿成本、＿＿＿＿＿成本等。

一、退役动力蓄电池梯次利用

1. 退役动力蓄电池梯次利用

什么是梯次利用？它是指新能源汽车动力蓄电池退役后，一般仍有70%～80%的剩余容量，将不能达到新能源汽车的使用标准，虽然不适合继续在车辆上服役，但可以降级用于储能、通信基站、备电等场景。尤其是可以在小规模的分散储能系统中继续使用，如平抑、稳定风能、太阳能等间歇式可再生能源发电的输出功率，实施削峰填谷、减轻用电负荷供需矛盾，满足智能电网能量双向互动的要求等。此外，退役动力蓄电池还可以用于低速电动交通工具，如电动自行车、电动摩托车等。当动力蓄电池可用容量再次衰减至20%～60%时，还可继续转入家用储能、照明使用；当动力蓄电池可用容量衰减至20%以下时，就可以在提取部分零件及稀有化学成分后进行报废处理。

根据余能多寡可以分为四个梯度：第一梯度为在功率要求较低的电动自行车等电动装置中再应用；第二梯度为大型储能装置再运用，如电网、新能源发电、UPS、充电桩等；第三梯度为低端用户等其他方面的应用；第四梯度对蓄电池进行拆解回收。如图7-1-1所示为退役动力蓄电池四梯度应用场景。

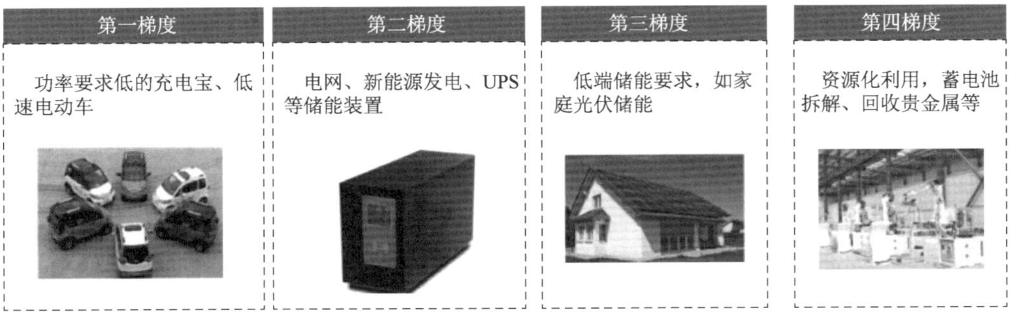

图 7-1-1　退役动力蓄电池四梯度应用场景

2. 退役蓄电池回收流程

一般而言，当动力蓄电池性能下降到原性能的 80%，就要对其进行回收再利用。动力蓄电池的回收流程如图 7-1-2 所示。

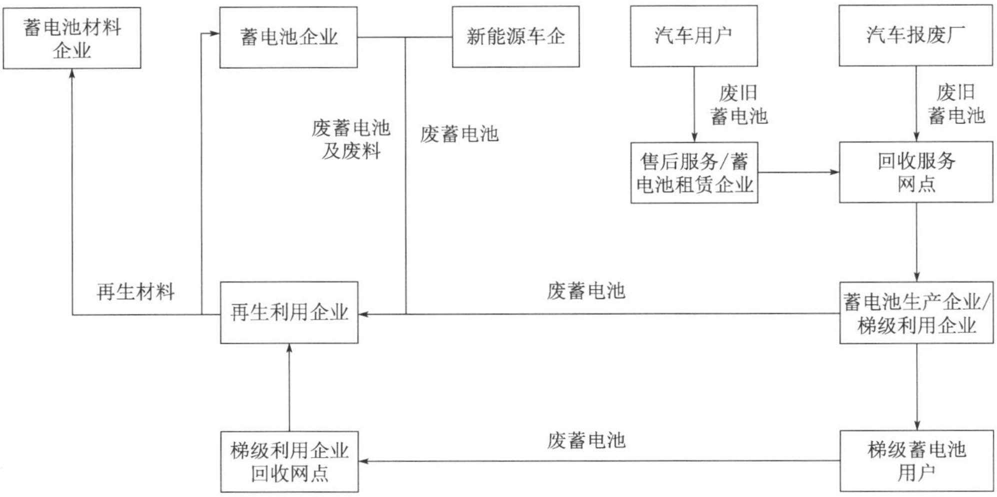

图 7-1-2　动力蓄电池的回收流程

思考

查阅资料，退役动力蓄电池除了本文介绍的梯度利用外，还有其他应用吗？谈谈你的看法。

二、退役动力蓄电池能否梯次利用的判断准则

动力蓄电池经过长期车载使用后,退役时动力蓄电池性能明显衰退,存在较高安全风险且剩余价值不明确。因此,在梯次利用前首先要判断哪些退役动力蓄电池可以梯次利用。针对退役动力蓄电池能否梯次利用应该主要从两个方面来进行判断:一是退役动力蓄电池是否能安全地梯次利用,二是该动力蓄电池的梯次利用是否具有经济价值。

1.退役动力蓄电池梯次利用的安全性

动力蓄电池安全性是其工程应用中最重要的关注点,目前电化学储能和新能源汽车采用的基本都是锂离子蓄电池,这种蓄电池以有机物为溶剂,即使是新的蓄电池,也可能由于制造过程的缺陷或使用不当而发生安全事故。对于退役动力蓄电池,由于其内部枝晶生长、电解液消耗、晶体结构变化、界面阻抗增加等原因,其发生安全事故的风险变大;同时,动力蓄电池在新能源汽车阶段的使用环境、工况不同,动力蓄电池的容量保持率也不一致,这就造成退役动力蓄电池安全事故的诱发因素和薄弱环节与新的动力蓄电池存在差异,使退役动力蓄电池的安全性评估变得更加复杂。

目前,针对退役动力蓄电池安全性评估尚无成熟标准化的方法,通常按照以下步骤来进行:首先对动力蓄电池的外观进行检测,观察是否存在极耳断裂、鼓胀等物理缺陷;然后针对无明显物理缺陷的动力蓄电池,依据动力或储能蓄电池相关标准,抽样分析动力蓄电池在极限条件下的状态;最后对不同状态的退役动力蓄电池,抽样分析其自产热起始温度、热失控引发温度升高等特性。现有方法虽然可以剔除一些具有明显安全问题的动力蓄电池(如鼓胀动力蓄电池),但不能有效识别动力蓄电池内部的安全隐患,同时抽样检测的比例也不好确定,比例过小不能准确反映整批次动力蓄电池的安全状态,而比例过大使退役动力蓄电池安全性评估的成本大幅度增加。

退役动力蓄电池在梯次利用过程中因其内部状态继续劣化,其安全隐患也在持续增加,因此,对于退役动力蓄电池的安全性评估,不能只关注动力蓄电池当前的安全状态,还应兼顾在梯次利用过程中蓄电池安全状态的变化。

2.退役动力蓄电池梯次利用的经济性分析

动力蓄电池梯次利用的经济性分析应采用替代法,即采用退役动力蓄电池替代铅酸蓄电池或新的锂离子蓄电池后,其净收益是否有所增加,其中,净收益指梯次利用过程中的收益减去整个梯次利用过程中的成本。

1)梯次利用成本分析

梯次利用的成本主要包括蓄电池采购成本、运输和储存成本、拆解成本、状态诊断成本、重组成本、运行维护成本、蓄电池再回收成本等。

(1)动力蓄电池采购成本:受多种因素的影响,如动力蓄电池退役的剩余残值、退役动力蓄电池的市场供应量、国家的相关政策等,目前没有统一的定价机制。

(2)运输和储存成本。退役动力蓄电池回收、运送至动力蓄电池梯次利用检测、重组中心的运输和储存费用。

(3)动力蓄电池拆解成本:不同应用场景下的动力蓄电池容量和电压等级不同,同时部分退役动力蓄电池中一致性较差,因此需要对动力蓄电池进行拆解所产生的费用。

(4)状态诊断成本:动力蓄电池容量、内阻、寿命等参数的测试费用,以及设备折旧费用、场地费用等。

(5)重组成本:动力蓄电池箱体、蓄电池管理系统、连接线、变流器、动力蓄电池防护、消防器材等成本。

(6)运行维修成本:包括梯次利用动力蓄电池系统运行期间的维护、检修、更换故障部件等。

(7)动力蓄电池再回收成本:梯次利用后需要对废旧动力蓄电池交由专业机构进行回收处理,目前磷酸铁锂蓄电池回收价值较低,可能还需要支出一定的回收处理费用;三元锂离子蓄电池由于含有贵金属,具有较高的回收价值,可以从回收环节中获利。

目前梯次利用过程的成本存在较大的不确定性,主要体现在以下几个方面:

(1)动力蓄电池采购成本受市场、政策、剩余容量和寿命等多种因素影响,价格相差较大。

(2)退役动力蓄电池的成组方式不同、性能差异程度不一样,造成在拆解环节的成本各不相同。

(3)受历史数据的完整程度、性能诊断方式等因素影响,在动力蓄电池状态诊断环节的成本也会有所差异。

(4)由于动力蓄电池之间的差异度不同、应用场景不同、管理策略不同等原因,造成退役动力蓄电池的重组成本也不相同。

(5)针对梯次利用蓄电池储能系统的高效运维技术缺失,系统的运维成本不确定。

因此,要明确梯次利用过程的成本,需健全动力蓄电池梯次利用和回收的相关政策法规,构建完善的动力蓄电池历史数据体系,突破动力蓄电池状态诊断和寿命预测、高效重组和运维等关键技术,建立退役动力蓄电池采购以及梯次利用后再回收市场机制。

2)梯次利用收益分析

对动力蓄电池梯次利用阶段收益影响最大的是其剩余寿命,动力蓄电池的剩余寿命可以分为日历寿命和循环寿命,在不同应用场景下对动力蓄电池寿命的关注点不一样。目前在电网储能中退役动力蓄电池较适合的应用场景是备用电源和调峰,备用电源主要关注动力蓄电池的日历寿命,而调峰场景下更关注动力蓄电池的循环寿命。

中国电力科学研究院在研究中发现,对于生产年份较早(2012 年以前)的动力蓄电池,由于当时动力蓄电池制造水平不高,退役后动力蓄电池的剩余寿命不高,且一致性较差。2012年,国内一线蓄电池厂家制造的磷酸铁锂蓄电池退役后,在电网调峰、容量备用等模拟工况下具有较好的寿命特性,在电网调峰模拟工况(室温 0.5C、80% DOD,放电深度)下动力蓄电池循环寿命超过 3000 次;在容量备用模拟工况下依据衰退趋势推测,动力蓄电池的使用寿命超过6 年。

3)梯次利用经济性分析

动力蓄电池梯次利用的经济性分析是在采用退役动力蓄电池替代铅酸蓄电池或新的锂离子蓄电池后,分析替代前后的系统成本以及使用寿命,在此基础上评估梯次利用的经济性。在备用电源场景下,目前梯次利用动力蓄电池系统成本(0.5 ~0.7 元/W · h)略高于铅酸蓄电池

(0.4~0.5 元/W·h),但在该场景下梯次利用动力蓄电池的日历寿命更长,目前采用退役动力蓄电池的经济性和铅酸蓄电池相差不大;未来随着退役动力蓄电池的成本下降和梯次利用阶段的寿命提升,在备用电源场景下采用退役动力蓄电池的经济性会更好。在调峰场景下,由于近几年锂离子蓄电池价格的快速下降,目前新的动力蓄电池储能系统的成本已降至1.8~2.0 元/W·h,且在未来几年还会持续下降。因此,对于梯次利用动力蓄电池,必须不断降低其状态评估、分选重组、系统集成等再制造过程的成本,同时在梯次利用阶段有良好的寿命特性,这样才能与新的动力蓄电池在经济性上具有竞争力。

三、梯次利用时要考虑的关键问题

退役动力蓄电池在梯次利用前,首先要对其状态进行诊断,评估动力蓄电池是否存在安全隐患,评测当前的容量(SOH)、内阻等参量,同时还要对动力蓄电池在梯次利用阶段的衰退趋势进行预测,判断动力蓄电池的剩余寿命;在此基础上依据动力蓄电池的状态进行分选重组,同时为其选取合适的应用场景,最大化动力蓄电池在梯次利用阶段的价值。

1.退役动力蓄电池状态的诊断

退役动力蓄电池的状态诊断包含三部分:一是评估动力蓄电池当前的容量、内阻等参量,二是判断动力蓄电池有无安全隐患,三是预测动力蓄电池在梯次利用过程中的衰减趋势;其核心是以一种经济性的方式实现上述诊断。

目前,退役的动力蓄电池依据历史运行数据的完整程度可分为两大类。一类是具有完善的动力蓄电池在车载使用阶段的运行数据,称之为“白箱”。针对这类动力蓄电池,首先可通过历史数据分析来评估动力蓄电池的剩余容量、内阻等当前状态;其次根据动力蓄电池在车载使用过程中有无过充电、过放电、过热等滥用情况的发生以及退役时是否有鼓胀等问题来判断动力蓄电池的安全状态;最后依据动力蓄电池车载阶段充放电过程中的参数变化规律,来预测动力蓄电池的衰减趋势。这种诊断方法速度快、成本低,对动力蓄电池容量的评估比较准确,同时对动力蓄电池的剩余寿命预测也很有帮助;但该方法目前在动力蓄电池内部安全隐患的识别上还不是很有效。

另一类是退役动力蓄电池的历史运行数据不完整或完全缺失,称之为“黑箱”。针对这类动力蓄电池的状态,目前有两种诊断方法:一种方法是对动力蓄电池模块或动力蓄电池包进行几次完整的充放电,记录动力蓄电池的电压、温度等参量的变化情况,分析单体蓄电池之间的一致性;然后对退役动力蓄电池进行抽样,分析动力蓄电池在滥用条件下的安全性能和储能工况下的衰退特性;这种方法虽然能准确掌握退役动力蓄电池的容量、内阻等状态以及单体蓄电池之间的状态差异,但这种方法周期长、占用设备多,同时安全试验还破坏了蓄电池使用寿命,因此诊断成本较高。另一种方法是选取几个可快速测量的蓄电池特征参量(开路电压、交流内阻等),通过对这些参量的快速评测来诊断蓄电池的状态;这种诊断方法速度快、设备成本较低,但由于选取的特征参量与蓄电池状态之间的关系尚不完全明确,通常诊断结果误差较大。

退役动力蓄电池的内部安全隐患其隐蔽性强,无论是针对“白箱”的历史数据分析法,还是针对“黑箱”的充放电法或特征参量法，对蓄电池内部安全隐患的判断都不够准确；同时由于退役动力蓄电池与新电池的状态有较大差异，还需要分析充放电倍率、充放电深度、充放电温度、环境温度等使用条件对蓄电池性能的影响，明确蓄电池在梯次利用阶段的使用边界条件。未来随着历史数据的日趋完善以及数据分析技术的不断进步，基于“白箱”的数据分析法加上蓄电池安全、寿命等关键性能的抽样分析，有望以较低成本来实现退役动力蓄电池状态的准确诊断。

2. 退役动力蓄电池重组和应用场景界定

退役动力蓄电池之间的差异明显大于新的动力蓄电池，在重组时要根据动力蓄电池包中各单体蓄电池之间的差异采取有效的均衡策略；相比新的动力蓄电池，退役动力蓄电池的内阻显著增大，同样使用条件下的产热量也更大，低温下的充放电性能变差，在重组时要根据环境温度采用有效的温度控制策略，避免动力蓄电池长期在高温（40℃以上）或低温环境下（0℃以下）运行；退役动力蓄电池安全失效风险增大，在重组时要结合应用场景采取必要的安全防护和消防措施。

动力蓄电池梯次利用存在多种潜在应用场景，不同应用场景对动力蓄电池的状态以及一致性要求也不相同，动力蓄电池在不同应用场景下的衰退规律也有明显的差异，因此，在进行退役动力蓄电池重组时，要根据动力蓄电池的状态、动力蓄电池之间一致性以及不同场景的衰退趋势，为其选取合适的应用场景和任务。

四、动力蓄电池回收技术

动力蓄电池梯次利用是处理动力蓄电池庞大退役量的有效手段之一。针对退役动力蓄电池梯次利用过程中分选技术进行研究，主要从退役动力蓄电池 SOC 关键参数分布特性以及退役动力蓄电池一致性控制策略分析两方面展开，提出主动被动协同均衡策略考虑动力蓄电池参数的相关性，弥补了单一均衡方式的不足。同时，提高充放电均衡控制的可靠性，实现了均衡效率的最优化。分析退役动力蓄电池荷电状态数学模型，涵盖不同类型的退役动力蓄电池的荷电状态。并进一步对退役动力蓄电池储能系统荷电状态控制策略进行研究。基于主动被动协同均衡策略，分析多组退役动力蓄电池储能单元的 SOC 一致性，为完善退役动力蓄电池梯次利用一致性分选技术有所助益。

1. 梯次利用电池筛选

在动力蓄电池系统中，每个单体蓄电池在出厂时都存在一定的差异，并且各单体蓄电池在蓄电池管理系统中位于不同的位置，导致各单体蓄电池的工作环境也存在较大差异。

在长期运行过程中，各单体蓄电池受环境及本身差异的影响，一方面会造成各单体蓄电池容量衰减程度不同，各单体蓄电池的不一致性更加明显；另一方面有些存在问题的各单体蓄电池未能被诊断出来，一旦成组将增加蓄电池管理系统的安全风险。

为了更好发挥退役动力蓄电池的价值，保证梯次成组动力蓄电池的可靠性，必须事先全面了解动力蓄电池组和各单体蓄电池的老化状态，筛选出性能一致的各单体蓄电池，这也是退役动力蓄电池梯次利用的关键环节。

1)退役动力蓄电池外观筛选

动力蓄电池通常以蓄电池包的形式直接退役,但是由于退役动力蓄电池经过长期使用,部分单体蓄电池会出现破损、气胀、漏液等不良现象,因此需要对退役动力蓄电池包进行拆解,剔除外观不良的各单体蓄电池。

造成退役动力蓄电池出现不良现象的主要原因有两方面:一方面是物理性损坏,另一方面是化学性损坏。物理性损坏主要来自动力蓄电池在使用过程中受到外界应力而发生的形变或破损;化学性损坏主要是动力蓄电池内部发生了一系列不可逆副反应,如电解液的分解产气、锂枝晶生长、电极结构坍塌等,这类单体蓄电池存在较大的安全隐患,应直接报废处理。初选后的单体蓄电池只是外表看起来正常,还需将其进行后续的 SOH 和性能检测才能进行梯次利用。

2)退役动力蓄电池 SOH 评估

SOH(健康状态)的定义方式有多种,动力蓄电池容量、内阻、循环次数及容量增量和微分电压曲线峰值等都可以用来衡量动力蓄电池的 SOH。其中,以动力蓄电池容量的衰减程度来定义 SOH 最为常见,如公式所示:

$$SOH = \frac{C_{aged}}{C_{rated}} \times 100\%$$

式中:C_{aged}——动力蓄电池当前容量;

C_{rated}——动力蓄电池额定容量。

可知,动力蓄电池 SOH 值越大,动力蓄电池性能越好。退役动力蓄电池都是老化的蓄电池,动力蓄电池经过长时间的使用,其一致性变差,各项性能存在一定程度的衰减。因此,在梯次利用之前需要对其 SOH 进行评估,主要包括检测动力蓄电池容量、内阻和自放电等参数。

(1)容量测试。

一般采用较小的电流(1/3C,C 为蓄电池额定容量)对退役动力蓄电池进行容量测试,将动力蓄电池多次充放电直至放电容量稳定,以最后一次的放电容量作为此动力蓄电池的实际容量。

经过长期使用,即使从同一设备上退役下的动力蓄电池都存在容量差异,因此为了保证梯次使用过程中维持动力蓄电池状态的一致性,在退役动力蓄电池的筛选分类中,往往根据动力蓄电池容量的差异将退役动力蓄电池分为不同的等级,常见的是以 10% 的容量差异对退役动力蓄电池进行等级划分,不同等级的动力蓄电池进行重组后再进行梯次使用。

(2)内阻测试。

动力蓄电池内阻是指动力蓄电池在工作时,电流流过动力蓄电池内部所受到的阻力。根据焦耳定律,动力蓄电池内阻增大将直接导致蓄电池功率下降,并且由于动力蓄电池充放电截止电压保持恒定,动力蓄电池的可用容量也会降低。

锂离子蓄电池内阻测试一般采用混合脉冲法和电化学阻抗谱,两者都是对锂离子蓄电池内阻无损测试的方法。其中,HPPC(混合脉冲功率特性测试)是通过对锂离子蓄电池施加一段恒电流,根据施加电流前后锂离子蓄电池内部欧姆内阻和极化内阻引起的电压变化形式不同,来计算锂离子蓄电池的欧姆内阻和极化内阻。图 7-1-3a)为《Freedom CAR 电池试验手册》

中完整的 HPPC 测试流程,其中图 7-1-3b)和图 7-1-3c)分别为脉冲电流和电压,通过图 7-1-3c)可以很容易求得欧姆内阻和极化内阻。为了使测试结果的准确性更高,不少研究对 HPPC 测试方法做了改进。

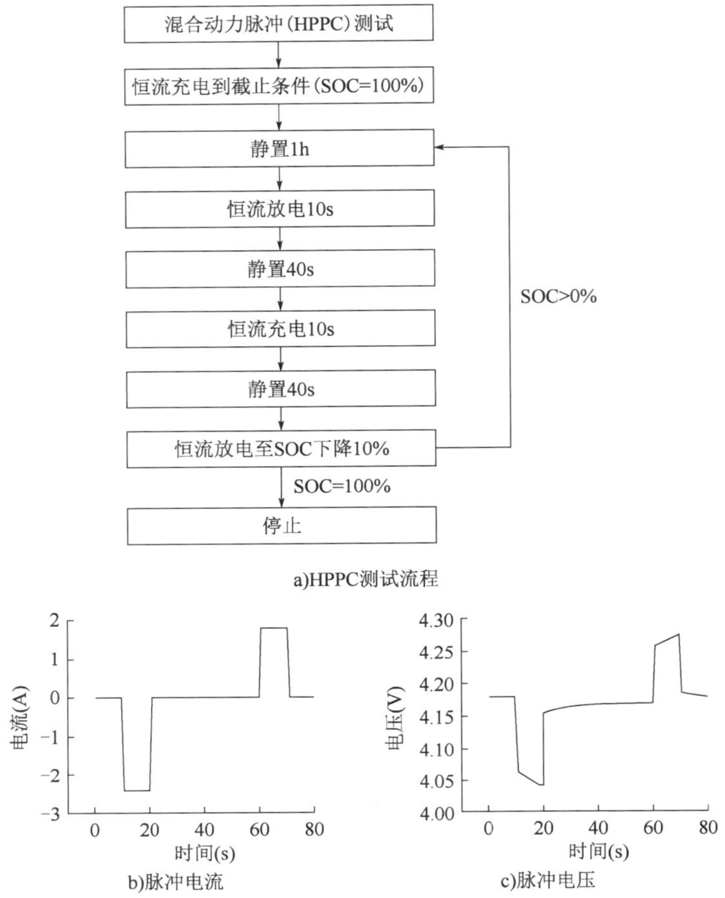

图 7-1-3　锂离子蓄电池内阻测试

(3)自放电测试。

锂离子蓄电池的自放电是锂离子蓄电池在存储一段时间后,容量发生损耗的现象,一般表现为 OCV(开路电压)下降。这不仅影响锂离子蓄电池性能还会引发蓄电池安全问题,因此要对退役锂离子蓄电池进行自放电检测。

二次锂离子蓄电池的自放电可以分为可逆自放电和不可逆自放电两类。两者可通过对锂离子蓄电池再次充电进行区分,充电后容量得到补偿的部分属于可逆自放电;锂离子蓄电池容量无法得到补偿的部分属于不可逆自放电,主要原因是锂离子蓄电池内部发生了不可逆的化学反应。

引起可逆自放电发生的因素一方面归因于外电路中蓄电池密封件或垫片的绝缘性能差或外部环境潮湿两电极之间无法做到完全绝缘,导致锂离子蓄电池与空气导通,发生放电;另一方面是锂离子蓄电池内部部分电子被束缚,无法进行正常放电。研究人员将

$LiFePO_4$/石墨蓄电池放电之后于70℃下存储，发现若存储时间短，锂离子蓄电池容量可以通过再次充放电得到恢复；若存储时间长，锂离子蓄电池容量则无法通过充放电恢复，由此提出亚稳态电子-离子-溶剂络合物的自放电机理，如图7-1-4所示。充满电的电极在存储过程中，石墨边缘的电子受范德华力作用会和周围的溶剂分子及离子（Li^+、PF_6^-）形成电子-离子-溶剂络合物，当锂离子蓄电池充电时，部分络合物由于结合能力强，电子被束缚，无法释放电量，造成容量损失，而当石墨电池再次放电时，络合物在电场的作用下被拆开，被束缚的锂离子重新嵌到石墨中，这部分容量损失即为可逆自放电；而当存储时间增加，络合物之间发生不可逆的还原分解反应，Li^+被消耗，新的SEI膜形成，这部分容量损失即为不可逆自放电。

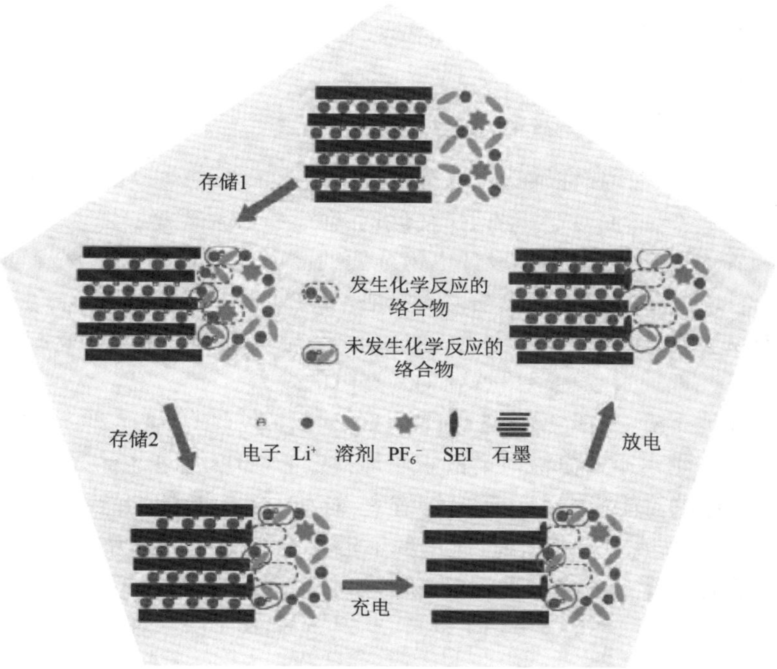

图7-1-4 锂离子蓄电池自放电机理示意图

影响锂离子蓄电池自放电的因素包括外在因素和内在因素。外在因素主要包括SOC、温度、工艺条件和静置时间等。相同温度下，处于高SOC状态的锂离子蓄电池容量衰减最快。与SOC相比，环境温度对锂离子蓄电池自放电的影响更大。自放电率的测试方法通常有直接测量法、脉冲测试法、等效电路法三种。

2. 退役动力蓄电池梯次利用性能测试分析

1）外特性性能测试分析

经过长期的车载使用，动力蓄电池除了容量下降，内阻增大外，其高低温性能、倍率性能和安全性能相比新的动力蓄电池也必然发生变化。因此，除了评估动力蓄电池的SOH，还要对退役动力蓄电池的性能进行测评，便于将其再次运用到合适的场景中。

2)解体测试分析

动力蓄电池性能衰退的根本原因来自蓄电池内部结构的变化,但是电化学测试只能评估动力蓄电池的外在特性,无法表征动力蓄电池内部的结构变化。解体测试是将部分退役单体蓄电池进行拆解,通过对动力蓄电池内部材料进行晶体结构表征、元素成分及含量表征、形貌表征、热稳定性表征和物质官能团表征等,以期准确掌握退役动力蓄电池目前的状态及动力蓄电池性能衰退的机理。

3)梯次利用蓄电池热失控性能分析

通常情况下,蓄电池会在较为安全的环境下运行,发生热失控的概率很小。但是退役动力蓄电池由于经过了长期使用,蓄电池中各单体蓄电池的一致性变差,导致部分单体蓄电池存在过充或过放的情况。单体蓄电池过充或过放都会诱发蓄电池内部发生一系列不可逆的放热副反应,使得蓄电池内部温度上升,导致蓄电池热失控发生,因此开展退役蓄电池热失控性能检查也是十分有必要的。

3.梯次利用动力蓄电池一致性管理

退役动力蓄电池经过一致性筛选可以有效提高重组模组中动力蓄电池的一致性,降低动力蓄电池热失控的概率,然而对于重组后的模组存在一致性易发散、安全边界模糊的特点,因此对重组模组的管理更为复杂,需要设计更为全面的蓄电池管理系统来保证动力蓄电池在梯次使用中的安全性。均衡技术是解决动力蓄电池不一致性问题的有效方法之一。锂离子蓄电池组均衡技术有两种方式:一是化学方法,通过动力蓄电池内部发生化学反应达到均衡充电的目的;二是物理方法,即通过物理手段达到均衡充电的效果。

1)化学均衡法

化学均衡法即在锂离子蓄电池电解液中添加特定的氧化-还原电对,在动力蓄电池正常充电条件下,氧化-还原电对能稳定存在于电解液中,对动力蓄电池的性能不产生影响;当动力蓄电池电压超过动力蓄电池截止电压时,超出的电流并没有储存在动力蓄电池中,而由氧化-还原电对通过发生还原氧化反应来承载,确保正极电位被限制在添加剂的氧化还原电位附近,直到充电结束。

2)物理均衡法

化学均衡法固然简单但是却不适用于退役动力蓄电池,即使动力蓄电池在生产时加入了氧化-还原电对添加剂,在经过长期使用后,可能存在氧化-还原电对失效的问题。因此对于退役动力蓄电池,物理均衡法更加有效、可行。

物理均衡方式可分为被动均衡和主动均衡两大类。被动均衡应用比较局限,只有在充电时才发挥作用。被动均衡电路一般采用电阻放电的方式实现,即通过给动力蓄电池组中每个单体蓄电池并联一个电阻,当动力蓄电池电压达到或超过限制电压时,电阻导通,承担一部分充电电流,进而分散流过动力蓄电池内部的电流,使动力蓄电池维持稳定的电压。这种方法的优点是电路简单,成本低;但是内阻消耗产生的热量可能会对系统造成风险,因此其均衡电流一般较小,导致均衡时间较长。

相比被动均衡,主动均衡就完全脱离充电模式,在动力蓄电池组的任何工作状态下都能完成均衡。主动均衡是通过借助蓄能变压器实现蓄电池包内能量转移的方式。主动均衡电路监测每个动力蓄电池的电压,比较动力蓄电池电压与平均值的大小,将与平均值偏差最大的动力蓄电池进行均衡。如果动力蓄电池的电压低于平均值,则闭合蓄能变压器的主绕组开关,让动力蓄电池组向变压器充电,然后断开主绕组开关,闭合相应的次绕组开关,将变压器储存的能量转移到指定动力蓄电池上,直到该动力蓄电池电压与平均值电压相差不大为止。同理,如果动力蓄电池电压高于平均电压,通过控制开关,将该动力蓄电池的电量转移到变压器上,再通过变压器对动力蓄电池组进行充电,从而达到均衡充电的效果。主动均衡具有均衡电流大、均衡效果好的优点,多用于容量大、串数多的蓄电池管理系统,可快速解决动力蓄电池不一致性,尤其是对梯次动力蓄电池利用效果更为明显。

除了开发更有效的均衡电路外,严格约束梯次蓄电池的应用场景也可以提高梯次动力蓄电池使用中的一致性。优先将梯次动力蓄电池用于小倍率/小功率场合,如平抑波动和微网调节等,对电网侧的调峰调频、发电辅助、黑启动等要求动力蓄电池大倍率/强功率输出的应用场景要谨慎评估蓄电池状态,严格使用,避免将动力蓄电池长期处于高温、低温或高 SOC 的运行场景中。此外,蓄电池模组受热不均也会导致蓄电池的不一致性增大,因此应加强开发具有强换热能力的先进热管理系统,实时准确地评估重组后蓄电池的热行为,利用高效换热技术减小蓄电池内部梯度和单体蓄电池间的温差,确保蓄电池运行在最适宜温度区间。

4. 梯次利用动力蓄电池安全管理

蓄电池管理系统一致性管控可以有效提高梯次利用动力蓄电池运行中的安全性,但是退役动力蓄电池的安全风险仍然存在。退役动力蓄电池在长期的车载使用过程中,内部可能存在锂枝晶生长、正负极材料结构变化、阻抗增加等问题,使动力蓄电池的安全隐患增加;各退役动力蓄电池在退役之前的使用环境、使用工况不同,动力蓄电池的安全状态存在差异,导致退役动力蓄电池在梯次利用中的安全性管理变得更加困难。

有效的安全监测与预警可以防止梯次利用动力蓄电池安全事故的发生。动力蓄电池热失控是动力蓄电池安全事故发生的主要原因。动力蓄电池发生热失控时,其电压、电流、内阻、内部压力、温度等都会出现明显的变化,且产生特征气体,一般通过对其中一种或几种特征参数及特征气体的监测来识别和诊断动力蓄电池故障,当监测到参数达到或超过阈值时,蓄电池管理系统立刻作出报警,工作人员能及时根据报警情况采用相应的措施,从而避免动力蓄电池热失控造成较大的经济损失。

在实际的蓄电池监测及预警系统中,为了确保动力蓄电池安全参数监测的有效性,需要加强关键参数的监测精度;实施多元化的监测方法;开发多层级的安全管理系统,针对退役动力蓄电池的安全故障不断演化的特征,提出瞬时故障管控和渐变性故障识别相结合的方法,实现安全性的实时管控和安全故障的早期预警。

全面的预警系统能有效地阻止动力蓄电池热失控及热蔓延的发生,但在系统遇到较强外力冲击或动力蓄电池发生内部短路时,故障蓄电池会瞬间放出大量热量,有可能蔓延到周围其他动力蓄电池,发生连锁失控,导致预警系统失效,引起大规模的着火爆炸。配备充足的消防设施,做好消防预案,对工作人员定期进行安全消防培训、将动力蓄电池分区域隔离放置等,也是提高梯次利用中防护安全的重要措施。

知识拓展

随着我国新能源汽车产业不断壮大,新能源汽车动力蓄电池回收产业快速成长。中国汽车工程学会名誉理事长付于武表示"动力蓄电池占新能源汽车生产阶段碳排放量的50%左右,建立健全动力蓄电池的回收利用体系,对提升整个产业资源利用率水平、减少全生命周期碳排放十分重要。"

一、动力蓄电池梯次利用,破解资源矛盾

根据中国公安部发布数据,截至2024年年底,我国的新能源汽车保有量已达到3140万辆,动力蓄电池回收也随保有量增长呈现逐年递增的态势。按照车企质保条件,动力蓄电池最大容量如果衰减到低于70%~80%,可能就需要更换动力蓄电池。

动力蓄电池回收后,要按最大剩余容量进行梯次利用。若动力蓄电池容量处于60%~80%之间,可以用于电动叉车、两轮电动车、大型储能电站等;动力蓄电池容量处于20%~60%之间,可以用于小型储能电站、通信基站、太阳能储能系统等;蓄电池容量低于20%,就要报废并进行专业拆解,提取其中有价值的金属进行循环利用。

这其中,不乏锂、镍、钴、锰等珍贵资源。中国汽车流通协会副秘书长郎学红表示:"新能源汽车动力蓄电池回收是'城市矿山'资源循环利用的重要组成部分。"加强动力蓄电池回收利用,每年可满足我国新能源汽车20%的锂、11%的镍和25%的钴的资源需求,降低我国动力蓄电池关键原材料的进口依赖。

二、回收技术发展,商业模式形成

新能源汽车动力蓄电池含有一定成分的有害化学物质,如果不能及时有效通过正规专业渠道回收将造成环境污染。

"无论从环境保护还是能源再生利用角度看,解决动力蓄电池退役回收循环利用问题都是功在产业、利在国家的大计。"中国(深圳)综合开发研究院财税贸易与产业发展研究中心主任韦福雷认为,明确和落实动力蓄电池回收主体责任尤为关键。

根据《中华人民共和国固体废物污染环境防治法》及相关政策,我国近年来逐步建立了车用动力蓄电池等产品的生产者责任延伸制度。这意味着动力蓄电池生产企业、汽车生产企业应按照规定以自建或者委托等方式建立与产品销售量相匹配的废旧动力蓄电池回收体系。

在多项政策和市场机制共同促进下,国内动力蓄电池回收领域逐步形成了由主要动力蓄电池厂商、新能源整车企业、锂电材料企业与有资质的专业动力蓄电池回收拆解企业为主体的回收模式。

与此同时,动力蓄电池回收技术不断进步,提升了回收效能,也为动力蓄电池回收产业发展提供了有利条件。"我国作为新能源汽车产销的第一大国,不仅动力蓄电池回收数量领先,部分蓄电池回收技术已居世界前列。"赵小勇表示,在回收技术上,国内行业物理法与化学法(湿法)并行。其中,物理回收法的环保、成本优势日益凸显,可实现全封闭、全自动的拆

解工艺，不会产生二次污染风险，也没有废水废渣排放，是回收磷酸铁锂和碳酸锂蓄电池的优选。

理论上动力蓄电池材料拆解回收占比越高，动力蓄电池成本越低。"先进的技术、工艺加上专业的动力蓄电池回收利用，不仅能给回收企业带来收益，也会给动力蓄电池产业带来明显的经济效益。"深圳乾泰能源再生技术有限公司市场营销经理胡军伟表示。

三、政策不断完善，助力产业出海

产业发展离不开政策的支持，在新能源汽车动力蓄电池回收产业快速发展的同时，我国相关政策体系正逐步健全。2018—2023 年，工业和信息化部先后公示 5 批符合新能源汽车废旧动力蓄电池综合利用行业规范条件的白名单，入选企业有 156 家。"入选企业在设备、工艺、设施等方面均有严格的技术、环保等指标要求。"胡军伟表示，采用白名单制度，对行业发展可以起到有效的指导和规范作用。

2023 年底，工业和信息化部发布《新能源汽车动力电池综合利用管理办法（征求意见稿）》，明确了全国废旧动力蓄电池综合利用的政策制定和监督管理原则；规定汽车生产、电池生产、梯次利用企业应承担的产品回收责任；涵盖了研发、设计、生产、运营、报废等环节的管理。"政策压实了经营主体责任，构建了对动力电池综合利用的监管闭环。"付于武说。

国家发展改革委最新发布的《产业结构调整指导目录（2024 年本）》中，废旧动力电池回收再利用被列入鼓励类目录。国务院办公厅出台的《关于加快构建废弃物循环利用体系的意见》提出加强废旧动力蓄电池循环利用，加强新能源汽车动力蓄电池溯源管理，大力推动动力蓄电池梯次利用产品质量认证，研究制定废旧动力蓄电池回收拆解企业技术规范，开展清理废旧动力蓄电池"作坊式回收"联合专项检查行动等。"中国新能源汽车产业已经形成了规模优势和先发优势，动力蓄电池回收产业也将迎来一个快速发展的新阶段。"帅石金表示。

在全球范围内，推动动力蓄电池循环利用产业发展已成为行业热点。如进入欧盟的新能源汽车动力蓄电池生产企业要提供符合欧盟有害物质含量限定标准的成分说明、碳足迹标签、蓄电池"数字护照"等，并对动力蓄电池回收提出了明确要求。

"随着中国新能源汽车出口的增加，动力蓄电池回收领域也必须制定与国际规则相适应的较为完整的政策体系。"商务部国际贸易经济合作研究院学术委员会副主任张建平认为，我国正在积极构建适应新时期动力蓄电池回收产业发展的政策体系新发展格局，如《关于加快构建废弃物循环利用体系的意见》中就提出，建立健全动力蓄电池生态设计、碳足迹核算等标准体系，积极参与制定动力蓄电池循环利用国际标准，推动标准规范国际合作互认。

任务考核

学生在完成动力蓄电池的梯次利用认知的学习任务后，由教师按照任务考核表 7-1-1 所列内容进行考核。

动力蓄电池的梯次利用认知任务考核表

表 7-1-1

题型	考核题目(每题 10 分)	得分
判断题	1. 当动力蓄电池可用容量再次衰减至 20% ~60% 时,还可继续转入家用储能、照明使用;当动力蓄电池可用容量衰减至 20% 以下时,就可以在提取部分零件及稀有金属后进行报废处理。 ( )	
	2. 退役动力蓄电池能否梯次利用应该主要从两个方面来进行判断,一是退役动力蓄电池是否能安全地梯次利用,二是该蓄电池的梯次利用是否具有经济价值。 ( )	
	3. 退役动力蓄电池在梯次利用前,首先要对其状态进行诊断,评估蓄电池是否存在安全隐患。 ( )	
	4. 蓄电池梯次利用是处理动力蓄电池庞大退役量的有效手段之一。 ( )	
	5. 严格约束梯次蓄电池的应用场景也可以提高梯次动力蓄电池使用中的一致性。 ( )	
选择题	1. 对于退役动力蓄电池,由于其内部( )等原因,其发生安全事故的风险变大( )。 A. 枝晶生长 B. 电解液消耗 C. 晶体结构变化 D. 界面阻抗增加	
	2. 梯次利用的成本主要包括( )。 A. 电池采购成本 B. 运输和储存成本 C. 拆解成本 D. 状态诊断成本 E. 重组成本 F. 运行维护成本	
	3. 在梯次利用之前需要对其 SOH 进行评估,主要包括( )。 A. 容量测试 B. 内阻测试 C. 自放电测试 D. 充电测试	
	4. 退役动力蓄电池梯次利用性能测试分析有( )。 A. 外特性性能测试分析 B. 解体测试分析 C. 充电分析 D. 放电分析	
	5. 提高梯次利用中防护安全的重要措施有( )。 A. 配备充足的消防设施 B. 做好消防预案 C. 对工作人员定期进行安全消防培训 D. 将动力蓄电池分区域隔离放置	
总分		
教师评语:		

任务小结

在完成该任务的学习后,请对照本任务的学习目标,完成学习情况诊断。

本任务的学习目标回顾:________________________________

我的任务目标达成情况:________________________________

我今后的努力方向或改进方法:____________________________

参考文献

[1] 徐艳民. 电动汽车动力电池及电源管理[M]. 北京:机械工业出版社,2020.

[2] 张斌,蔡春华. 新能源汽车概论[M]. 北京:机械工业出版社,2022.

[3] 张凯,李正国. 动力电池管理及维护技术[M]. 2 版. 北京:清华大学出版社,2020.

[4] 刘海峰,廖辉湘. 电动汽车动力蓄电池及管理系统. 北京:人民交通出版社股份有限公司,2018.

[5] 吴会波,王瑛,乔俊叁. 新能源汽车动力电池技术[M]. 北京:航空工业出版社,2023.

[6] 曹生彪,皇甫益. 混合动力汽车用镍氢电池的现状及发展分析[J]. 电池,2016,46(5):289-291.

[7] 宽温贮氢合金及动力镍氢电池生产及应用获进展[J]. 河南化工,2021,38(4):57.

[8] 朱东,曾祥兵,任海娟. 混合动力汽车用镍氢电池性能研究[J]. 合肥工业大学学报(自然科学版),2011,34(12):1792-1794,1845.

[9] 曲荣利. 混合动力汽车镍氢电池充放电特性研究[D]. 大连:大连理工大学,2007.

[10] 魏星. 新能源汽车动力电池及管理系统检修[M]. 北京:机械工业出版社,2023.

[11] 陈静,吴书龙,牛伟. 新能源汽车动力蓄电池及管理技术[M]. 北京:机械工业出版社,2022.

[12] 程章,陆玲亚,黄伟青. 新能源汽车动力电池及管理系统检修[M]. 北京:机械工业出版社,2023.

[13] 王志越. 太阳能电池能量转换效率与高效率多结太阳能电池研究现状[J]. 电力设备管理,2023(4):145-147.

[14] 浙江中新电力工程建设有限公司,浙江中新电力工程建设有限公司自动化分公司,国网浙江杭州市萧山区供电有限公司. 提高太阳能电池发电效率的光伏发电系统及方法:202211336365.2[P]. 2023-01-10.

[15] 敖东光,宫英伟,陈荣梅. 电动汽车结构原理及与检修[M]. 北京:机械工业出版社,2019.

[16] 李伟. 新能源汽车构造原理与故障检修[M]. 北京:化学工业出版社,2018.

[17] 关云震,梁晨. 新能源汽车技术[M]. 北京:机械工业出版社,2018.

[18] 王刚,荆旭龙. 新能源汽车[M]. 北京:清华大学出版社,2015.

[19] 孙志刚. 新能源汽车故障诊断技术[M]. 北京:机械工业出版社,2023.

[20] 包科杰,李健. 新能源汽车维护与故障诊断[M]. 北京:人民交通出版社股份有限公司,2022.

[21] 邹明森. 动力电池管理及维护技术[M]. 北京:高等教育出版社,2021.

[22] 谭莹芸. 新能源汽车维护与保养分析[J]. 汽车测试报告,2024,(14):50-52.

[23] 杨金玉,潘志勇,李昂. 新能源汽车动力电池的维护与保养探析[J]. 时代汽车,2024,(12):125-127.

[24] 叶瑞斌. 新能源汽车的维护与保养技术研究[J]. 汽车知识,2024,24(2):22-24.

[25] 张朋涛. 新能源汽车维护保养及其典型故障分析[J]. 专用汽车,2024,(1):98-100.

[26] 乔勇军,麦建亲,莫小花. 新能源汽车动力电池维护与保养策略研究[J]. 汽车测试报告,2023,(22):79-81.

[27] 来小康. 关于动力电池梯次利用的一些思考[J]. 储能科学与技术,2020,9(2):598-602.

[28] 王存,袁智勇,王亦伟,等. 退役动力电池梯次利用关键技术概述[J]. 新能源进展,2021,9(4):327-341.

[29] 李建林,李雅欣,黄碧斌,等. 退役动力电池一致性评估及均衡策略研究[J]. 电力系统保护与控制,2021,49(12):1-7.

[30] 张学梅,谢英豪,余海军,等. GB/T 33059—2016《锂离子电池材料废弃物回收利用的处理方法》标准解读[J]. 标准科学,2018,(4):132-136.